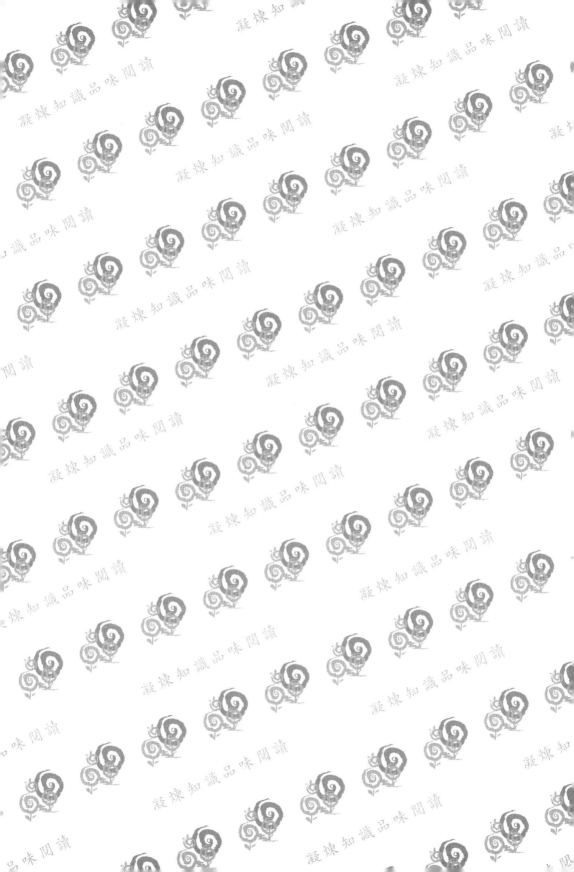

馬克思是普羅米修斯（救星）與盧棄福（撒旦）兩位神話人物的合體與化身

特利爾城美女——馬克思的妻子燕妮·馮·威士法連

青年馬克思

被看作當代的普多米修斯

中年的馬克思　　　　　　　　壯年的馬克思

KARL MARX.
RELIGION IST DAS OPIUM DES VOLKES

馬克思視宗教爲百姓的鴉片

在德國肯尼茲的馬克思石雕

倫敦海格特公墓馬克思墳土上的人頭石雕（1956）

柏林公園中馬、恩銅像

馬、恩討論剛出版的《萊茵報》與文件

上海復興公園中馬、恩全身石像

位於布達佩斯Momento公園中馬、恩石像

吉爾吉斯坦國家博物館中的馬、恩銅像

馬、恩研討講稿

馬克思忠實的戰友恩格斯

俄人筆下的馬克思漫畫

馬克思與時代批判

Karl Marx and the Critique of Contemporary Society

交大講座教授 洪鎌德·著

五南圖書出版公司 印行

序——馬克思誕生兩百年誌慶

　　效法康德、黑格爾和費爾巴哈等德國思想界前輩對知識、倫理、文化、社會的批判，馬克思一生的活動雖稱是革命的實踐，卻離開不了批判的理論，或是理論的批判。換言之，馬克思就是批判的化身。難怪當今的教宗要讚譽他具超凡的的分析能力和犀利的批判精神。

　　事實上，馬克思從青年時代便開始批判他家族信仰的猶太教只求本族信仰的自由，而不求全人類的解放。他也批判黑格爾左翼門徒無法跳脫黑氏的觀念論，而陷於日耳曼意識形態的泥淖中。接著他批判黑格爾的法政主張，誤把市（公）民社會的重要性放置在政治國家之下。並開始有系統地考察和批判亞丹・斯密和李嘉圖以來英國經典的政治經濟學，認為它們太重視個人的自由和社會的分工。

　　及至中年時期，馬克思批判的劍鋒指向資本主義的核心——資本，強調資本和勞動的敵對關係。亦即吸取勞力以養生自肥的資本家，完全以榨乾勞工的血液，達成資本的累積和增大。換言之，資本家以剝削勞動者的剩餘價值，來擴大利潤，但仍無法遏阻其終身的貪婪。由此看來，馬克思終其一生在對其時代進行不懈的批判。受其影響的追隨者也跟著批判其所處的時代、社會、國家和文化之種種弊端，從而突顯這一百五十年來凡是資本主義崛起、成長和盛行的地區和國度都可以聽到批判之聲不斷響起。

　　馬克思的戰友恩格斯，以及兩人的弟子和信徒如普列漢諾夫、考茨基、羅莎・盧森堡、列寧、托洛茨基、史達林、毛澤東、胡志明、金日成、卡斯特羅等人，無不把馬克思的時代批判傳承下來，甚至變本加厲從理論的批判轉化為奪權建國的革命。這些官方馬克思主義（Official Marxism）者把理想與革命化成統一的政治實踐，不惜訴諸血腥鎮壓和屠殺異己達到政權的建立，卻造成共產黨一黨專政，甚至暴政，而遭世人抨擊與撻伐。

　　但在西方，尤其是歐陸和英美，都因為資本主義帶來一時的繁榮和穩定，馬克思所預言的資本主義之崩潰迄未成真。於是教條式的馬克思主義遭到知識份子的質疑和普勞群眾的忽視。只剩下極少數激進的思想家和理論工作者勉強

發展爲西馬、新馬、後馬的主張，從事資本主義經濟、社會、政治和文化的研析和抨擊，大體上仍延續馬氏時代的批判。由於資本主義生命韌性的堅拔、轉型本事的高強，加上國家不時的支援，上述馬派抨擊並不能撼動資本主義宰制和殖民百工眾業的霸權優勢。不過隨著二戰結束以來，世界經歷了1975、1998和2008年的三次經濟危機，資本主義也以組合和財團的面目跨越國界，成爲全球性跨國資本主義。更因科技發達、資訊進展、電腦應用，時代躍入依賴互聯網俾進行溝通的嶄新歷史階段，於是新馬乃針對當代數碼化資本主義進行徹底的考察和猛烈的批判。

本書正是馬克思及其繼承人對其所處的時代發揮批判精神之寫照。全書從馬氏青年時代至中壯年和晚期所思、所言、所爲之生涯做了扼要的敘述，也介紹其哲學思想、宗教評論、法政經社的主張和文史的看法，特別闡述其唯物史觀和社會變遷之核心觀點——辯證法。再詳析辯證唯物論和歷史唯物論與馬克思對當代的社會觀之關聯，從而引入其資本主義的政經批判。接著對西馬、新馬、後馬之發展和流派有詳細的鋪述。最後，強調馬派學人對當代世界極爲關切的媒體、知識、資訊、網路之發展所做的析評，用以彰顯馬克思及其信徒有關數碼資本主義的批判。總之，此書爲至今爲止華文同類著作中，涉及馬克思和馬克思主義且最符合馬克思學精神（*marxologie*），是筆者把馬克思學說做客觀和科學之解析和闡述的作品，而且是一項言簡意賅、客觀科學之論述。

本書出版的年份爲西曆2018年，剛好是馬克思誕生兩百週年誌慶與紀念的年頭。相信全球不分國度、不分地域、不分人種必然掀起一股歡慶和紀念的熱潮。成立長達二十餘年的台灣歐盟研究協會（1998年至今）就有意在2018年5月5日的週末，舉辦一場學術研討會，以示對馬克思的敬重。本書的推出與此重大紀念活動有關，也期待藉此引發青年學子對馬克思學說的注視和研讀的興趣。

作者要深摯地感謝以下男女人士的大力賜助，使本書及時面世。首先是任勞任怨、愛心四溢、伴我走過六十餘年的同路人兼伴侶之蘇淑玉女士。她勸我把馬克思學說與當代科技社會、資訊社會、數碼社會的實況加以結合。是故影響我對全書架構的思考。難怪數年前年齡不滿五歲的孫女伍卓恩要說：「公公有知識、阿嬤有智慧」。其次，是東華大學民族學院前任院長，現兼台灣國際關係研究學會理事長的施正鋒教授。他自去年以來即策畫《淵博與創思：洪鎌德教授八十高壽慶賀文集》，並邀請國內十二位學者與文化評論家撰稿成集，並於年中出版（台北：五南，2017年6月），其熱誠感人至深，利用此一機會

表達對施教授以及相關多位作者由衷的謝忱。再其次，本人得意門生台大國發所博士生張書榜同學，十數年來提供各項資料，便利我的閱讀、析判和寫作。他的努力尤其表現在本書最後一章之上。廖育信博士在這裡也有整理文稿之功，都值得我申謝。最後，卻是最重要的靈魂人物，即五南副總編輯劉靜芬小姐和其助手執行編輯高丞嫻小姐。前者對全書擘畫有其獨到的眼光；後者則對編排、校對、附錄、引得做出細膩工夫，使本書的誤漏降至最低。這兩位編輯的貢獻至巨，是作者終生感恩不已的，是為序。

洪鎌德　誌於
新竹市十八尖山西麓小舍
2017.12.12

目　錄

馬克思多災多難、貧病纏身的一生

第一章　馬克思多災多難、貧病纏身的一生

一、出生

二、少年與青年時代

三、結婚、撰稿、巴黎與布魯塞爾的流放

四、《共產黨宣言》的起草與1848年革命的始末

五、倫敦的定居與初期的貧困

六、第一國際的參與與巴黎公社的評述

七、《資本論》的撰寫與出版

八、晚年催生德國社民黨

九、愛妻、長女和馬克思先後病逝

一、出生

　　馬克思（Karl Heinrich Marx 1818-1883）既是德國唯物（物質）主義哲學家、辯證方法理論家，也是一位影響面既深且廣的當代思想家。由於他才氣縱橫、見聞廣闊且思慮深刻，因之，他也是一位傑出的歷史學家、時事評論家、經濟學理論家、策略家與革命者。近年來西方學者的重新評價，認為他的政治經濟學理論對當代經濟學主流（英、美、歐陸）的衝擊不大。反之，他卻是社會學思想一股重大的流派之創始人（Ritzer, 1992: 44），甚至被尊為經典社會學奠基者三傑（Canonical trio）之一（另兩位為涂爾幹與韋伯，見Giddens, 1971; 1991；洪鎌德，1997a：105、153）。

莫塞爾河上的古城特利爾擁有兩千年前古羅馬帝國北方要塞。其市標「黑色大門」（*Porta Nigara*）離馬克思出生的古厝不遠

　　馬克思於1818年5月5日凌晨一點半，出生於德國西陲莫塞爾河的小鎮特利爾
（Trier）市。該市為古羅馬帝國兩千年以前的北都，傳統上受到日耳曼與法蘭
西文化的影響。馬克思的祖父與外祖父為猶太教士，屬於德國由中歐移入之少
數族群。其父為執業律師，受普魯士政府管轄，被迫由一位猶太教徒改信基督
新教；其母為荷蘭大工業世家菲立普的家人，但卻成為平庸的家庭主婦。她對
德文掌握不佳，導致與兒子卡爾溝通不良。

二、少年與青年時代

　　馬克思全家在政府規定下（出任公共職務如律師者，必須是基督徒）被迫
放棄猶太教，改奉基督（路德）新教。這種宗教信仰上的改變，以及十九世紀
前半葉受到黑格爾神學著作與哲學衝擊下的激進青年黑格爾門徒，都抗議政權
與教會的勾結，倡說思想從宗教的桎梏下解放出來，以致在柏林大學就讀的青
年馬克思，對宗教，尤其是他祖先信仰與父親執業前的猶太教，給予嚴厲無情
的抨擊。後來，在〈論猶太人的問題〉（1843）之兩篇文章中居然把宗教斥責
為「民眾的鴉片」。對宗教的痛恨，對猶太本族的抹黑，幾乎占據了馬克思後
半生的心靈。這種幾近病態的痛恨，只有在猶太人「自恨」（Selbsthass）情
結中尋找病因（Padover, 1978: 171；Künzli, 1966: 195-226；洪鎌德，1991a：
67；蔡淑雯譯，2001：30、39-44、52-54）。

有關青年馬克思的幾本著作與繪像

　　少年時代的馬克思在他出生的本城讀中學，求學時代成績平平，只有在畢業論文中書寫一點抱負。他認為為了謀求人類的幸福，歷史上的偉人不惜犧牲本身的利益不斷打拼奮鬥，這多少透露他後半生的志業。十七歲的馬克思首先進入波恩大學讀法律，因為酗酒、夜遊、欠債、荒廢學業，被其嚴厲又有遠見的父親斥責，而轉學柏林（1836年10月）。這時他已與其青梅竹馬的鄰人燕妮（Jenny von Westphalen 1814-1881）私訂終身。馬克思與大他四歲的特利爾美女堅貞的愛情，衝破雙方家長的反對，她成為馬克思憂患與病痛的後半生之精神支柱，他們的婚姻非常美滿。

特利爾城的美女，也是破落貴族的掌上明珠，成為馬克思災難窮困的好伴侶

　　一反他父親的殷切期待，馬克思在柏林大學的九個學期間，並沒有修習法律學，反而浸淫於德國經典哲學的閱讀與討論之上，特別是在與新黑格爾學派（青年黑格爾門徒）交遊裡，馬克思深刻地認識到德國古典唯心主義（觀念論）的神髓，尤其是自康德、費希特、謝林、黑格爾到費爾巴哈的思辨哲學之精要，這成為他後來以通訊方式取得耶拿大學哲學博士學位（1841）的根源。其博士論文題目為〈德謨克里圖與伊比鳩魯自然哲學之分辨〉，係討論古希臘兩位原子理論家學說之差異。他的結論是認為伊比鳩魯原子曲折運行的理論反映了個體追求自由的意識與意志，比起德謨克里圖僵硬的帶有唯物主義的原子學說來，更勝一籌。這種觀點顯示了馬克思當時緊抱黑格爾唯心主義大腿不放的心態，也反映他日後追求個體的自由，俾為未來人類解放的理論埋下伏筆（洪鎌德，1990：12-13、44-47；1997a：41-42；2015：25-44；2015：41-43）。

康德　　　　　費希特　　　　　謝林

黑格爾　　　　　　　費爾巴哈

　　1841年4月剛取得博士學位，二十四歲的馬克思，雖衣錦還鄉，卻應了「畢業即失業」的世俗說詞，賦閒待業在家將近一年，才於1842年5月投稿《萊茵報》而被報社看中，旋於五個月後被聘為該報主編。這份由萊茵河流域工業家與新興資產階級創辦的報紙，最先採取的是自由主義的辦報路線。但在馬克思對普魯士專制政府不斷批評與攻擊之下，該報訂戶雖然激增，卻引起同業與政府的忌恨，最終遭當局封閉（1843年3月），擔任主編未超過一年半的馬克思又陷入失業當中。

三、結婚、撰稿、巴黎與布魯塞爾的流放

　　經過七年之久的戀愛長跑，馬克思與燕妮於1843年6月在新娘的住家克羅茲納赫鎮成婚。除了女方的母親與弟弟出席之外，男方的親人（父親早已逝世，剩下母、姊、弟、妹）無人參加婚禮。在新婚的妻子之娘家，馬克思重讀黑格爾《法哲學大綱〔原理〕》，他邊閱讀邊批評，最終成為一部發揮他哲學批判精神的重要遺稿之一。

燕妮・威士法連　　　　　　　　黑格爾的《法哲學大綱〔原理〕》

　　此一遺稿評析黑格爾《法哲學大綱〔原理〕》一書第261節至313節，在其生前卻未獲出版，而以遺稿方式留存下來，1930年代初才被發現、刊布。此稿係涉及國家法政，包括國家機關的組成部分、政治國家與市民（民間、公民）社會之關聯，也論及政府、官僚體系與民主政制之問題，可以說是馬克思平生第一部藉批評別人彰顯本身法政理念的專著。馬克思批評黑格爾誤把國家的「理念」當作現實來處理，依他的主張，國家的基礎在於社會，在於滿足人民各種需要的市民社會。進一步，馬克思揭發黑格爾政治體系的內在矛盾：國家並非「合理性」的建構體；反之，民間社會才是人群生息養育的合理生活之所在。此外，他批評黑格爾的政治國家無法調解市民社會的分裂，無法化除社團、階級與族群之間的衝突。最後，馬克思批判黑格爾把官僚階級，美化為不偏不倚、依法辦事的普遍階級（universal class）之失當；真正的普遍階級、泛宇階級，乃為普勞（*Das Proletariat*，前譯為普羅不適切，現改譯為普勞，取其普遍勞動之意；此即工人或無產）階級（洪鎌德，1997a：63-65；2015：65n）。

　　新婚後的馬克思夫婦一度興起離開歐陸遷居北美的念頭，但未付諸行動。剛好友人路格（Arnold Ruge 1802-1880）在巴黎倡辦一份新雜誌《德法年鑑》亟需一名副編，於是馬克思在1843年10月帶著大腹便便的夫人前往花都，在那裡一住就是一年半，直到1845年2月遭法國政府驅逐。這段在巴黎短期十五個月的逗留，是他一生中最快樂的時光，也是他生命中的轉捩點。

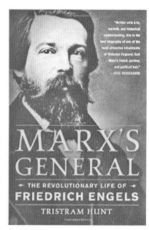

恩格斯是馬克思親密戰友，被視爲馬克思的「將軍」

　　由於這段期間中，他與恩格斯（Friedrich Engels, 1820-1895）再度邂逅（首次在科隆見面，甚至更早期在柏林青年黑格爾門徒集會上）。兩人傾心交談，使得馬克思從哲學的美夢中醒轉過來，發現英、法的政治經濟學比德國的思辨哲學對現世更具深刻的析述與批判的功能。可以這麼說，年紀比馬克思少了兩歲的恩格斯，是一位早熟的青年，由於其父在英國曼徹斯特開設了一家紡紗廠，使身爲資產階級後裔的恩格斯很早便認識到新興的工業資本主義之面貌。馬克思受到恩格斯著作《英國工人階級條件》（1845）以及與恩格斯對談的啓誨之下，他開始體認遭受資本家剝削壓迫的工人階級之生活慘狀。馬克思做了思想上的重大改變，他從黑格爾的思辨哲學和費爾巴哈的哲學人類學，轉向人道主義與自然主義，其後更由人本思想而皈依物質主義與共產主義。當然，使成年的馬克思放棄觀念論而擁抱唯物主義，除了恩格斯的影響之外，就是聚集在巴黎街頭談天說地、攻擊本國政府的各國流亡人士，特別是在地的法國社會主義者，這些人對他思想的轉變產生重大的作用（Callinicos, 1983: 36-37）。

　　《德法年鑑》原先的設計是由德、法及其他各國流亡人士共同撰稿，每年推出十二期，以德、法雙語刊出，用以連繫德、法激進理論人士。不料因爲財源欠缺，投稿者銳減，只出兩期的合訂本，便因銷路奇差，而又遭受普魯士政權沒收與查禁，弄到血本無歸，而導致該雜誌的停刊。在合訂本上，馬克思發表了兩篇涉及「猶太人的問題」之文章，力陳猶太人不要妄想從尊奉基督教爲國教的普魯士人之下獲得宗教的解放與政治的解放。他認爲猶太人孜孜營利、

滿身銅臭，他們追求的是金錢與自利，因之，期待他們獲得解放是一種奢望。只有當人們從金錢崇拜和控制下擺脫出來，也就是達成人性的解放，甚至人的解放，人類才能享有眞正的自由與幸福（洪鎌德，1990：16-17；2014：25-44；2015：63）

《德法年鑑》

《1844年經濟哲學手稿》

　　在巴黎逗留期間，馬克思最重要的一部遺稿，就是《經濟學哲學手稿》（一名《巴黎手稿》，1844）。這一份殘缺不全的手稿標誌了青年馬克思濃厚的人文氣息和人道精神，融合了他研讀英國政治經濟學的摘錄與心得、對費爾巴哈人本主義的認知和黑格爾精神（心靈）現象論之反思三部分所構成。這一遺稿在於1930年代出土，1950年代末英、法等譯本分別出版後，西方世界的馬克思主義者（「西方馬克思主義」）與東歐馬克思主義理論家（特別是南斯拉夫的「實踐學派」）都視爲是馬克思研究（所謂的「馬克思學」，*marxologie*；Marxology）與馬克思主義理論發展史上的突破。因爲在這一手稿中不但看出馬克思對黑格爾唯心主義哲學的批判，也看出他對費爾巴哈人本主義的不滿，更發現在青年馬克思的思想中，有存在主義、現象論、人類學、心理學等等的影子。

　　特別是這份手稿中分析了勞動與資本之間的衝突：勞動者出賣勞力，把其本身貶抑爲商品的情形（第一部）、描述勞動與資本鬥爭的結果（第二部），以及論述私產與共產主義的關係，都成爲馬克思中年以後撰述政治經濟學之批判的藍圖，更爲《資本論》的引申與發揮奠下基礎。這份手稿令人最爲矚

目的莫過於「異化勞動」（*entfremdete Arbeit*）（或稱「勞動異化」）概念的提出。他把黑格爾思想和觀念異化，透過費爾巴哈轉型批判法（頭尾顛倒之扶正），轉變為人的異化（勞動者為主，資本家為副）。

　　在資本主義的制度下，工人面對四種異化：其一，工人的生產品為雇主所剝奪，人從其產品中分離、異化出來；其二，人從其單調乏味，或艱險困苦的勞動過程中異化出來；其三，人從其勞動與生產的「種類本質」（*Gattungswesen*）中異化出來；其四，人從其同僚、同事、同仁中異化出來。異化論成為馬克思二十世紀後半葉最引人討論且仍具時效的學說，因為不管是大肆膨脹的寰球化資本主義，還是版圖日減、影響力日衰的社會主義（中共、北韓、越南、古巴），人們的異化與疏離仍舊是哲學與社會思想力求解決、改善的核心問題。很顯然地，馬克思從早期論異化到後期論剝削，以及中間的析評物化、商品崇拜，都有一貫的脈絡軌跡可尋。

　　由於馬克思、列士克、彪格士等德國共產黨人士在巴黎的言行日趨狂激，甚至批評普魯士王室、俄國沙皇與法國政府，遂遭巴黎當局的驅逐。1845年2月初馬克思等三人經由比利時利支城抵達布魯塞爾，燕妮帶著未滿週歲的長女（也取名燕妮）隨後跟至。靠友人間歇性的接濟下，在比京一住就是三年，全家（又添了一個女兒名叫勞拉，共有四口）一度住在貧民窟的「窮人巷」中，備嘗無錢無業之苦。由於長期的舉債，馬克思一家陷於貧病交加的惡性循環中，不僅馬克思病倒，就連燕妮也時常輾轉床褥之間日夜呻吟。1846年夏，馬克思因為氣喘疾發，一度陷入沉痾中，引起家人與朋友極度的憂懼，這是他們流亡生涯一連串病痛與宿疾的開始。在流亡布魯塞爾期間，馬克思與恩格斯合撰了他們平生第二部作品：《德意志意識形態》（1845-1846），而先前兩

人合撰的第一部作品《神聖家族》（1845）已出版，這兩本著作都在批判黑格爾青年門徒的誤謬。

　　《德意志意識形態》在馬、恩生前未獲出版的機會，成為一篇重要的遺稿。文中攻擊的主要對象為青年黑格爾門徒，包括施提訥（Max Stirner 1806-1856）、葛林（Karl Grün 1807-1887）和那些自我標榜為「真實的社會主義者」在內。撇開全稿中的嘲笑、諷刺、抨擊不談，該稿第一部分評析費爾巴哈強調的人本物質主義，可以說是馬克思宇宙觀與歷史觀的唯物歷史主義之首次揭示。因此，被當代新馬克思主義者、法國思想家的阿圖舍（Louis Althusser 1918-1990）視為馬克思「認知論上的突破」，標誌了馬克思告別哲學的玄思而邁入科學分析之第一步。

《德意志意識形態》　　　　　《神聖家族》

　　不過誠如上述，我們不認為馬克思的一生可以截然分解為前、後兩段，甚至認為其間存有完全不同的斷裂。反之，我們只能指出他理論的先後重點之不同。例如前期看重個人，後期看重集體（階級）；前期闡述異化，後期詳論剝削；前期重視哲學思辨，後期注意科學（政經）分析，但從頭至尾黑格爾的辯證法貫穿其一生的論述。黑格爾的辯證方法之影響不亞於達爾文的進化論之衝擊，這也就是說批判思想與科學主義（多少有實證主義的色彩）為構成馬克思學說的兩大支柱，也是造成他思想的內在緊張動力，從而使其學說呈現批判的馬克思主義與教條的馬克思主義（崇尚「科學」）兩分化之因由。

四、《共產黨宣言》的起草與1848年革命的始末

　　1845年夏，馬克思在恩格斯陪同下第一次離開歐陸而旅遊至資本主義的大本營英國。其間他們與流亡倫敦的各國左派激進人士與團體有所接觸，並且於返回比京兩年後，成立了秘密社團「共產黨聯盟」（Bund der Kommunisten），馬克思任聯盟於比利時分會的主席。來往的友人中有德國首位共產黨主義理論家魏特鈴（Wilhelm Weitling 1808-1871）與俄國自由人士安念可夫（Pavel V. Annenkov 1812-1887）。他們也成立共黨通訊委員會與分散在歐陸各地的共產黨人連繫，其中最著名者為流亡巴黎的俄國無政府主義者普魯東（Joseph Proudhon 1809-1865）。由於後者對馬克思做黨同伐異的國際組織有所批評，馬克思一氣之下，竟出版了一本專書《哲學的貧困》大力抨擊普魯東。原來普魯東在1846年底出版了一本論資本主義經濟體系矛盾之書，名為《貧困的哲學》。馬克思指摘普魯東連最起碼的政治經濟學之範疇，諸如分工、市場、壟斷、競爭都一無所知，居然敢妄肆批評經濟體制的矛盾。撇開馬克思好狠愛鬥、嫉惡如仇，以及恩怨分明的個性不談，此書展現出他銳利的批判力，以及他對社會經濟情狀、政治經濟學知識的良好掌握。

　　魏特鈴　　　　　安念可夫　　　　　普魯東　　　　　巴枯寧

　　在恩格斯鼓勵下，馬克思於1847年11月再度赴倫敦，此次係參加倫敦召開的共產黨聯盟第二屆大會。大會授權馬克思撰寫一份「理論兼實踐」的黨綱，在與恩格斯反覆通訊商量下，該一重要文獻《共產黨宣言》終於在1848年2月交稿，最初德文版本共印五百冊分發給聯盟成員，係不具名之宣傳手冊，兩年後英譯本上始放入馬克思與恩格斯兩位作者之姓名。事實上，該本震撼世

界之重大文獻，主要是出於馬克思的手筆，其參考恩格斯事先擬妥的共產黨「信仰告白」（*Glaubensbekenntnis*）中的二十五條問答長文加以融通改寫而成這一小冊。在這一宣告性的文章中，有時難免出現兩個革命同志不同的觀點，譬如受到啓蒙運動的感召，又對英國工人階級較具瞭解的恩格斯，便對革命情景充滿樂觀與命定的說詞；反之，馬克思與法國人較有接觸，遂大肆強調政治組織活動與鬥爭之重要（McLellan, 1973: 180；洪鎌德，2015：103）。

《共產黨宣言》共分四部分：第一部分敘述自古以來的社會發展史都是階級對峙與階級鬥爭，最終普勞階級必然戰勝資產階級，建立無階級的共產主義社會；第二部分描述共產黨人在普勞階級中之地位，駁斥資產階級對共產主義之反對，繼而指出走向勝利之途的無產階級所應採取之革命步驟，以及未來共產社會之面貌；第三部分抨擊各種其他社會主義之流派，包括反動的、小資產階級和烏托邦（空想）的社會主義；第四部分指明共產黨對於其他反對黨派的策略，並呼籲「所有國家的工人們團結起來！」（*CW* 6: 519；洪鎌德，1990：32-34；1997a：103-106）

由於此一宣言內容詳實、文筆奇佳且氣勢磅礴，極具宣傳效果。一般而言，也是馬克思與恩格斯的著作中，流傳最廣、閱讀民眾最多的作品，其政治意涵實大於哲學意義。

1848年2月巴黎的工人與學生暴動，結束了法國路易·腓力普的資產階級政權，催生了法國第二共和，但左右派共治只維持四個月，1848年6月便遭軍隊鎮壓。不久，拿破崙之侄兒路易·波拿帕·拿破崙上台，至1852年廢除共和，恢復帝制，自稱拿破崙三世。

《共產黨宣言》德文原貌

恩格斯與馬克思及後者之妻女　　　　馬、恩1848年的《共產黨宣言》

　　當1848年法國發生二月革命之際，歐陸各大城也跟著爆發了工人革命，馬克思在聞訊後，精神抖擻、興奮不已，認為布爾喬亞（資產階級）的喪鐘已經敲響，普勞階級的解放迫在眉睫。他遂發動比利時民主協會向布魯塞爾議會陳情，俾讓工人可以武裝，他甚至將父親留給他的6,000法郎遺產中，撥出5,000法郎為德國流亡工人購備槍械、彈藥、短劍，但比利時當局聞訊後先發制人，宣布戒嚴，並召集軍人圍捕工人。3月初馬克思一家遭下令驅逐，他正好要赴巴黎籌設革命總部，遂與妻女重返花都。他嘗試串聯德國流亡人士，並勸他們先協助法國工人奪權，再把革命火焰擴散到柏林及德國各地。這種務實的革命策略，不為民族主義烈火高燒的德國流亡人士所接受，使得暫居花都的馬克思處境尷尬。正當革命騷動橫掃德國大城小鎮之際，他卻躲在鬥爭業已平息的巴黎與人爭議不休。在科隆友人的勸告下，已喪失普魯士國籍的馬克思最終以法國警署發給的護照重返故國。

從法國總統復辟爲拿破崙三世的波拿帕被馬克思斥爲吸吮人民血汗的寄生蟲

　　爲宣傳革命理念給一向畏懼共產主義的德國工人與農民，馬克思與恩格斯決定創辦一份新的報紙，訂名爲《新萊茵報》，副標題爲「民主機關誌」。該報首日刊出爲1848年3月31日，1849年5月中旬即遭柏林當局查封，前後只維持一年多的壽命。主編馬克思與恩格斯還因撰寫社論被控以「侮辱」（檢察官）和「叛國」兩大罪行，被勒令驅逐出境，《新萊茵報》的結束標誌馬克思作爲一位戰鬥力極強的報人生涯之結束。一貧如洗的馬克思只好倉皇重返巴黎，化名匿居，不久之後又爲法警查出居處，再遭驅逐之厄運。一家大小只好移居倫敦（1848年8月），原做暫時避難的霧都，卻成爲馬克思一家後半生定居生息之處。

五、倫敦的定居與初期的貧困

　　馬克思和妻女於1848年8月與9月分別抵達倫敦，最初住在倫敦徹爾西安德遜街一間小公寓。在此處全家備嘗貧窮、憂患、病痛接踵而至的悲運。這時燕妮

又生了第四個孩子（之前長男埃德嘉〔1846-1853〕出世），是馬克思暱稱爲「小狐狸」的次男，名貴多（Guido〔1849-1850〕）。此一嬰兒由於體質不佳、營養不良，出生不久即早夭。而後因爲付不起房租，遭房東脅迫掃地出門，全家搬遷至索荷區狄恩街一間小套房，在這個破落的寓所一住就是六年。就算流亡異鄉的難民居住條件極爲差勁，但比起英國的貧民區之慘狀還略勝一籌，這成爲馬克思後來主要作品《資本論》所描述在工業與競爭的資本主義下，英國工人與貧民被剝削的血淚實況。馬克思一家所受資本主義體制的迫害，從他們貧苦的異域流亡生活中就可以看出端倪。對他們而言，這種迫害是歷歷在目、刻骨銘心的（洪鎌德，1997a；2015：119-121）。

　　生活雖充滿貧困與疾病，但馬克思夫婦卻開始認識英國人的民情風俗，逐漸懂得欣賞其文化生活，女兒們也陶醉於英國之藝術。作爲世界資本主義的核心，倫敦全城洋溢商貿企業的活力，雖無巴黎的浪漫嫵媚，卻自由而穩定。警察從不過問流亡者之言行，馬克思可以自由宣揚其共產主義的理念，撰寫他喜愛的書文而不遭干涉。於是馬克思利用居留霧都三十三年的機會，接待各國流亡的革命志士。和他交往的人士非常多，較爲知名的有拉沙勒、李普克內西特、巴枯寧、布隆克和馬志尼等人。

　　　拉沙勒　　　　　　李普克內西特　　　　　　布隆克　　　　　　　馬志尼

　　1850年代初，雖有恩格斯不時的接濟，馬克思一家的貧困、憂患（債主的討債）及疾病卻無改善的跡象。馬克思家的女傭常進出典當店，把女主人的嫁妝之珠寶、銀器典售賣換現金，以挹注急需。馬克思體質向來不佳，身罹肺病、肝疾、皮膚病（皮下出血）、癰癤，都逐漸變成後半生無法治癒，卻折磨他的宿疾。而出身大家閨秀的燕妮不但爲丈夫沒有固定職業與收入而憂慮，也因本身無就業賺錢能力，而抬不起頭來。更因爲次子「小狐狸」罹患肝病的早

夭（1850年11月），而傷痛不已。1851年3月底她又產下第五個孩子，是一名
女嬰。馬克思在給恩格斯的信上，難掩他的失望，因為其妻產下的不是男孩，
而是一個女兒。此女只活一歲多便於1852年復活節時因支氣管發炎而早逝。當
時馬克思一家連為小女兒購棺材的錢都沒有，幸好一位法國友人伸出援手，才
能把小女兒草草埋葬。但悲劇卻如影隨形，1855年3月燕妮在產下馬家名為愛
麗諾的么女（暱稱塔絲）之後，因為身體虛弱無力照顧他們剩下唯一的男孩埃
德嘉（得年七歲），以致這名家中的寵兒在1855年4月因腸疾而夭折。

只活七個年頭的埃德嘉

暱稱塔絲的么女愛麗諾

　　埃德嘉的驟逝使馬克思一家長期陷於憂傷、痛苦與絕望之中。這個悲痛使
滿頭烏髮的馬克思一下變得蒼老，髮色由黑變白。他遂又生搬家之念，舉家跑
到曼徹斯特寄住恩格斯的公寓達三個月之久，暫時忘懷喪子之痛。

　　1851至1861年之後的十年間，馬克思流亡倫敦的艱困生活中，唯一微薄的
收入就是靠撰寫新聞稿來賺取一點稿費。他擔任了《紐約每日論壇報》通訊員
之工作，起先英文不靈光，需靠恩格斯充當槍手代打，但由於他語文天分很
高，不久便能掌握英文基本語法與文態，所以從1853年2月之後，他投稿《論
壇報》的文章已不需恩格斯捉刀，可以獨力撰寫，甚至被採用刊載。為跑新
聞，馬克思偶會到英國國會旁聽，但主要靠英國《泰晤士報》與歐陸新聞做二
手報導，有關政治與經濟的評論則是利用大英博物館閱覽室的資料。他在博
物館的工作時數是上午十點至黃昏七點，從官方出版品中抄錄相關的統計數
字，把它們穿插在其時論或通訊稿中。他常把資料帶回家中整理，為撰稿工作
至凌晨四點。長達十年的撰稿生活中，馬克思共寄出了321篇的稿件，但居然
有84篇（占四分之一）被報社以編輯部或不具名方式盜用，除此之外，也遭退

稿15篇。這些通訊稿中有一半的文章在討論各國外交事務，涉及的除歐洲各國之外，兼及俄國、土耳其、克里米亞戰爭以及印度和中國；另外有50篇討論財經、貿易等發展情況。可以說馬克思在《論壇報》發表的文章並非以經濟學家的身分，而是以政治觀察者的立場評析時事。隨著《論壇報》的關門，馬克思這十年通訊員的辛苦生涯也宣告結束。

英國曼徹斯特有恩格斯父親留下的工廠與住家，成為1850年代初馬克思臨時避難所。圖為曼徹斯特麗晶公園中豎立的馬、恩銅像

　　儘管生活困苦、收入微薄且一身病痛，馬克思好學深思的個性從大學時代迄未改變。1850年夏以來，一向喜好哲學、政治、歷史、社會的馬克思轉而有計畫地研究政治經濟學。他從亞丹・斯密（Adam Smith 1723-1790）、李嘉圖以來的英國古典經濟學，至當時有關銀行、價格、經濟危機的理論新作，一概潛研摘錄。甚至法國經濟學家薩伊（Jean-Baptiste Say 1767-1832）、瑞士經濟學者席士蒙地（Léonard Simonde de Sismondi 1773-1842）之著作也耳熟能詳（洪鎌德，1999：51-91；2015：81）。他閱讀速度與吸收能力超人一等，閱讀之書文既多又深入，且作了大量的筆記，不只眉批、抄錄摘要，還進一步做出精確的評論。看了他所寫的《政治經濟學批判綱要》（1857-1858，簡稱 *Grundrisse*《綱要》），以及《資本論》第四卷（另名《剩餘價值理論》是三大厚冊，於死後為考茨基編纂出版），便可知他抄錄之勤與批判之精，這是自古以來很少有學人可與之相比的。連美國佛蘭克林對紙幣論述的文章，他都加以精讀，且譽佛氏為「美國（當今）唯一重要的經濟學者」。

1863年尾至1864年中，馬克思陸續得到兩筆遺產，逐漸擺脫貧困的脅迫，全家搬往邁特蘭公園路的別墅，過著舒適資產階級的生活。此時為人精明又慷慨好義的恩格斯，在倡導革命無成之餘，決心改變生活方式，遂致力經營他父留下的紗廠產業。不出幾年，事業蒸蒸日上，並且因為購買了英國水電、瓦斯公司之股票，獲得鉅額的財富。自1869年春開始，恩格斯在替馬克思一家償還所有的債務之後，特於每年撥出350英鎊的年金（以當時的幣值來看是一筆極為可觀的金錢），供馬克思一家使用。他也從曼徹斯特搬至麗晶公園的公寓，與馬克思隔鄰而居、朝夕相處、談天說地。由此可看出恩格斯的慷慨濟助與全力支持，是使馬克思揚名立萬永垂不朽的最大動力。

六、第一國際的參與與巴黎公社的評述

1864年9月在倫敦召開的國際工人聯合會，史稱「第一國際」。當時馬克思與流亡倫敦的各國人士雖有聯絡，卻各懷鬼胎，交往已不如從前密切。加上1848年至1849年歐陸革命的失敗，使馬克思對政治十分消極，令人訝異的是，馬克思在開會前一週才接到請帖。在聖馬丁堂集會的各國激進工人團體之代表，有英國歐文主義者、憲章民權運動者、法國普魯東弟子、布朗基分子、愛爾蘭民族主義者、波蘭愛國主義者、義大利馬志尼的信徒和德國的社會主義者。這些目標志趣迥異的歐洲「偏激」人士之集會，與其說是出於共同的理念或相同的意識形態，還不如說是出於共同失敗與流亡的宿命，大家需找一個傾吐塊壘做為發發牢騷的場所。這個由鬆懈的烏合之眾組成的團體，其後是靠馬克思的努力，透過他提供的組織方式把大家栓起來，方得以繼續開會，勉強支撐八年之久，至1872年（名義上至1876年）才糊里糊塗地解散。

馬克思在第一國際開會時主持會議

　　第一國際成立大會召開後，設立臨時委員會，並草擬團體的目標、宗旨、策略與組織章程。馬克思被選為委員會的一名成員，後來委員會仍嫌龐雜，難於運作，遂再縮小為小組，馬克思仍被選為小組成員。小組開會地點為位於摩登納別墅的馬克思寓所。由於他足智多謀，遂被委任起草章程與大綱之重任，也負責起草第一國際的〈成立講詞〉。從此他一頭栽進這一國際性工人團體之事務中，以致稽延了他鑽研政治經濟學的志業和出版專書的計畫。

　　第一國際的臨時委員會後來變成中央委員會，再改名為「一般事務執行委員會」，是這一國際工人組織的執行機關。在政治與社會上欠缺舞台表演的馬克思如今躋身於執行委員會中，遂落力表現，想藉此機會來宣傳並貫徹他的革命理想。

　　可是，第一國際的致命傷在於成員的內鬥。他們相互猜忌、詆毀、揭發對手的傷疤。加上各國政府為提防左派工人的搗亂，也差遣間諜進入組織中進行滲透、分化、權鬥的陰謀，以致該組織最終分裂而潰散。

　　馬克思的〈成立講詞〉對國際工人聯合會的宗旨、性質有平鋪直敘的描寫，這份文件與《共產黨宣言》火辣辣的革命熱情相差甚遠，反映出馬克思對當時局勢的轉變已有與前期大不同的看法。

第一次國際工人聯合會於1864年9月28日於倫敦聖馬丁大會堂召開並宣布成立

馬克思向大會致詞無激越之情

第一國際大會召開海報

　　在其後第一國際的活動與文件撰述中，馬克思顯示了他務實的處理方式。這與他經驗豐富、年歲漸增和轉趨成熟有關，也是他居住英國十四年來對議會制度的運作更爲充分理解的緣故。一開始馬克思以其高瞻遠矚、堅定信念和淵

博學識成為第一國際的精神領袖和實際操盤的執行者。這也是他一生當中唯一可透過組織管道與歐、美各國，乃至美、俄的普勞階級建立連繫的機制，由是他緊緊抓住此一機會不放。更何況重返歐陸展開宣傳、啟蒙教育，乃至再做些煽風點火的革命活動，對他都是奢望。反之，身在倫敦偶爾外出開會，第一國際提供了他政治實踐的機會，更可藉此發揮某種程度上影響政局之作用。

是故第一國際對馬克思私人的重要性，在於讓他脫離過去孤獨的存在，擴大社交的範圍以忘記本身的貧窮與病痛。投入這一國際組織的運作之中，長達八年的馬克思，不但出錢出力，把自己的寓所當成執行委員會開會的地點，還無怨無悔地執行各種任務。這時他對革命也產生新的看法，不再想依賴普勞（無產）階級人數的遽增來推翻資產階級的政權。隨著政治經濟學研讀的慧見，使他發現科學和技術對社會的影響重大，換言之，他此時更加相信當代社會形式或政治制度的改善愈來愈依賴經濟的發展，而非憑藉魅力領袖的振臂高呼。

在第一國際中馬、恩對抗主張無政府主義者的巴枯寧（1814-1876）

馬克思對革命的新看法，引起歐陸激進人士的不滿，懷疑他已喪失革命鬥志。他們尤其不滿第一國際的總部設在倫敦，而非巴黎或日內瓦，有遭馬克思挾持之嫌。1868年由於馬克思與巴枯寧王不見王的兩雄對峙，而使此一國際性的工人組織出現嚴重的裂痕。馬克思與巴枯寧的分歧在於有秩序與無政府理念的衝突，也是集體主義與個體主義的爭衡。巴枯寧不只反對布爾喬亞的獨裁，同樣也反對無產階級的專政，這對一向重視共產主義者講究組織、紀律、權威的馬克思，自然是一項嚴峻的挑戰。隨著普法戰爭、法國戰敗、新共和政府的成立（1872年3月），第一國際被宣布為非法的組織，於是馬克思賴以為發揮領袖群倫的表演舞台遂告崩解。後來由恩格斯、列寧、史達林延續的「第二國

際」、「第三國際」，至托洛茨基黨徒的「第四國際」，皆有頭無尾、不得善終。

　　巴黎公社的遽起與速退，不但促成第一國際的解體，也使馬克思革命的幻想粉碎。1870年8月法皇拿破崙三世被普魯士擊敗投降，德軍長驅直入巴黎，包圍花都近郊，法國陷於群龍無首、政局潰散的情況中。後來臨時政府成立，與普國簽訂和約，答應割地賠款。反對向普魯士屈服的巴黎市民組成國民自衛隊對抗法國昏庸的臨時政府。1871年3月法國當局派遣殘餘的法軍進攻巴黎國民衛隊，於是法國內戰爆發。不過軍民並無相殘，反聯手殺害兩名將領。巴黎一度落入市民之手，在自衛隊保護之下，自行選出官員成立市政府，號稱「巴黎公社」（The Paris Commune）。法文commune本有市區、社區、共同體、社群之意，但經過其後的流血暴亂，遂為左翼激進分子（包括馬克思、恩格斯、拉法格在內）解讀為「共產主義」（communism）之同義字，這一混同其實和馬克思的言論、著作不無關係，也就是說馬克思刻意把公社看做他理想中的共產主義社會。事實上，巴黎公社革命性的組織（其社員連共產主義都不認識、不認同，怎麼會認同無產階級的革命？）並非共產主義的落實，不過巴黎公社的大部分成員雖非工人出身，卻代表並捍衛工人階級的利益。

1871年3月普法戰爭，法國失利後，巴黎群眾不滿政府顢頇遂爆發革命、建立人民政府，號稱「巴黎公社」，公社制度只維持兩個多月最終為政府軍擊敗

　　年輕的巴黎公社活躍分子（the communards）對政府組織實際缺乏知識與經驗，在奪取公共資產之後，並沒有沒收私人財產，甚至沒有接管法國銀行，所以其共產主義化毫無進展。馬克思也坦承巴黎公社並非有陰謀、有計畫的革命分子，而是巴黎激進者自動自發努力所建立的體制。不久之後，巴黎公社便被頭腦愚鈍、野心勃勃的布朗基信徒、巴枯寧支持者與普魯東分子所把持。

擔任巴黎公社議會主席的布朗基　　　　　巴枯寧　　　　　　　　普魯東

　　把持公社的他們除了痛恨保守的法國政府與仇視現存社會秩序分子之外，根本沒有共同的理想與目標，也發展不出一套治國的理念與策略。他們所要求的無非是把巴黎建成獨立自主的市邦，最多與法國其他省、市組成一個鬆散的政治聯盟，使每個地方公社享有充分的民主權利、絕對的自由並避免中央政府的干涉。這種政治安排與馬克思的基本哲學相去甚遠；而在其實際運作方面，也引不起一向習於中央集權的法國人民之興趣。

馬克思把巴黎公社美化爲人類有史以來最接近共產主義社會的理想

　　自始至終馬克思非常同情與支持巴黎公社的起義與運作，甚至促成第一國際執委會要求英國工人表態支援巴黎公社。他在數百封致海內同志的信上，把公社起義當作共產黨人1848年6月以來「最光輝的壯舉」。其重要性不只在對抗舊政權，就長期的角度來觀察，乃代表普勞對抗布爾喬亞的階級鬥爭。就在這個關鍵的歷史時刻，馬克思舊疾（肝炎）發作，身心俱疲，他無法協助巴黎公社的活躍分子，只能撰文作書來加以頌揚，最終對公社的運作毫無助力。法國當局於1871年4月出兵巴黎近郊，5月底便攻下公社各分區，戰火薰天、血流成渠，所有活躍分子悉遭殺害，為期兩個月的巴黎公社以悲劇收場。

　　有關巴黎公社之悲壯史實，馬克思把他涉入此一震撼法國乃至歐洲的重大革命事件之文章、分析、評論結集，編為《法蘭西內戰》（1871）一書，成為一部膾炙人口、廣受閱讀與稱讚之作品。此書重點強調未來社會主義，甚至提高層次說共產主義之社會為一分權的社會，是一個極講究整體之社會分工的社群。近年來西方學術界對社群、公民權利之研討，涉及未來人與社會之關係，更彰顯了馬克思社群觀的重要性（洪鎌德，1997b：253-289；2000：327-417；2015：183-186）。

　　馬克思一生中關於法蘭西的政治演變有三本著作。除《法蘭西內戰》外，在1850年曾撰述《波拿帕霧月十八日》（1851），書中分析拿破崙之野心與狂妄。以及更早一年出版的《法蘭西階級鬥爭》（1850），都是觀點極為犀利且具真知灼見的政治分析。

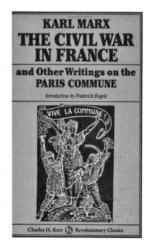

《法蘭西階級鬥爭》　　　　《波拿帕霧月十八日》　　　　《法蘭西內戰》

七、《資本論》的撰寫與出版

　　馬克思一直有意撰寫一部有關政治經濟學的專書，卻由於忙於賺取微薄的新聞稿費糊口，一再延宕寫作計畫。1857年他決心撰著系統性的新作《政治經濟學批判》，為撰寫此書準備的資料為厚達千頁的《綱要》（1857-1858），在二十世紀中才付梓出版。而該批判於1859年1月完稿，為他第一本經濟學的著作，該書篇幅不長，卻有長達二十五頁的〈導言〉（遲至1903年的新版上始出現）。全書討論了商品、價值、價格與貨幣等經濟學主題，但除了開頭的〈前言〉精要地勾勒馬克思的唯物史觀而膾炙人口之外，其餘部分立論平庸，可謂無甚精闢。出版後各方反應冷淡，令馬克思十分憤慨與沮喪。出版商甚至拒絕與他續約、刊印此書計畫中的續集。在此打擊下，馬克思在其後一年半中提不起精神來寫作，更在此時他首次感染肝炎，成為他後來致死的病因之一。

為《政治經濟學批判》一書做準備的《綱要》（1858）　　　《政治經濟學批判》（1859）

　　在恩格斯與其他同志鼓舞下，馬克思在1860年代初重燃創作的火花，決心對政治經濟學重加研究，並自訂新書寫作計畫。他本來打算以一系列數卷的作品方式來分別論述政治經濟學的各大範疇、各種學說與各種理論，最終致力於把他的各項觀念組織在一本巨著中，使它成為單一但卻具綜合性的經濟學作品，這冊被馬家老少稱為「該書」（das Buch）的作品，就是後來震撼世界、

使馬克思永垂不朽的《資本論》（*das Kapital*）之卷一（1867），其副標題仍舊爲「政治經濟學批判」（卷二於1885年出版；卷三於1894年由恩格斯出版；卷四則由考茨基以《剩餘價值論之名》出版，共三大冊，分別於1895年至1910年出版）。

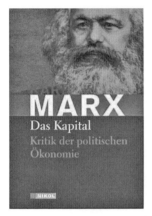  

《資本論》（*das Kapital*）的卷一（1867）

　　對馬克思而言，《資本論》是他既愛又恨、絞盡腦汁、嘔心瀝血的作品。一個嬰孩在母體懷胎九至十個月，而馬克思卻花費了十八至二十年來構思撰述這部巨著。這本書是他一生中的力作，不只是他生命的加冕，也是他此生的志業，《資本論》的生成史無異是他知識演進的紀錄。這是他給自己定下的職責，是他存在的焦點，是他人生的目標，也是造成他最後崩潰的負擔，以及他一生的災難（Raddatz, 1978: 225；洪鎌德，1998a：157；2015：157-171）。

　　爲什麼「該書」會成爲馬克思的負擔呢？恩格斯在該書出版的前的通訊中告訴馬克思：「（你）這本始終不寫完的書將在身體、心靈、財政上把你壓迫地喘不過氣來」，其意在督促好友儘早完成大作。

　　《資本論》卷一寫作斷斷續續達六年之久。期間馬克思停停寫寫，其原因可能爲貧病的煎熬，或爲思想散亂、無法集中意志，或寫作過程上的不順。在給恩格斯的信上，他指出撰寫「該書」的自己像牛馬一樣的苦幹。事實上《資本論》拖延如此久才出版的主因爲心理障礙，馬克思的許多著作，如《黑格爾法哲學批判》、《經濟學哲學手稿》（一名《巴黎手稿》）、《政治與國民經濟學批判》、《工資、勞動與革命》、《法國階級鬥爭》，以及至此時間點的

《資本論》，都使馬克思成為一位有頭無尾、無法完成作品的大家。換言之，他的多數作品都是斷簡殘篇，並不完整。他無法完成作品實因求好心切，也就是說他是一位帶有病態的完美主義者，不斷挑戰自己寫妥的作品，持續修改，因而作品也就無法及時完成（Künzli, 1966: 281-283）。原來他在經歷幾次出版經驗的失敗之後，極力避免成為被中傷批評的對象，總在有意無意間以毀謗訴訟（與一位瑞士學者佛格特興訟，馬克思為此寫了一部厚達三百頁，名為《佛格特先生》的無聊文集）和國際工人運動（「第一國際」，1864-1872），來遷延其學術著作的撰寫與出版。其他的因由包括黑格爾殘篇在馬克思心目中的觀念與馬克思物質主義發生衝突，讓他對理論問題採取保留的態度，又及童年時代的挫折經驗等等（Seigel, 1993: 329-392）。

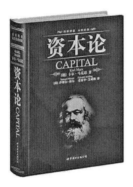

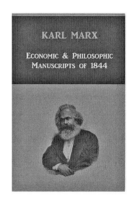

《資本論》　　　《黑格爾法哲學批判》　《1844年經濟哲學手稿》

在撰寫《資本論》的1860年代初，馬克思尚未擺脫貧困的陰影，更因為貧窮帶來的憔悴憂傷造成慢性的疾病，這也是導致馬克思常在數週或數月間無精神寫作的原因。加上頭痛、失眠、皮下出血（癰、癤等皮膚病）的毛病，把馬克思折磨得坐立不安。在「該書」全稿即將殺青的前夕，1867年3月馬克思致恩格斯的信上說：「我希望布爾喬亞（讀者們），在他們的餘生中會銘記（在撰寫此書時）我正患了皮下出血的癰」。他抱著「同世界苦戰」的心情，也有著「給布爾喬亞一個理論上的重擊，使他們一蹶不起」這種堅強的信念，馬克思在病痛煎熬下完成《資本論》的撰述，並親自把稿件送到漢堡出版商的手裡。為此馬克思於1867年4月初重新踏上德國故土，並且親自校稿，在漢堡及漢諾威停留一個半月，該書最終在1867年9月14日出版。

　　馬克思在這部曠世鉅著中耗盡將近二十年的心血，引用多達一千五百篇的專書與論文，它不僅是一部論述經濟範疇頗多且理論分析深刻的學術作品，更是一部充滿道德熱情與個人文采的「藝術之作」（馬克思自稱）。事實上，這也是馬克思有生之年正式出版的最後一本著作。

　　該書有幾段話令讀者動容（尤其是第一位讀者，即作者的太太燕妮），如書中第二十四章第七節的原文：「暴力乃是每個社會的催生婆，蓋舊社會正懷孕著新社會之緣故。暴力本身就是一種經濟力量……今日尚來不及領出生證〔尚未誕生〕，而出現在美國各種各樣的資本，乃是昨日英國兒童的鮮血〔底凝聚〕……當錢幣的一面還帶著血漬出世之際，資本卻是從頭上到腳趾淌著鮮血與汙穢」（*C* I：第二十四章第七節）。

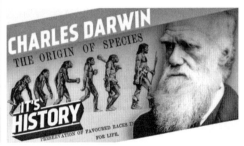

倡導進化論的達爾文為馬克思所景仰

　　的確，這本不朽的著作，不但是學術精心的結晶，更是富有創意的文學作品。儘管有時採用官方文獻的工廠報告、勞工統計、財政資料，或經濟原理，但處處透露作者智慧的光采和諷世的警語。要之，全書特有的體裁、反諷與道德的批判、洞燭時務的社會關聯，使此書成為世界經典之作。這也說明為何這部在當今英美主流派的經濟學者眼中被視為理論失敗的作品，卻是震撼人心，同時也是「改變歷史」的曠世名著。

　　當《資本論》第二版德文原著面世時，馬克思送給達爾文一冊以示敬意，達爾文回信表示他對經濟學理解有限，不過也謙虛、友善地指出：「儘管你我研究的對象不同，但我相信我們兩人都真誠地希望擴大知識，最終對人類的幸福有所貢獻」。

　　1880年當馬克思進行《資本論》第二卷寫作計畫時，他要求達爾文允許他以續卷獻給這位進化論的大師，可是當時年屆七十一歲的達爾文還是禮貌地婉拒，因爲馬克思的唯物史觀與無神論，可能會損害到達爾文家族的宗教感受。

　　爲了避免像《政治經濟學批判》出版後毫無反應之前例，恩格斯與馬家準女婿拉法格（Paul Lafargue 1842-1911）大力策劃進行「未演先轟動」的宣傳把戲。他們用各種方式、從不同的角度對《資本論》一書加以嚴肅批評，試圖提高注目。然而，有關他人對該書的評論卻仍未曾出現在英國的報刊之上，甚至在馬克思有生之年還見不到此書的英譯版本（遲至1886年才出現），連馬克思期待的法文版（1875），還晚於俄文版（1872）之後才面世。俄國經濟學者與知識界熱烈討論此書，部分激進分子甚至引述該書某些章節作爲1872年至1873年城市暴動反對沙皇專制的宣傳資料。馬克思知悉後喜出望外，加緊學習俄文、閱讀俄國書報，因而成爲當時西歐極爲少數洞悉俄情的專家之一。出乎馬克思意料之外，此書不僅影響到俄國學術界、思想界（普列漢諾夫等），更造成激進革命分子如列寧、托洛茨基、史達林等積極參與造反，欲推翻沙皇專制政權，建立世上第一個以馬克思主義爲信條、立國精神以及人民必須遵守的意識形態之社會主義的國家。事實上，有俄國馬克思主義之父之稱的普列漢諾夫，更有意無意間與恩格斯聯手，把馬克思龐雜散亂的著作與理念加以組織化、系統化（包括「歷史唯物主義」、「辯證唯物主義」的命名），塑造出馬克思主義這一思想體系（形成一個學派、政黨、教條、策略與運動的綜合體）。

Georgi Valentinovich Plekhanov (Гео́ргий Валенти́нович Плеха́нов; 1856-1918) was a Russian revolutionary and a Marxist theoretician. He was a founder of the social-democratic movement in Russia and was one of the first Russians to identify himself as «Marxist.»

自稱爲「馬克思主義者」的普列漢諾夫、恩格斯與考茨基把馬克思的學說轉化爲有組織、系統的政治意識形態——馬克思主義

依據近年美國學者塔克爾（Robert C. Tucker 1918-2010）的研析，《資本論》討論資本對抗勞動，並歸結最終原因為資本內在的矛盾重重造成經濟危機與體制崩潰，最後使勞動者自資本束縛、剝削中解放出來。此書表面上是部政治經濟學的評析專著，但其內在的精神則符合基督教義中聖神與魔鬼之間的搏鬥，更是黑格爾《精神現象論》中主僕關係的辯證發展，因之，這是一部善（勞動）與惡（資本）的對抗史。馬克思早期的「哲學的共產主義」是一種世俗化的宗教，也是實踐性的倫理，更含有烏托邦的迷思（myth），並非政治經濟學的分析而已（Tucker, 1972；洪鎌德，1997b：317-340；2010：355-376）。

八、晚年催生德國社民黨

1872年第一國際在阿姆斯特丹舉行最後一次大會，宣布歐陸的組織解散之後，馬克思原以為肩上的重擔終於卸下，可以回到書房中，繼續他喜愛的學術與知識的追求。可是這一想法很快地幻滅，無論他的體力還是心理都無法像從前那樣隨心所欲、勤奮工作，偶爾重返大英博物館閱覽室看書、尋找資料，也只能為《資本論》第二卷的撰稿作出準備，創造力開始直線下降。此後十年間他備受病痛折磨，無望地旅行各地尋找治療之方，最後在逝世之前嚐到人間最大的不幸，也就是他愛妻與長女（他最鍾愛的掌上明珠）相繼死亡的悲痛。

老少燕妮的母女照

馬克思與燕妮這對患難夫妻

　　1873年他一度病得相當嚴重，德國的友人與論敵紛傳他逝世的謠言，連《法蘭克福日報》也報導「馬克思博士病情沉重」。爲此馬克思於1873年初夏還特別走訪曼徹斯特，接受名醫昆博特的治療；同年11月在么女愛麗諾陪同下到鄉下養病三個月；次年4月，赴英國海濱療養地渡假三週，希望能解除頭痛與失眠的痛苦，結果情況更糟；7月赴外特島（Isle of Wight）靜養，卻獲得他最疼愛的外孫腹瀉夭折之噩耗，傷心之餘還得盡力安慰喪子之痛的長女小燕妮。

　　在昆博特醫生的勸告下，馬克思與么女於1874年8月前往歐陸奧地利著名的溫泉療養地卡爾斯巴德治療皮膚宿疾。經過一個月的療養，父女取途萊比錫、柏林、漢堡返回倫敦。雖然奧地利的療養對馬克思的宿疾無療效，他仍到卡爾斯巴德靜養兩次（1875年8月與1876年8月）。1877年2月馬克思又染上風寒，咳嗽不止，不得不讓醫生動刀割去小舌頭，但此一手術反而造成其後不斷的喉痛。在病魔折磨下他無法寫作，只能夠閱讀，讀物涉及德國民族史、俄國的經濟發展；同年8月至9月間，馬克思攜妻女及女婿赴德國波恩南方諾恩納療養月餘。返回倫敦之後，馬克思幾乎喪失寫作的能力，改將時間花在研究代數與人類學之上，自1878年至1882年他又作了大量的筆記，包括近年後發現的《人類學筆記》。事實上從1878年至1881年之間，馬克思爲尋求解除病痛，在英國海濱療養地待了很長一段時間，包括最著名的外特島。

位於英國南方的外特島爲歐洲名流遊覽、療養勝地，連生卒與馬氏同年的俄國文豪屠格涅夫也在此流連忘返（參考洪鎌德，2017：109-110）

在馬克思生命的最後十年內，令人較感念的是他扮演了催生德國社會民主黨的產婆角色。換言之，馬克思不只是現代共產主義的奠基者，也是以工人階級為主體的社會民主運動之肇始者。原來，1870年代中，德國社會民主人士分為拉沙勒（Ferdinand Lassalle 1825-1864）的門徒與地處埃森阿赫（Eisenach）的人士所形成的兩大派系之競爭，馬克思與恩格斯促成這兩大派的統一，也就是後來主導德國政局發展的社會民主黨（簡稱SPD）之產生與茁長。1875年5月下旬，哥達（Gotha）城召開建黨大會，完成了這個號稱社會民主黨，其實是德國工人黨的建黨宣言《哥達綱領》。馬克思對《哥達綱領》並不滿意，於是對此次在哥達召開的大會之議題作出評論與建議，作成有名的〈德國工人黨黨綱的邊註〉一文，後人稱為〈《哥達綱領》批判〉。這篇文章被後來的馬克思主義者視為「科學的社會主義」之理論源泉，文章中，馬克思批評的對象主要是拉沙勒及其門徒的主張。譬如，馬克思認為《綱領》指稱的「勞動是所有財富的泉源」，應改為「當勞動加上自然，且以社會勞動的面目出現時，才有可能構成社會與文化的財富」；此外，他反對《綱領》認為只有在民族國家的架構之下，工人階級才能獲得解放，馬克思指出：只有當工人在其家鄉認同與組織其階級，並積極參加鬥爭，才可望求取解放。另外，馬克思還在〈批判〉中強調資本主義與共產主義的過渡時期為普勞（無產）階級的專政，以及社會主義與共產主義之分辨，亦即初階與高階的共產主義之不同。後者不只是前者向前、向上之提升，還是「各盡所能，各取所需」，別於前者「各盡所能、各取所值」的社會（洪鎌德，1997a：192-194；2000：368-375）。

社民黨創立前之領袖拉沙勒因決鬥而早殞

馬、恩批判了《哥達綱領》

九、愛妻、長女和馬克思先後病逝

　　1881年底，馬克思夫婦前往曼徹斯特接受昆博特醫師的檢驗，醫師診斷燕妮患的是絕症肝癌。馬克思延聘各方專家來拯救其愛妻，或至少減低其病痛，甚至為博愛妻的歡顏，夫婦不辭舟車之勞前往巴黎探視長女與法國籍的女婿及幾位外孫，但一趟法國之旅卻令一向堅強的燕妮從此臥床不起，馬克思亦在憂慮憔悴中也同樣病倒。甚至有一段時間他病了三週無法移步到鄰室妻子的病床探視她。1881年12月2日，燕妮在歡笑聲中離開人世，她在臨終前交代馬克思的一句話居然以英文發音：「卡爾，我的生命力已潰散了！」（"Karl, my strength [is] broken."）她的斷氣不像臨死者的掙扎，而是輕輕地逝去。她的遺言中要求以簡單的方式埋葬，不要有任何的宗教儀式（Raddatz, 269）。失去燕妮的馬克思心如死灰，趕來見死者最後一面的恩格斯甚至喊出「墨兒（對馬克思的暱稱）隨燕妮一起去了！」他的意思是說，馬克思因喪妻悲慟至極，幾乎像死人一般呆若木雞、毫無反應。燕妮的遺體於12月5日葬於倫敦市郊的海格特公墓。

馬克思的愛妻燕妮逝世（1881/12/2）

早期馬克思與愛妻燕妮的恩愛寫照，如今空留追憶

　　燕妮死後的十五個月裡頭，馬克思心如槁灰，茫然地漫遊外地。1882年2月他前往巴黎探視女兒小燕妮及四個外孫，接著搭火車至馬賽，再改乘渡輪到北非阿爾吉爾（阿爾及利亞的首都）接受支氣管炎的治療，住了三個月之後離開此地；1882年8月在次女陪同下前往瑞士療養；1883年1月初他咳嗽加劇，喉嚨因為積痰阻塞，每天有嘔吐現象，在此同時其最疼愛的長女小燕妮竟罹患腎癌於1883年1月12日逝世於巴黎，留下四個小孩與一個四個月大的女嬰。當噩耗傳抵倫敦時，么女愛麗諾不知如何啓口告訴老爸，但馬克思從小女兒的表情便窺知一二，哀嘆一聲：「我們的小燕妮去世了！」

馬克思夫婦受訪

小燕妮住家牆上地標（門標）

社會主義活動家的小燕妮

馬克思揹著長女和妻子與恩氏出遊
（中共爲馬家和恩氏製作一個虛幻榮景）

么女愛麗諾　　　　　　　　次女勞拉與夫婿拉法格

　　對病入膏肓的馬克思而言，長女的早逝無異是他生命盡頭最後一次的重擊，他在病痛折磨憔悴，勉強掙扎了兩個月之後，也步其愛女的後塵，離開這個災難重重、病痛不絕、哀傷無己的世界。死亡以安詳與驟降的方式突襲馬克思，那是1883年3月14日下午三點，當他坐在房內安樂椅上休憩之時。逝世的日子離他5月5日的生日只差兩個月，所以他算是享年六十五歲。恩格斯在發布訃聞給各方人士之餘，也寫了數封信給他倆共同的友人。其中一封信上他引用馬克思在世時喜歡的古希臘哲人伊比鳩魯的話，即是：「死亡對死者而言不一定是不幸，對後死之人卻是絕對的不幸」，在信尾恩格斯下結論：「人類又少了一個（會思想）的頭顱，亦即我們時代最偉大的一個頭顱」。

長女小燕妮　　　　　　査理‧龍居與小燕妮

　　馬克思的葬禮於1883年3月17日星期六下午舉行。他葬在海格特公墓，其愛妻燕妮的墓邊。參加葬禮的人不超過二十人，包括么女愛麗諾，以及兩位法籍女婿拉法格（次女勞拉之夫婿）與龍居（長女小燕妮之夫婿），及極少數友人，次女勞拉則因病重無法出席葬禮。

馬克思在海格特公園墓地上的石雕
英國共產黨建立（1956）

馬氏逝世時恩格斯與么女在側，恩格斯哀悼

馬克思在海格特公墓（Highgate Cemetery）的墓地

　　恩格斯以英語致弔詞，其中重要的幾句話爲：「卡爾‧馬克思是歷史上極少出現的傑出人士之一。查爾士‧達爾文發現我們星球上有機自然的發展規律，馬克思則發現決定我們歷史過程與發展的社會基本律……。要之，他視科學爲歷史的大槓桿，也就是其本意爲革命的力量。在這一意謂下，他應用廣博的知識，特別是歷史知識，在他精通的領域之上，因而他是一位眞正的革命者（就像他自稱的一樣），是故使受薪階級從現代資本主義體制下解放出來（而從事）的鬥爭，是他眞正的使命……」（*CW* 24: 463-464）。

第二章

馬克思主義：
源起、主旨與衍變

第二章　馬克思主義：源起、主旨與衍變

一、馬克思主義、社會主義、共產主義

二、馬克思主義的思想淵源

三、馬克思主義的內涵

四、影響

一、馬克思主義、社會主義、共產主義

　　馬克思主義不可視同爲社會主義或共產主義。事實上，在馬克思生前、同代與後代都有各種不同流派的社會主義和共產主義在流行。因此，我們只能說馬克思主義是社會主義的思潮與運動中，以馬克思與恩格斯的思想與行事爲核心的「科學的」，以別於其他流派（像烏托邦、空想、倫理）的社會主義。另一方面，以共產主義爲基底，欲消滅私有財產、經營公社群居，這種理想國的主張，最早由古希臘哲學家柏拉圖所提起。中古時代摩爾（Thomas More，或Morus 1478-1835，又譯爲莫魯士）在其撰著的《烏托邦》（*Utopia*, 1516）一書中，更企圖建立一個世上從未曾實現過的完美社會。聖西蒙、傅立葉、歐文及卡貝（Étienne Cabet 1788-1856），都各自建構他們烏托邦式的社會主義或共產主義的實驗團體，甚至把理想付諸實施，卻皆以失敗收場。

Sir Thomas More (1477-1535) was the first person to write of a 'utopia', a word used to describe a perfect imaginary world. More's book imagines a complex, self-contained community set on an island, in which people share a common culture and way of life.

烏托邦的理想島國　　　　　　　莫魯士繪像

　　是故馬克思主義，只是社會主義的其中一個流派，是主張以普勞階級爲主體，發動暴力革命、進行階級鬥爭，來完成共產主義的目標之激進共產主義的理論、實踐和運動。此外，依據馬克思的說法，社會主義是只有在資本主義

被推翻，暫時由無產階級專政之間的過渡時期。這時所能達到的只是共產主義的初級階段（社會主義），其後才進入共產主義的高階（眞正的共產主義）。社會主義的社會要求每人「各盡其能、各取所值」，只有在其後發展更高的階段，在「直接生產者自由的組合」運作下，未來的人類才有可能進入眞正的共產主義。處在此一人類發展圓熟完美的社會裡，每個人都是「發展圓滿的個人」，也才達至「各盡所能、各取所需」的理想境界。

舉拳頭呼口號的共產主義之普勞大眾（Proletariat）

以馬克思爲核心的各國共產黨創立者或領導人

　　由此可知，馬克思主義追求初期社會主義與最終共產主義的落實，他本身與社會主義和共產主義的理想目標，始終保持一致，但仍與社會主義和共產主

義各流派有所不同，那就是從過去人類社會的演進歷史，分析目前人類社會制度（尤其是資本主義體制）之弊端，進而確認未來社會主義與共產主義必然降臨之策略（資本主義內在矛盾造成的經濟危機與體制崩潰、無產階級展開的階級鬥爭與奪權革命）。易言之，馬克思主義就是以馬克思和恩格斯的左翼（社會主義、共產主義、無政府主義、虛無主義）思潮與運動當中，最講究理論與實踐的統一、最理解手段與目的之辯證發展、最懂得自由與必然的相剋相生、最善用主體與客體的互動關係，而建立的「科學的」革命理論和思想體系（意識形態），亦即所謂的「科學的社會主義」。

　　馬克思在1860與1870年代初創辦「第一國際」遭受政敵與論敵圍剿下，一度對法籍女婿，也是他革命追隨者的拉法格（Paul Lafargue 1842-1911）說過一句令後人驚訝與困惑的話：「我不是一位馬克思主義者！」這並非知識與歲月日增，一向傲慢自大、睥睨群倫的馬克思自謙之辭，似指其不好意思權充一個學派，一套思想體系，一個革命運動的開山鼻祖。事實上，當時國際工人團體中，如巴枯寧派、普魯東派都諷刺或抨擊馬克思及其信徒之言行（尤其在1879年至1880年），他們心目中的「馬克思主義」一詞，就含有內鬥認真、外鬥無力，只操弄宗派主義、個人崇拜之貶義。這就是馬克思之所以否認他是一位馬克思主義者的說法之因由。

　　顯然，馬克思主義脫離不了以馬克思的思想言行、著作為中心的一套革命學說這個框架，但其中不只圍繞馬克思一人的思想言行，亦含恩格斯的觀念，即馬、恩兩人的思想與行動體系構成了原創的馬克思主義（Original Marxism，為美國普林斯敦大學塔克爾所倡說）。隨後，俄國哲學家普列

漢諾夫、革命家列寧、托洛茨基、史達林、理論家齊諾維也夫（Alexander Zinoviev, 1922-2006）等，次及德國思想家考茨基、奧地利學者歐托‧鮑爾、阿德勒、希爾弗定、政治家卡爾‧列涅等，乃至二十世紀初西方馬克思主義者盧卡奇、寇士、葛蘭西、法蘭克福學派、沙特、梅樓‧蓬第、阿圖舍、朴蘭查、英國與北美新左派等，將馬、恩學說系統化、組織化並做多方詮釋，形成了馬克思主義體系龐大、流派眾多、理論紛雜的情況。

普列漢諾夫　　　　　列寧　　　　　托洛茨基　　　　史達林

　　二十世紀的馬克思主義分解為當權派意識形態的「官方的馬克思主義」（Official Marxism）和認同黑格爾的思想為馬克思所繼承，並由後者加以踵事增華之「批判的馬克思主義」（Critical Marxism）兩大陣營。前者成為舊蘇聯、中共、北韓、越南、古巴的立國精神、統治教條與共黨一黨專政的合法化利器；後者則為歐、美、日、印等資本主義盛行的地區之學術界、思想界、文化界一股反思與批判的力量。

　　隨著「蘇東波變天」，共產主義熱潮的消退，官方與教條的馬克思主義面對開放改革的挑戰已逐漸趨向沒落。反之，資本主義的擴大與「新經濟」瀰漫下，寰球資訊科技之躍進，使得二十一世紀人類心靈的孤獨空虛、生活意義的疏離異化成為當代嚴峻的課題，人們更迫切期待安身立命的新思維、新信仰及新主張。強調文化研究為主旨的「新馬克思主義」（脫胎自「西方馬克思主義」），遂在西方世界獲得重視。1985年之後甚至出現了「後馬克思主義」。事實上，在新世紀、新時代中，馬克思主義在西方世界的文化、思想、學術的各種社會圈中，仍發揮它反思與批判的精神，扮演有別於資本主義的替代方案，也扮演全力攻擊資本主義的反對者角色。

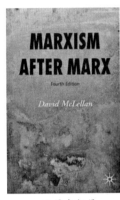

西馬　　　　　西馬與新馬　　　　後馬

二、馬克思主義的思想淵源

　　在政治、經濟與社會方面，馬克思主義產自歐洲十八與十九世紀的工業革命與政治革命。固然英、荷的工業革命在更早之前便已爆發，但歐陸各國（法、德、奧等）走向工業化、商業化則遲至十八與十九世紀。美國的獨立戰爭、法國大革命、英國的憲章民權運動以及1830年與1848年歐洲大城的工人暴動與革命，都是西方大眾覺醒與造反的起始，也是歐洲封建主義崩解後，工業與競爭的資本主義興起之際的政局激變。大量由莊園、農地湧入城市討生活的技匠、散工、求職民眾，不但造成城市的擴大、工廠與礦場的林立，也促成大規模工人住宅區與貧民窟的出現。初期工廠與礦場非人道性的經營方式，雇主對雇工的壓榨，形成少數資本家對工人大眾的剝削，這種血淋淋的殘酷生活現實，是過去封建地主控制下的農莊所未曾有的社會新現象。在農莊中，農民雖身為農奴無自由可言，也遭地主壓榨，但至少一家大小還可以靠土地之耕種換得粗飽；如今進入陌生的大城，在工廠中、礦坑裡每天辛苦操勞十四小時以上，還不足以糊口養家，只好強迫妻女、幼兒擔任女工、童工幫忙掙錢，這便造成工業化、城市化的英國與歐陸大城小鎮充滿貧窮、疾病、文盲、娼妓、盜竊各種罪行的原因。而社會政策、社會改革的公布與推行，更助長新興工人階級的怨懟。各種流派的社會主義可以說是針對工業化帶來的社會弊病之批判與改善之道的倡說，馬克思主義就是歐洲社會結構與制度急遽變遷中的產兒。

工業革命爆發後，湧入城市尋找工作者　　　深入礦坑開採煤炭的老少礦工
之貧困潦倒、人人目光無神且求助無方

　　在思想和知識上，馬克思主義更是十八世紀橫掃歐陸的啟蒙運動狂飆之產物。啟蒙運動強調人定勝天，認為靠著人的理性，可以改造社會，推動歷史的進步，是故「理性」與「進步」成為十八與十九世紀激進社會運動（改革或革命）者之口頭禪。

代表迎接晨曦光明、去掉晦暗愚昧的啟蒙運動為盧梭所鼓吹

　　在十八與十九世紀之間，英國、法國與德國對於工業革命與法國大革命的反應不同。其中又以美國為主的自由主義、法國為主的社會主義和德國為主的浪漫主義，對實業與政治巨變提出不同的解釋與批評，這三種主義均脫胎於啟蒙運動或是對啟蒙運動的反彈。它們不僅為人類心智的活動，也蔚為引導經濟政策促進民主推動、啟發群眾覺醒和建立社會新秩序的社會運動。馬克思主義產自於這三種不同的社會思想與實踐，而又企圖加以綜合、批判與超越。

　　另一方面，古希臘、古羅馬的文明是其後歐洲文化誕生與成長的搖籃與苗鋪，為馬克思從小到大的知識營養來源。

（一）古希臘哲學與古羅馬法政思想和制度

　　古希臘哲學家蘇格拉底認為人應有自知之明，瞭解自己是諸種德目之首；亞理士多德則倡導人的自我實現。他強調人是活在市邦的社群動物，人與社會的密切關係，是人性的表現。馬克思把亞氏這句話藏在心中，不時引述，成為他人性觀的核心（洪鎌德，2014：3-6）。古羅馬的法典、政治、制度、文明都深深吸引青年馬克思的注意。他在柏林求學初期還一度撰寫一部厚達數百頁的法哲學手稿，可惜未曾留下，其受教於著名的羅馬法專家薩維尼（Friedrich Kart von Savigny 1779-1861），曾把拉丁文的法典譯成德文（洪鎌德，2015：28-30）。

蘇格拉底　　　　　　　亞理士多德　　　　司法女神落實羅馬法

（二）浪漫主義與啓蒙運動

　　十九世紀初日耳曼新興的資產階級既不滿本身封建的社會秩序，又不願接受法國大革命帶來的社會紛亂之新模式，於是在無力推翻普魯士為主的「舊政權」（ancien régime）之下，才智卓越之士紛紛走向文藝、思想領域發展，企圖推動文化再生運動，於是「浪漫主義」（Romantizismus）遂告產生。其在哲學上的表現為康德、謝林、費希特、黑格爾的思辨哲學，亦即唯心主義，或稱觀念論；在歷史學方面為歷史主義（Historismus）與歷史科學之推廣；在藝

術、美學、文學創作與文學批評方面，為歌德、席勒、列辛、賀德林、施列格爾等人之作品的表現。

　　浪漫主義界定現代與浪漫的分野是以藝術與宗教為準繩，而非以科學發明為標準；是以拒絕法國啓蒙運動的現代概念，不以理性、科學、技藝為現代之特徵。要之，浪漫主義以美學取代政治學、以文化批判取代社會批判，它所追求的是藝術的自由，而非政治的自由。對馬克思而言，單靠理性無從謀取人的解放，要言解放，理性必須接受實踐的指引，蓋實踐不斷更改理性的錯誤，而無產階級即為實驗的主體，是故馬克思說：「哲學是解放的頭，無產階級是它（解放）的心」（*CW*, 3: 183, 187）。馬克思反對分工、反對外化（異化），主張人的整體化，認為所謂的「眞人」（*eigentlicher Mensch*）就是早上打獵，下午釣魚，傍晚飼牲口，晚上討論詩詞、辦理文藝活動那種享受田園樂趣的完人，亦即勞心又勞力，進行美感與認知活動的人。易言之，是人本主義（humanism）與自然主義（naturalism）合而為一，這種主張無異為浪漫主義之落實。

浪漫主義是開始於十八世紀德國的藝術、文學及文化運動，發生於1790年工業革命開始的前後。浪漫主義注重以強烈的情感作為美學經驗的來源，並且開始強調如不安及驚恐等情緒，以及人在遭遇到大自然的壯麗時所表現出的敬畏。

主張返回大自然，指摘工業革命雖提升人類物質享受，在精神道德方面卻有衰退之虞

（三）日耳曼觀念論和唯心主義

　　康德以人為目的而非手段的無上命令和黑格爾追求精神之絕對自由的主張，更構成馬克思主義最終追求之目標——「人的解放」。黑格爾視歷史為精神從開始的主體，化為中間的客體，最終提升到絕對地步之正、反、合的過程，這一辯證過程最為馬克思所激賞。不過他把黑格爾以精神為主體的錯誤糾正過來，也就是把黑格爾顛倒的思想扶正過來，使它「雙腳立地，頭顱仰天」以取代黑格爾飄渺、抽象的精神、心靈，變成了活生生的個人和創造現實，改變現實的群眾——普勞階級。於是馬克思宣布：改變社會和創造歷史的主體，不再是心靈或神明，而是人類、群眾。這就是說馬克思的史觀、人生觀、社會觀是脫胎於黑格爾的《精神現象論》與《法哲學大綱〔原理〕》。馬克思的辯證法更是黑格爾《大邏輯》與《小邏輯》的引申與昇華——把黑格爾的「理念辯證法」（*Idealdialektik*）轉化為馬克思的「實在辯證法」（*Realdialektik*），或稱為「社會辯證法」（*Sozialdialektik*）（洪鎌德，2007a）是取代唯心主義的唯物主義的辯證法（Miller, 1998: 148-149; 2016: 177-216, 271-300）。

馬克思雖師承黑格爾重視歷史對個人與社會的形塑，但卻把黑氏的唯心主義翻轉為唯物主義

康德、黑格爾、馬克思一脈相承

（四）早期的烏托邦社會主義

　　社會主義並非由工人或勞動階級主動提出的社會訴求，這不是他們所欠缺的時間、精力、識見所能提出的主張，反之，卻是進步的貴族（如聖西蒙）與才智之士（傅立葉、普魯東、歐文等）所倡說的。1830年代左右，在馬克思的出生地特利爾城便有一位傅立葉的信徒嘉爾（Ludwig Gall 1794-1863）宣傳「凡人皆平等」的社會主義思想；德國第一位共產主義者赫斯（Moses Hess 1812-1875）曾撰書，指明貧富階級的兩極化與闡述無產階級革命之降臨；魏特鈴（Wilhelm Weitling 1808-1871）則倡說窮人接受教育與分享幸福的權利；而馮斯坦（Lorenz von Stein 1815-1890）有關法國社會主義與共產主義的介紹與抨擊，反而助長社會主義的學說在德國激進分子之間蔓延開來，馬克思就是從馮氏著作中初步的認識社會主義（洪鎌德，2004：140-202）。

聖西蒙　　　　傅立葉　　　　　歐文　　　　　　赫斯　　　　　魏特鈴

　　馬克思在巴黎不到一年半的居停期間（1843年10月至1845年2月），也與流亡在巴黎的德國共產主義者，以及法國社會主義者有所接觸與來往。他對這些烏托邦社會主義者的著作、組織與活動都耳熟能詳，尤其曾與普魯東通宵達旦的爭辯。1860年代以後，法國某些脫胎於空想社會主義者（如卡貝、戴查米、魏特鈴等），自稱其學說為共產主義，這些人的說詞都遭到馬克思的嚴厲批駁與抨擊。但他們曾宣稱唯物主義為共產主義的基礎、人類的歷史為階級鬥爭史，又指普勞階級為第四階級，普勞與市民階級之關係有如早期市民階級與地主、貴族之關係，這些說詞與馬克思和恩格斯的看法，並沒有太多的分歧，所以都構成後來馬克思主義的骨幹（洪鎌德，2004：226-228）。

　　在烏托邦社會主義者當中，聖西蒙的學說對馬克思有很深的影響。前者演繹一套「物理政治學」，強調「政治為生產的科學」，並主張以科學體系取代

宗教與倫理的地位。馬克思透視科學以及相信社會不同階段演變的思想，便是受到聖西蒙的影響，亦襲取聖西蒙的秘書孔德「社會三階段演變」（神學、玄學、科學）的說法，予以修改和補充。

聖西蒙　　　　孔德　　　　傅立葉　　　　普魯東

傅立葉建議創立社會主義合作社與信用貸款機構，俾收集足夠的資本，方可從事社會賑濟安貧的事業，又主張公有農場與工廠的集體經營。他對資本主義的批判純由倫理學的考量，而不像馬克思以經濟學的觀點為之，這是兩人社會觀的分歧。此外，馬克思對宗教的抨擊、對道德的非難，都使他與傅立葉等初期烏托邦社會主義者分道揚鑣。

曾努力推動英國社會勞工立法，並以人道精神創立模範村與合作社的歐文，是早期傾向於改善工人生活環境，便可提高其道德水準，最後解決社會問題的改革者。馬克思接受他的環境決定論（*Milieutheorie*），相信環境對人性塑造的影響，不過他指摘歐文輕視政治鬥爭，不懂組織與團結渙散的工人，以致階級鬥爭與奪權革命無從展開，社會主義落於空想的階段。

普魯東則主張設立「人民銀行」、「貸款合作社」，提供無息貸款給人民，創造便利產品的公平交易。他也反對暴力革命，相信人民的「互助論」（*Mutualismus*）能夠達成社會的和平轉變，最終使法政與統治消弭於無形（最早無政府主義者之一）。馬克思對這種腐蝕民眾鬥爭意志、便利統治者籠絡控制的主張猛烈抨擊，遂造成1860年代兩人與兩派的纏鬥，終而拖垮了第一次國際工人聯合會（第一國際）組織；另一無政府主義者的巴枯寧以暗殺、恐怖手段、「宮廷式」革命與罷工著名。馬克思雖然贊成無政府主義者最終取消國家的權力之奮鬥目標，但反對這種無組織性、非全民性的隨興小動作（洪鎌德，2004：226-227）。

卡貝　　　　　戴查米　　　　　巴枯寧

　　總之，在馬克思與恩格斯心目中，初期社會主義者，以說教、道德或宗教的觀念來抗議社會的不平不公，而不懂就歷史的演變、經濟勞力的起伏、科技與經營方式對生產力之衝擊，加以科學的、客觀的分析，這就是烏托邦社會主義缺乏理論、缺乏組織、缺乏策略而流於空想與失敗之原因。為避免重犯錯誤，馬、恩認真學習資本主義代表性的學術——政治經濟學。盼望從政治經濟學的理解與批判中發現資本主義運作的律則，從而證明資本主義就是人類歷史長河中的一股逆流，長期歷史過程之一個片斷，其敗亡潰散是無可避免的、是必然的。在這樣的理解下，兩人要建立的不再是空想的社會主義，而是科學的社會主義。

（五）政治經濟學與自由主義

　　馬克思比恩格斯晚了好幾年才意識政治經濟學的重要性。不過他最早所接觸的亞丹・斯密與李嘉圖的學說，卻是透過黑格爾的哲學才間接獲知其大要。事實上，這兩位號稱英國古典經濟學鼻祖所演繹的勞動價值說，構成了馬克思主義經濟理論的基礎與政經批判的起點。斯密強調：並非土地或商業是創造價值的來源，反之，是人的勞動力。他又倡用「資本累積」一詞，而為馬克思所襲取。

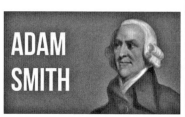

亞丹・斯密　　　　　李嘉圖

　　此外，馬克思因循斯密的說法，認爲貨物在市場上的價格取決於成本的價值，這包括了把勞力當成商品來買賣時，其價格（工資、薪水）取決於勞動的價值（維持勞動者及其後代的存活之成本，以及僱傭市場上對勞力供需的大小）。

　　可是，馬克思反對斯密自由放任的主張，也反對後者有關個人或國際分工的說詞，認爲這種經濟活動的自由開展，助長惡性競爭，便利資本家或強國的聚斂與剝削，使工人與貧國陷於更深沉的貧困中。斯密爲了宣揚市場經濟與自由競爭的好處，特別指出在政經領域中有一隻「看不見的手」，在指引「經濟人」追求自利，從而使社會大眾均蒙其利。馬克思不贊同「經濟人」追求自利可使社會均蒙其利的說法，相信追求自利所引發的競爭與矛盾，會導致社會群落（階級）之間的衝突。但社會的衝突，尤其是階級的鬥爭，卻是推動歷史向前邁進的動力，這點與黑格爾稱讚的「理性之詭計」若合符節。換言之，斯密「看不見的手」對馬克思而言，就是推動歷史演變的辯證法（洪鎌德，1998：11-13）。

「一隻看不見的手」在指揮人群的經濟活動，正是需求與供給下的市場機制

　　在其時代裡，亞丹・斯密雖倡導自由放任的市場經濟學說，他本身卻高度關懷勞苦大眾，因之鼓吹工資的抬高，這點卻爲其學生李嘉圖所反對。李氏繼承斯密的主張建構勞動價值說，這也影響了馬克思後來剩餘價值論與剝削論的提出，其由李氏之農業收益遞減律引申出工業、資本利潤率遞減律。馬克思遺著《剩餘價值論》（共三卷），可以說其第一卷取材自斯密的《國富論》，第二卷與第三卷則涉及李嘉圖的地租說加上其他學派的主張（洪鎌德，1997b：30-32）。

　　總之，英國經典經濟學者的思想觀念融入馬克思主義的部分主要有二：其一，闡明一個完全自由的經營者（資本家）經濟之發展規律；其二，提出純經濟主義的看法，認爲人類的行爲取決於經濟活動，而經濟活動歸根於經濟律與供需關係，其他的影響勢力則可以不計。當時人們尙未預料到強而有力的工會對工資有決定作用，也不知集體談判與國家的介入所造成的後果。當時的馬克思只深信資本主義爲一個短暫時期獨立自足、不生變化的經濟體系，沒有想到資本主義會受到社會政策、金融政策、外資政策、徵稅政策以及景氣循環的衝擊，更沒有預估到資本主義內在的韌性與彈力。這種堅強的生命力使資本主義體制幾度在崩潰邊緣上起死回生，甚至在二十世紀的最後十年征服了全世界，連曾經是社會主義的國家也倡導改革開放來實施國家資本主義與擁抱市場經濟。

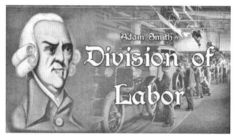

亞丹·斯密的《國富論》與分工說　　　　　　　　　馬爾薩斯

　　除了經濟學說之外，馬克思自啓蒙運動獲得有關自由進步的思想，也得到人類行爲不取決於理想，而取決於利益的說法，認爲只要遵循利益的指引，人類必然走上理性之途。這種自由主義的影響，使1841年至1843年間的青年馬克思成爲一名激進的自由主義者。不同於自由主義者的個體利益之主張，馬克思在在強調整個社會、集體的利益或普勞階級的利益。英國古典自由主義，從斯密、李嘉圖、馬爾薩斯至約翰·穆勒對人類的物質進步、人口增加，初抱悲觀看法。但其信徒卻配合資產階級的興起，改變想法，認爲物質進步有助於改善人類的生活，並轉爲相信工業革命會帶來好處，於是自由的物質主義（liberal materialism）遂與工業主義（industialism）結合爲一。自由主義與邊沁的功利主義有相通處，對資產與中產階級頗具吸引力，難怪年輕的馬克思一度對它傾心，認爲這是黑格爾繁雜抽象的哲學走向實用之途徑，也是每一國家、每一民族、每一階級如何自求多福、自我解放的正途（洪鎌德，2007b：325-333）。

邊沁　　　　約翰・穆勒　　工業主義（industrialism）

　　基本上，馬克思主義與自由主義在各個領域裡追求進步性的改革。馬克思主義不同於自由主義之處為其涉及經濟秩序的處理方式之不同；以及為激進、迅速、暴力的社會革命，亦或緩慢、長期、和平手段的社會改良之策略的差別。正因為自由主義與社會主義同為面對實業與政治改革以來，歐美的兩種不同之反應方式與政策，因此，一開始這兩套意識形態便針鋒相對競爭激烈，其追求的重點逐告完全不同：一重自由，一重平等。是故一個半世紀以來，馬克思主義不但為自由主義的歷史性夥伴，也是彼此競爭、相互排斥的死敵（洪鎌德，1997b：20-23；2000：125-128）。

三、馬克思主義的內涵

　　馬克思在其1859年的著作《政治經濟學的批判》（*Kritik der politischen Ökonomie*）一書的〈前言〉中，曾經指出：「在人們從事的社會生產中，人群進入特定的、必然的、不受其意志左右的關係裡。這種關係可稱為生產關係，它與物質的生產力一定的發展階段相搭配。這些生產關係的總體造成了社會經濟的結構，亦即實質的基礎。在此基礎上矗立著法律與政治的上層建築，並且有與實質基礎相搭配的特定社會意識之形式底存在。物質生活的生產方式絕然地決定著社會、政治的與精神的生命過程。並不是人群的意識決定其實存，而是其社會的實存決定其意識。在發展的某一階段裡，社會的物質生產力與其現存的生產關係，以法律的字眼來表達——即財產關係，造成矛盾難容……這種生產關係突然變成生產力發展形式中的桎梏。於是社會改革的時期不旋踵而降臨。隨著經濟基礎的變遷，整個巨大的上層建築跟著作出或慢或快的變化」（*SW* 1: 503-504；華文翻譯自洪鎌德，1997b：25-26）。

《政治經濟學批判》（1859）及其〈前言〉，也是《資本論》（1867）的副標題

馬克思的社會觀

· 社會是一個受經濟的因素所制約的組織

馬克思把社會當成上下兩層樓的建築來看待。上層為社會的法、政、社、文等典章制度；下層則為求取人類生存的物質性經濟活動，包括使用生產資料的生產力，以及進行生產與分配的人際關係。這兩者合稱生產方式，下層基礎制約上層建築。

　　馬克思上述這段話，可以說是他學說的精華，也是馬克思主義的中心議題。一般所謂的馬克思之人生觀、社會觀、政治觀、歷史觀等等，都可由這段引言找出源頭與概覽。我們不妨把馬克思的學說與馬克思主義的精要轉化爲下列六個範疇來簡述：（一）人類學體系——勞動中人的自我異化說；（二）哲學體系——辯證唯物主義；（三）歷史學體系——唯物史觀（歷史唯物主義）；（四）經濟學學說——政治經濟學說與資本主義的批判學說；（五）社會學體系——「科學的社會主義」；（六）政治學體系——國家學說與政治理論。

　　在上述六大範疇中，除了政治經濟學，馬克思與恩格斯曾作系統性的長篇論述之外，其餘的主題散落在兩人龐雜的著作、宣傳手冊、言談與通訊裡，由本書作者予以組織化、系統化（洪鎌德，1997b：25-80；2014：285-358）。

（一）人類在勞動中的自我異化說

　　受著黑格爾界定人爲勞動的動物之影響，馬克思也相信開物成務、利用厚

生以及人與自然的互動。人與人之間的關係主要的是生產關係，把人視爲社會生產的動物看待，是使人異於動物之處。唯一異於黑格爾之處爲馬克思認爲勞力比勞心更爲重要，作爲有意識、主動、能動，又能自由創造的人類，使他們自成一種「種類之物」（*Gattungswesen*），有別於禽獸。「種類之物」爲費爾巴哈所強調的詞謂，也是其人本主義的基礎。青年馬克思不只浸透於黑格爾思辨哲學中，還借用費氏哲學人類學和轉型批判法，把社會與歷史的主體從神「翻轉」爲人。要之，征服自然、改變社會、創造歷史的主體，不再是基督教神學所宣揚的上帝、神明，而是古往今來所有的人類。

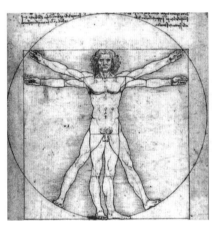

達文奇對均勻發展的人體之描繪

體現黑格爾勞動人與費爾巴哈「種類之物」

可是人的勞動、生產、創造並非隨心所欲、自由自在，每每受到至今爲止的階級社會之束縛與限制，這就是造成人類異化、疏離、外化（*Entfremdung*）之主因。在資本主義的現勢下，人類勞動的異化尤其嚴重。人不但從其產品、生產過程、人性本質異化出來，更因爲人人相爭，也從其同僚、同仁、同儕中異化出來。要揚棄異化，回歸人性，就要靠勞動者的覺醒與努力，其先決條件爲工資勞動的取消；要達成工資勞動的取消，則必須發動普勞（無產）階級的革命，把資本主義的體制徹底推翻（洪鎌德，2000：24-41）。

要之，在馬克思的心目中，黑格爾所發現的現代人是片面的、主觀的、特殊的資產階級之成員（所謂的「公民」），而非生活於市民社會、努力工作、勞動、生產的活生生之諸位個人（「市民」）、活潑之群眾。爲了使群眾與個人不再受制於現代資產階級社會的分工、私產、交易、市場、資本、剝削等異

化現象，馬克思遂高喊人的解放（洪鎌德，1997b：27-32；2000：1-7）。

馬克思發現了勞動異化觀，可以說是集盧梭、費希特、黑格爾、布魯諾·鮑爾，以及費爾巴哈學說之大成，他還把異化論從哲學的思辨轉到社會學的分析及政治的運用（革命策略），可以說是思想上、實踐上的突破。整個二十世紀證明異化不只存在於資本主義、法西斯主義、民族主義之中，連號稱以馬克思主義治國的舊蘇聯和當今共黨一黨專政的全球現存社會主義國家（中共、北韓、越南、古巴），仍到處瀰漫異化的現象，是故異化問題仍舊是人類當前嚴峻的問題。這一問題之嚴重性早已超越資本主義、社會主義與第三世界之區隔，而成爲二十一世紀寰球性人類所共同面對的挑戰。馬克思主義在新世紀、新時代如有任何的貢獻，那就是藉勞動異化說吸引各方的目光，使之研擬更佳的策略，來克服與揚棄異化之無所不在（洪鎌德，2006：114-116）。

人類演進走入異化（條碼化）　機器時代工人的宿命　馬克思要掙斷異化的鎖鍊

（二）辯證唯物主義

馬克思把黑格爾的辯證法應用到法國唯物思想之上，形成其自然的宇宙觀，以及政治、經濟、社會的社會觀。其後經恩格斯、列寧的引申與綜合，成爲正統與官方馬克思主義的教條，也成爲師承馬列主義的共黨之宇宙觀與世界觀。恩格斯稱辯證法爲「自然、社會與思想（三者）普遍運動與發展的規律之科學」、「從思想至實存，從心智至大自然之間的連繫」。

馬克思主義者強調經驗世界的科學研究，排斥形而上學之哲學思辨，主張世界是由物質所構成。物質的特性是在時間、空間和向度中自動與無限的展延性，具有運動與變化的特性。

物質的自動變化是循正、反、合三個辯證的過程有規律的進行。根據辯

證法，每一事物在瞬間呈現正面的表象，可是正面的外表卻潛伏了內在矛盾、相反、否定的因素。矛盾導向衝突，衝突導向發展，這些發展的過程會從較低的層次移向較高的階段。易言之，物質首先處於「正」的階段，在量方面卻因為內在的矛盾而發生變化，每至臨界點逐由量變跳躍為質變，成為新的事物，也就是達到「反」的階段。然而「反」中的否定，亦即否定的否定，導致物質提升與綜合上述過程而進入第三步，亦即「合」的境界。至此事物並不停止往前或向上發展，於是「合」成為新的「正」之起點，繼續經歷新的「反」與更新的「合」，也就是像螺旋一樣向上迴轉，而無止境地發展上來（洪鎌德，2007b：70-83）。

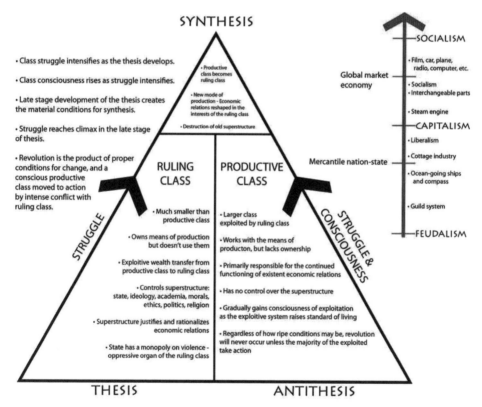

以物質為基礎的正、反、合之辯證過程促成人類、事物和社會以及歷史的變遷

　　在認識論方面，辯證唯物主義肯定兩點：1.人類的意識是從較低的有機物質經過長期反覆辯證的發展過程躍進產生的；2.意識忠實地，像鏡子一般地反映外頭的實在。在實踐方面，辯證唯物主義主張人的實際活動（包括反思的、批判的與革命的活動）構成了「實踐」（*Praxis*），而實踐乃爲驗明眞理與證實知識的準繩。實踐一方面是指科技、勞動、實業，以及其他人造客觀實在之轉變，而形成的經濟活動，以及消費品的生產與流通；另一方面又指投身共產主義的革命奮鬥。因之，辯證唯物主義在方法論上的兩個基本信條爲：理論與實踐的統一，以及哲學的黨性原則（Партиность由共黨成員嚴守紀律，遵從黨之領導，進而貫徹世界革命之主張）。

　　辯證唯物主義顯然在說明世界演變的經過、趨向、目標，但也強調矛盾的對立與解開，使事物朝向自由與理性之途發展。在這一意義下，我們看出馬克思認同黑格爾的歷史目的論（*Geschichtsteleologie*），承認世界史的發展爲動態，且朝向一定的目標──人獲得自由與解放以及迎接理性。馬克思的辯證唯物主義含有濃厚的人文主義之色彩與倫理道德的精神。其唯物主義不失爲另一種的唯心主義、觀念論或比較妥當地稱爲實在論（*Realismus*）（Callinicos, 1983: 114-126），或至少可以稱呼爲「理想主義者之唯物論」（*Idealistischer Materialismus*）（Theimer, 1976: 15；洪鎌德，1997b：35）。

  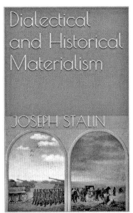

恩格斯的《自然辯證法》　　列寧的《唯物主義與經驗批判主義》　　史達林的《辯證唯物論與歷史唯物論》

　　辯證唯物主義主要出於恩格斯（曾撰有《自然辯證法》一書，撰於1873年，出版於1925年）與列寧，甚至史達林的手筆。此主義充滿機械性、教條式的僵硬律則，似乎比較不適合馬克思多疑好辯、喜挑毛病、刁難成性的性格。要達致歷史的辯證解釋，有必要把一社會或一時代所有因素統合成一個完整體，然後要確定每一完整體有其獨特的性質可資辨識，這樣辯證的發展才能一一指出其不同的階段所呈現的不同樣式。如今我們連某一時代、某一社會的完整體都無法辨別出來，如何能辨識其處於發展的某一階段？如何理解它是處於「正」、「反」，還是「合」的階段？更不要說我們能夠清楚地看出它發展的運動軌跡來。

　　柏波爾（Karl R. Popper 1902-1994）認爲馬克思所標榜的唯物主義並非一元論，相反地，是強調心身兩元論。原因是他師承黑格爾將自由比擬爲精神的說法，追求人在精神上的絕對自由，因而肯定人爲靈性的生物。再說，柏氏雖然同意馬克思強調人類物質生產的重要，但不同意把辯證唯物主義化約爲經濟主義。原因是經濟活動固然是人類維生不可或缺的活動，但在某些場合裡，理念的影響力凌駕於經濟力量之上，這是對教條的辯證唯物主義的重大批判。

（三）唯物史觀（歷史唯物主義）

　　把辯證唯物主義應用到社會發展與歷史變遷之上，便獲得了歷史唯物主義，這個名稱爲恩格斯所倡用。他指出使用此一名詞在於表明對世界史演變的一種看法，也就是說重大的歷史變化之最後原因與基本動力，在於社會的經濟發展、生產與交易形式的變動、社會分裂爲各種階級、階級之間的鬥爭。馬克思本身則沒有使用「歷史唯物主義」（*Historischer Materialismus*），而使用了「唯物史觀」（*Materialistische Geschichtsauffassung*）這一稱呼。

馬克思師承黑格爾，認為歷史發展充滿理性與進步，是自由的進程。只是推動歷史進步的不是上帝或世界精神，而是人群社會中的經濟勢力。經濟勢力包括經濟的生產力、生產關係（合稱生產方式）和社會結構。換言之，世界史是以人群社會的變動為主要的內容，因此經濟的社會結構（Ökonomische Gesellschaftsformation），以及其變遷，便成為歷史的主題。在特定的歷史階段中，社會的下層階級（經濟基礎）與其相搭配的上層階級（法政、文化、習俗、風氣等）之總和，便構成該時期中的經濟的社會形構。馬克思和恩格曾經把西方自古以來的社會以及未來的社會分成五個不同的歷史型態：第一期—原始社會（公社）；第二期—奴隸社會；第三期—封建社會；第四期—資本主義；第五期—共產主義社會。包括資本主義在內前面四個時期，被稱為「史前期」，只有進入共產主義的第五期，才是人類靠本身的努力，左右自己的命運，也是人們創造新世紀的「歷史期」。

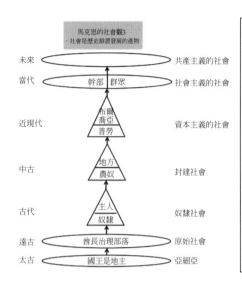

自古以來以歐洲為中心的社會變遷形成了西方的歷史。除了太古和遠古的初民社會沒有階級之外，其餘古代、中古分別為奴隸和封建社會，有主人與奴僕、地主與農奴兩階級的對立和鬥爭；近現代以來則有布爾喬亞與普勞階級的對抗；連號稱沒有階級的社會主義國家也有幹部與群眾之分。是故至今為止的歷史乃為階級鬥爭史，只有共產主義實現的未來，人類才能真正擺脫階級鬥爭之宿命。

　　所謂社會的下層建築是指經濟基礎而言，也涉及生產方式。生產方式包攝生產力與生產關係，生產力是指涉勞動者的勞動力，也包括其他生產資料（土地、工廠、機器、原料、資本、管理與經營方式，甚至創意等）在內；生產關係則是指致力於生產勞動的人群之間的關係，也是擁有與非擁有生產資料者之間的關係。以法律的字眼來解釋，就是財產關係。生產力與生產關係之間存在著制約的關聯，有怎樣的生產力，必然就會出現怎樣的生產關係與之搭配、相稱。例如：手搖紡紗機代表中古時代的生產力（技術），與其相當、搭配的生產關係，便是封建社會中地主與農奴的關係、或是師徒制中師父與學徒之關係；及至蒸氣紡織機出現，它代表了近代資本主義社會的興起，於是生產關係變做廠主（資本家）與雇員（無產階級的勞工）之間的僱傭關係。下層建築的經濟基礎之所以發生變化，實肇因於生產力發展的疾速與衝破，而使生產關係跟著緩慢地變化。下層建築一旦有變化，上層建築也隨之變化。

　　因此，馬克思的唯物史觀，在說明社會之所以變遷、經濟的社會形構之所以產生變化，其原因在於生產力的躍進及技術的進步，衝破了生產關係的藩籬，其結果導致下層建築的生產方式之改變。作為經濟基礎的下層建築之改變，自然影響並衝擊上層建築的典章制度。換言之，經濟的率先變化，是造成法律、政治、哲學、文藝、宗教，乃至一社會的風俗民情改變的主因。對馬克思而言，上層建築不只是典章制度、民情風俗、時代精神，更是一個社會的精神表現，也就是它的意識形態。馬克思談社會的實存決定人的意識，因之，經

濟基礎，也就是人的物質（生產、交易與消費）之活動，決定了社會的思想、信念與精神面貌（一言以蔽之即社會的意識形態）。其結果統治階級、優勢階級、擁有物質勢力，所以「統治階級的思想，成為每個時代統治（主宰）的思想」（CW 5: 59）。

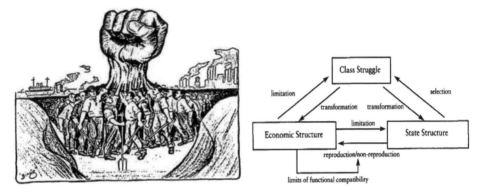

階級鬥爭為人類歷史的表現，從奴隸、封建到資本主義的時代，階級鬥爭迄未停止

　　此外，促成歷史進步的動力為階級鬥爭。1879年馬克思與恩格斯指出：「階級鬥爭是歷史直接的動力」（CW 24: 269）。這就是兩人在三十一年前的《共產黨宣言》（1848）中所說的「至今為止的人類歷史乃為階級鬥爭史」（CW 6: 483）的再度宣示，這表示生產方式的變遷與階級鬥爭成為馬克思主義唯物史觀的兩個支柱。馬克思的唯物史觀是連繫他關懷人類自我實踐、自我完善的條件，也就是他以經濟學家與歷史學者之關心，以及作為工人階級組織者與革命家從事的革命實踐之橋樑。換言之，他的理論與實踐之結合關鍵就是這一史觀（Wood, 1986: 230）（洪鎌德，2006：55-60；2010：293-310）。

　　馬克思是否賦予普勞階段太沉重的改變社會與創造歷史之使命呢？很多政治行動、革命動作不是由開明的菁英與進步的商人，或是使用陰謀的革命之士挑起的嗎？這點不只是在馬克思的時代，而是更早的時代即由傅立葉、布朗基所提出（Callinicos, 2000: 95），就是後世也質疑普勞的紀律與能力（Antonio, 2000: 134-135）（洪鎌德，2000：114-134；2014：137-144）。

自西馬開端人物葛蘭西到結構主義的阿圖舍，再到批判現代國家的朴蘭查對資本主義的社會與
階級結構提出新看法、新主張，從而修改唯物史觀

馬克思唯物史觀引起的爭論，主要在於歷史的發展是否遵循一定的規律、朝一定的目標在邁進，還是歷史發展是隨意的、受機緣影響的、無目的，甚至有時會有倒退的現象？再說，除了下層基礎會「制約」上層建築之外，在很多的情況下是由上層建築決定下層基礎。自葛蘭西到阿圖舍，再到朴蘭查，甚至在上下層建築之間放置中間層次的民間社會、政治的國家機器（措施）等，俾為準政治團體（工會、教會、利益團體的活動）與政治勢力對社會變遷之左右、操控、提出有異於馬克思與恩格斯的主張（洪鎌德，2006：390-498）。

（四）政治經濟學與資本主義的批判

馬克思對政治經濟學的鑽研與批判，主要在於他發現當代資本主義的興起、運作與消亡的歷程，是他有生之年抨擊、詛咒資本主義體制，與預言這一經濟體制必趨崩潰消失的理論基礎。資本主義的社會特質為財產的擁有（私產）與支配、自由的工資勞動與廣泛的貨物與勞務之生產與流通。資本主義的基本矛盾為一方在進行「眾人（社會）的生產」與他方的「個人的獲得」之對比。這一矛盾造成廣大勞動群眾的血淚打拼之結果落入少數奢侈享受、巧取豪奪的資本家手中，不但造成社會貧富的懸殊，更導致正義公平之蕩然。因此，社會主義者與資本主義者的針鋒相對，源於他們對財產看法的迥異，尤其是對私產的道德基礎持完全相反的立場。

私產的保障和累積造成社會財富分配不均，人類貧富懸殊已擴及全球

　　儘管馬克思反對談仁說義，視倫理道德為統治階級的意識形態，但在他的《資本論》中，對資本家之「竊取」、「壓榨」、「剝削」勞動者，仍有嚴厲的批評，特別是在涉及工人把勞力當成商品出售給資本家時，他分辨了勞力買賣的流通圈中的買者與賣者之間的交易公平性。可是，在生產圈中，由於工人在生產過程中，不只創造了產品的價值（多少與其工資相等的價值），還進一步創造多餘的價值（剩餘價值），此一多餘或剩餘的價值卻為資本家完全占取、剝削，這就造成生產圈中買賣雙方（雇主與雇員或資本家與工人）交易的不公平（洪鎌德，2000：203-292；2010b：278-279）。工人對資本家的剝削無力反抗，這是由於社會秩序、法律制度站在保護資本家的立場所造成的結果，愈來愈多的工人，會因為技術落後或被機器擠掉工作崗位，而陷入失業後備軍中。但馬克思在預言工人愈來愈貧窮（因為工資愈來愈低），而失業後備的軍人數愈來愈多之後，還指出這批除了失掉鎖鏈之外已無剩什麼可再喪失的現代奴隸，將鋌而走險，參加無產階級的革命，「於是資本主義私有財產的喪鐘已告敵敲響，剝削者終被剝削」（C I: 714-715）。

巴西聖保羅市高樓大廈與城郊貧民窟的明顯對照

除了普勞階級覺醒，起而推翻資本主義之外，還因爲資本主義本身矛盾重重，遭逢不景氣的襲擊，而可能引發經濟危機，最終導致這一體制的崩潰。但有異於馬克思的預言，資本主義從他的時代的工業與競爭資本主義，轉變爲壟斷資本主義，再演變爲二十世紀組合的（corporate，大公司、財團、法人的）資本主義，甚至跨國的資本主義，這顯示資本主義本身的韌性與彈力之堅強，早已跳脫馬克思的預言與詛咒之外。更何況工會勢力的膨脹、國家公權力的介入、福利國政策的推行，都減少了資本家與勞動者尖銳的對抗。更由於科技生產力的突飛猛進，勞務與資訊創富的「新經濟」之崛起，造成「全球化」商貿依存關係之提升，使馬克思冀望的普勞革命終告落空，也使他對資本主義消亡的期待化成泡影。

（五）科學的社會主義

有異於所謂烏托邦（空想）的社會主義，馬克思與恩格斯標榜及提倡的是「科學的」社會主義。蓋前者所追求的社會主義或共產主義之理想，本質上是唯心的，是浪漫主義的。烏托邦者不懂發展謹嚴的科學律則，來證明資本主義的必然敗落，尤其無視於普勞階級對本身的解放之熱望，是導致資本主義崩潰之原因，更不懂組織勞工作爲革命的主力。是故馬、恩終其一生，致力喚醒普勞的階級意識、指認其階級利益、宣揚與發動其階級鬥爭。

在瞭解普勞階級所扮演的歷史角色之前，首先應知道階級如何產生。階級

是由於社會分工、分化的結果，也是私產制度建立後，社會分裂的必然現象。因此恩格斯強調分工律成為階級的基礎。他又說：「普勞階級一直遲至產業革命之際才產生，而產業革命則是由種種重大的發明所引起的」（*CW* 6: 34）。普勞階級的特徵為完全靠出賣勞力以維生的階級，而非由資本之運用套取利潤以維生的階級。

由於社會中每一階級所重視的是本身的利益，因此，為了爭取與擴大利益，各重要階級紛紛投入競爭之中，競爭轉趨激烈，並使用暴力進行鬥爭。於是馬、恩宣告，「我們得到一個律則，即所有歷史上的鬥爭，不管是政治的、宗教的、哲學的，或其他意識形態領域內的爭執，事實上或多或少為社會階級鬥爭的表現」（*CW* 5: 46-47）。他們續稱處於資本主義時代中的階級鬥爭為「整個社會逐漸分裂為兩個大的敵對的陣營，兩個重大的、彼此對峙的階級：布爾喬亞（資產階級）與普勞階級（工人階級、無產階級）」（*CW* 6: 485）。

在這人類有史以來最大一次，也是最後一次的鬥爭中，普勞階級應打倒布爾喬亞，並奪取權力。因為這也是一項世界史的使命，結束人類前史以來的

一階級凌越其他階級、一階級宰制另一階級的史實。亦即廢除財產制度、剷除階級分化與對立的制度、揚棄工資勞動（取消異化與剝削的源泉）與商品交易（把人的勞動力當成商品買賣的放棄）、使生產資料回歸聯合的生產者所共同擁有，也讓使用價值克服交換價值，真實的財富戰勝抽象的財富。就世界史的眼光來觀察，階級鬥爭已達致一個轉捩點：「被壓迫階級的解放必然包括新社會秩序的建立。」、「一旦普勞階級宣布解除現存世界秩序，則它也揭開其存在之祕密」（*CW* 3: 187）。因此，馬克思堅持工人階級的解放必須由工人階級自身來完成（*CW* 24: 269）。

布爾喬亞榨乾普勞的血汗致富

布爾喬亞的國家扮演餐廳侍從，只服務資本家，不理會直接生產者的工人

　　為達推翻資產階級建立共產社會秩序，普勞階級必須訴諸暴力。問題在邁向社會主義之途，除了暴力之外，可否靠其他的手段（如和平演變）呢？對此馬克思一度指出，可以藉不同途徑來推翻資本主義：「我們不否認有些國家，像英國、美國……甚至荷蘭的工人可走和平之路而安抵目標」（*MEGA* 18: 160）。不過，在革命剛成功之際，為了消滅資產階級殘餘勢力的頑抗，也為了鞏固革命的果實，有必要在資本主義邁向社會主義的過渡時期實施短暫的「革命性無產階級專政」。至於普勞專政的過渡時期多久多長，馬克思沒有明確的指示。

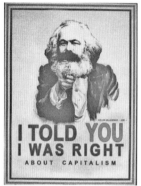  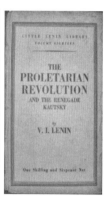

有關批判資本主義和普勞階級專政與革命的著名作品

　　因此，馬克思主張研究社會必須注意階級結構的經濟基礎，也應聚焦於社會階級的社會關係與政治關係。一方面，他認為社會結構（生產關係）與經濟勢力（生產力）陷於矛盾，是導致社會變遷的主因；另一方面，他又以社會分裂為兩大敵對階級，二者之間的鬥爭為構成革命的要素，也是其科學的社會主義之核心。

　　但此一標榜為科學的社會主義，也是客觀的社會分析之理論，卻也遭受後人質疑與挑戰。究竟是人（尤其是工人、普勞）主觀的努力（包括積極參與鬥爭、革命）才會改變社會結構、建立社會新秩序，還是客觀的經濟勢力（裡頭也有人主觀的努力在內）、無可避免的社會內在矛盾（社會結構的矛盾），造成社會的分裂、鬥爭、改變？前者多少含有意願論（voluntarism）的成分，後者則多少保留了決定論（determinism）之色彩。換言之，這是馬克思階級論，所呈現兩種內在觀點的歧異與緊張關係，與馬克思對唯物主義抱有「軟性」與「硬性」的兩種看法有關。軟性的物質主義，認為影響歷史與社會變遷的力量或因素，除了經濟活動之外，尚有其他文化、觀念的因素；硬性的唯物主義，則堅持社會關係與生產力結合，科技扮演決定性因素，階級鬥爭則退居其次。這種軟、硬觀點的歧異也是造成其後馬克思主義分裂為兩個重大的類別，即為科學與正統的一方，以及批判與西方的另一方（Antonio, 2000: 119-121）。

'Two Marxisms'

(Alvin Gouldner)

Scientific Marxism	Critical Marxism
Science	Critique / Praxis / Ideology / Politics
Goal is Understanding the world	Goal is Changing the world
Determinism / Necessity - man is determined	Voluntarism / Freedom - man is a free agent#
Revolution is inevitable, but must wait for the right 'objective conditions'	Revolution is not inevitable, and the 'right conditions' must be made by 'raising consciousness'
Objective - world imposes itself on humans	Subjective - humans can (collective) change the world at will
Gradual, continuous, evolutionary **change**	Abrupt, discontinuous, catastrophic **change**
Science is the solution	Science is part of the problem#
Focus on the *ends* of political struggle	Focus on the *means* of political struggle
More appealing to the 'developed' countries	More appealing to the poor countries

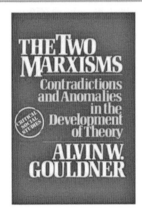

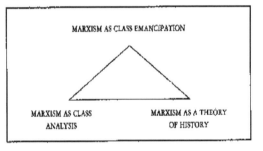

Figure 1

The Three Nodes of Marxism

MARXISM AS CLASS EMANCIPATION

MARXISM AS CLASS ANALYSIS

MARXISM AS A THEORY OF HISTORY

分析階級vs.歷史理論的兩種馬克思主義

　　此外，社會階級，是否必然兩極化為布爾喬亞與普勞階級兩大陣營，而排除中產階級，及其他各種各樣的階層，階級意識能否形成？如何形成？社會衝突除了兩大主要階級之外，是否還包括國家與國家、種族與種族、群落與群落、人與自然，以及兩性之間？這些都是引發爭議，尚未定讞的議題。

（六）國家學說與政治理論

　　馬克思對於社會結構的分析、社會變遷的解說，與社會發展律的指明，使

他進一步演繹成一套有關政治行爲的指導綱領，這便是他「理論與實踐合一」的表現。他認爲政治行爲不是人群盲目的意志本能、心象的產物，而是透過科學的認知，結合客觀情境與主觀判斷的實踐。

　　馬克思師承黑格爾的看法，把國界之內的社會（national society，民族國家）當作政治國家與市民社會兩者合起來的構成物。在政治國家中，人的共同體、合群性、團體精神得以發揮，以公民身分過著「種類生活」（Gattungsleben）。但在市民社會中人人爲滿足其維生的需要，不惜與他人展開激烈的競爭拼鬥，「人們乃爲自私的個體，以別人爲手段，也把自己貶抑爲另一手段，而成爲外在權力玩弄的對象」（CW 3: 153-154）。政治國家與市民社會的對立，有如天堂對待地土，一爲精神、一爲物質。因之，早期的馬克思深受黑格爾國家學說的影響，相信在國家中，個人雖喪失個體、個性，卻融化於群體中，人的眞正自由只有在國家中才會體現。後來的馬克思在受普魯士政權壓迫下，轉而認清黑格爾的法哲學擁護現實政權之不當，於是他們開始批判黑格爾的國家學說，認爲國家是爲社會權力相爭、階級衝突的引發，排難解紛與息事寧人而做的政治安排。因之，政治國家產自市民社會，原爲社會之一部分，但卻竊取優越的地位，最終遂凌駕於社會之上（洪鎌德，2007b：223-251；2016：271-299）。

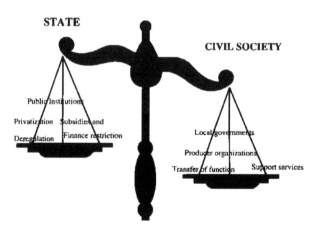

國家（政治組織）與民間（市民、公民）社會的爭衡是馬克思對黑格爾法哲學之批判所在

　　其後國家發展爲階級國家，「它不外組織的型態，目的在爲市民階級、財產與利益的相互尊重提供內外的保證而已」（CW 5: 90）。這已表明馬克思對

國家只保護資產階級、統治階段的利益有了新的體認。在《共產黨宣言》中，馬、恩兩人居然宣布：「現代國家的行政機構無非是處理全部布爾喬亞共同事務的管理委員會」（*CW* 6: 486）。對他們而言政治權力，也成爲「僅僅是一個階級壓迫另一個階級的組織性的權力」（*CW* 6: 505）。

　　成年之後的馬克思不僅把國家看做是護衛資產階級利益，還是壓迫與剝削無產階級的工具。因之，看出國家具有鎮壓、暴力的本質，是故，在《資本論》卷一中，使他把國家當成「社會集中與組織性的暴力」（*C* I: 703）看待。

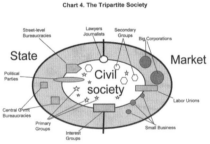

　　馬克思所理解的政治權力，一如前述乃爲經濟權力的化身，正如同他所說的政治、法律、道德、宗教的利益，也是經濟利益的化身一樣。因此政治領域裡的爭權奪利，無非是階級間經濟利益衝突的表現。同理，權力鬥爭的輸贏並非取決於參與者的有理與否、有無取勝決心、策略是否高明，而在於生產力的發展與階級意識的高漲對哪一階級有利。在這裡馬克思不只是近世政治思想中衝突論的一位奠基者，更是有關政治革命、造反策略、社會抗爭的理論的先驅。因之，他特別指出社會階級結構與政治體系的密切關聯、社會階級與政治黨派之間的密切關聯、社會鬥爭與政治鬥爭的密切關聯。馬克思與恩格斯進一步還預言國家的消亡，這是由於將來無產階級的共產主義實現後，資產階級的壓迫者被消滅，鎮壓性的機器喪失其存在，則人對人的統治將轉化爲人對物的管理，政府（統治）的功能將轉變成行政的功能（洪鎌德，1997a：307-342；2014：359-396）。

　　馬克思的國家觀與政治理論招致不少的批評。首先，一個社會中，資產階級與無產階級之分割是否等同於統治階級與從屬階級？如果答案為否，則很難把國家當成資產階級壓迫與剝削無產階級的統治機器來看待；其次，社會是否陷於兩個階級、兩個敵對陣營的兩極化鬥爭？揆諸人類歷史並非普遍現象，更何況不管是有產抑或無產階級，無一親自執拿統治的權杖，施行統治。統治常是極少數的菁英或官僚所做的名堂，與階級扯不上關係。

非馬克思派而為布爾喬亞式的國家觀

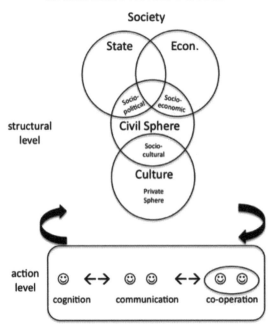

非馬派的學者認為現代社會包括政治權力的國家和透過市場活動的經濟，其結構的層次是寄生在民間氛圍與人民的文化之基礎上，政治行動表現在人與人的認識、溝通和合作

　　此外，馬克思政治思想也引起後人的質疑，包括以下五組問題及其解答：第一，政治是否除了權力鬥爭之外，還視同為凌虐、壓制、剝削？第二，政治是否只牽涉到以國家為單位的統治關係？是否為一階級對另一階級組織性的暴力？第三，政治只能化約為經濟，而不能還原為人的權力慾、榮譽心與使命感？第四，政治是否只受制於經濟，而本身不統御經濟、宰制經濟？第五，無階級、無剝削、無敵對的未來共產主義社會，是否只有行政的執行與生產的規劃，而再也沒有政治的作用？以上種種問題便足以批評馬克思主義中經濟決定

論之不是。更何況奉行馬克思政治觀的現代革命者，其言說行為常跳脫於教條框架之外，列寧推翻沙皇的專制統治，建立世上第一個社會主義的國家，靠的不是俄國新興的資本主義體制本身的矛盾與崩潰。剛好相反，而是靠他專業的革命黨、紀律嚴明的菁英黨性原則（Партиность; partinosti）與民主集中制。換言之，他堅強的革命意志與非凡的組織能力與卓越的政治領導，才是促成俄國十月革命成功，贏取政治的動力。由此可看出政治的勢力常常凌駕於經濟勢力之上（Callinicos, 1983: 69-70, 73-74；洪鎌德，1997a：377-382；2007b：514-515；2013）。

四、影響

（一）馬克思逝世後馬克思主義的發展

　　儘管馬克思拒絕承認自己是一名馬克思主義者，但在他逝世（1883）之後，特別是恩格斯大力推動第二國際的期間（1889-1914），因為普列漢諾夫、考茨基等人的宣揚，馬克思主義者終於成為歐洲與俄國左翼工人運動與激進革命黨徒奉為思想與行動的圭臬、理論與實踐的指導綱領。早在1878年恩格斯便受到德國工人黨領袖邀請在該黨機構雜誌《前進》之上，刊載了《反杜林論》的首章，是一部闡揚馬克思世界觀、歷史觀、社會觀、政治觀，有系統介紹馬克思的思想之專著。此書對德國與歐、俄社會黨人的影響遠遠超過《資本論》第一卷（1867），可以說是把馬克思的學說推向馬克思主義的頭一步。

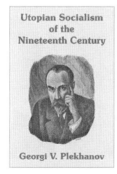

普列漢諾夫　　　　　考茨基　　　　馬、恩合踏下一部自行車

　　正因爲馬克思堅持哲學家的任務不只在解釋世界，更要改變世界，他這一理想在其死後，獲得許多激進分子的賞識與落實，其中包括德國社民黨、第二國際、俄國布爾維克黨和第二國際之左翼人士，他們各自以不同的方式試行把馬克思主義轉化爲革命的指導綱領。1890年，考茨基銜命起草的社民黨黨綱，在次年大會上通過，該黨綱立基於對馬克思主義「正統的」（orthodox）之理解，強調資本主義勢力的膨脹，導致階級鬥爭的密集加劇，私產的擁有與科技的運用愈來愈無法配合，將會造成更大的經濟危機，是以呼籲各國工人更爲團結合作，致力打倒資本主義之革命活動。

　　這個號稱「正統的馬克思主義」，主要的是由恩格斯和考茨基大力推動，而成爲社民黨的新黨綱。但這一黨綱卻有其內在的矛盾：一方面要走革命的路線，另一方面又無法忘情社會改造的必要，遂在革命與改革兩難上徘徊不前。1895年，恩格斯提出以合法掩護非法的鬥爭策略，其本意仍在導致最終的武力的奪權，但這種策略卻變成社民黨長期的作法，該黨遂由革命路線轉轍到改良路線。

　　就在十九世紀告終，二十世紀浮現之際，社民黨機關雜誌《社會民主人》的主編──伯恩斯坦（Eduard Bernstein 1850-1932），已發現該黨理論的激進與策略的溫和之間的矛盾，於是開始批評馬克思盲目相信資本主義的必然崩潰。他質疑工人薪資愈來愈少、趨向貧窮的貧窮理論，也不相信無產階級的革命即刻爆發，反之，他看出透過普選的勝利、國會席次的增加、工會與合作社積極活動，社民黨一定會爲德國民眾指向社會主義。伯氏對馬克思主義這種激烈的批評，被視爲「修正主義」，而遭到社民黨的譴責。

伯恩斯坦

盧森堡

托洛茨基

　　波蘭革命家羅莎・盧森堡（Rosa Luxemburg 1871-1919）也大力抨擊社民黨黨綱，她以更精巧細膩的方式，把馬克思主義轉化為工人階級政治發展的理論。她認為改良社會、改革政府不能動搖資本主義的根基，原因是資本主義為達成社會和諧與穩定的假象，雖會做出某種讓步，卻絕不交出權力。宣揚民主對資本家而言，等於剝奪其權益，民主的宣揚只有在進行權力鬥爭的階段、達到勢均力敵的平衡之際才有可能，只有把經濟鬥爭與奪權政爭合為一體，才能達成社會的徹底改造。評及馬克思的人性觀，盧森堡認為人是自我活動、自我轉變的動物，是故「主觀因素」的心理準備在革命過程中非常重要。可是在歐洲介於兩次世界大戰之間，雖有少數社民黨的領袖掌權執政，但都無法撼動資本主義的根基。

　　儘管俄國社會落後，但沙皇政權為了急速現代化以超過西歐各國，所以在十九世紀末大力推動工業化，其結果創造一批人數雖少但卻高度集中的勞工階級。他們在經歷了過去地主與農奴的衝突之後自然戰志高昂，遂有1905年革命的爆發。最後藉第一次世界大戰結束，俄國國力衰敗之際，布爾塞維克黨遂於1917年2月與10月發動革命並奪權成功。從此，馬克思主義變成了馬列主義和史達林主義，也就是有別於歐美等國社會主義的「蘇維埃馬克思主義」。蘇維埃馬克思主義利用第二次世界大戰及大戰結束後的蘇聯紅色帝國的得勢，而大肆擴張，成為毛澤東思想、金日成思想、胡志明思想與卡其特羅主義的張本。這些靠槍桿子獲取政權，或仰賴蘇聯坦克大砲掩護下的東歐共黨集團的意識形態，都跳不出共產黨一黨專政的框架與教條式馬克思主義的枷鎖。他們對馬列主義的遵守，實大於對馬克思主義的理解。因之，稱呼它們為東方的馬克思主義、官方的馬克思主義似無不妥。

毛澤東　　　　　　金日成　　　　　　胡志明　　　　　卡斯特羅

　　相對於東方馬克思主義，特別是相對於蘇維埃馬克思主義的，便是起源於
1920年代位於歐洲中部與南部的歐洲馬克思主義、黑格爾式或批判的馬克思主
義（洪鎌德，2016），又名「西方馬克思主義」（Western Marxism，簡稱西
馬）。西馬的創始人有早期的盧卡奇、寇士和葛蘭西等人，他們連同法蘭克福
學派（霍克海默、阿多諾、馬孤哲、賴希、卞雅敏、符洛姆等）、法國1950年
代的沙特、梅樓·蓬第、列費布勒，以及1960年代的阿圖舍、高茲等都成為西
馬學說的中堅，企圖賦予馬克思學說新的解釋，以分辨馬克思與恩格斯不同的
主張（反對恩格斯把辯證法從社會、思想擴張到大自然）。他們強調人意識的
「主觀因素」，對上層建築重新思考、反對經濟決定論、留意文化現象進行文
化批判並且強調批判精神，其中尤其是法蘭克福學派的後代，如哈伯瑪斯把批
評文化發展為批判社會學，對現代思想影響尤大。這些主張使他們與教條的、
官方的、蘇維埃的馬克思主義完全不相容（洪鎌德，2004；2010；2013）。

盧卡奇　　　　　　葛蘭西　　　　　　寇士　　　　　　霍克海默

　　要之，西方馬克思主義一方面接續馬、恩傳統大力抨擊資本主義，另一
方面則大力批判列寧主義、史達林主義（所謂的馬列主義），企圖重新掌握馬
克思主義反思與批判的精神。他們強調馬克思承襲自黑格爾的不只是辯證法與
「科學性」，還汲取黑格爾主客體關係總體論及「歷史性」的傳統。他們對西
方資本主義的結構與轉型提出新的評析，對國家的角色、普勞階級的意識、知
識分子、政黨與群眾的關係有新的詮釋。要之，西馬將更多的注意擺在上層建
築與意識形態的分析之上。

阿多諾　　　　　馬孤哲　　　　　賴希　　　　　卞雅敏　　　　　符洛姆

　　「新馬克思主義」（Neo-Marxism，簡稱新馬）則脫胎自西馬，而流行於1960年代的西歐、北美、北非、南美（「解放神學」）與東歐（「華沙學派」、「布拉格學派」、「南斯拉夫實踐學派」）等地。不只流行的時代（一在1920年代，一在1960年代）與地區（一在歐洲中部、南部，一在西方世界）不同，新馬有異於西馬之處為處理的議題（新馬不只重視上層建築、意識形態，還把西方主流思想的語言與文化解析、生態與溝通理論、資本主義的寰球化、新帝國主義與世界體系的概念融合進其學說中）與討論的方式（不限於重視哲學批判與反思，也把西方先進的社會科學的理論與方法，如瞭悟法、現象論、詮釋學、行為說、心理與精神分析、語言分析、文化研讀、控導學〔cybernetics，神經機械學〕等新進研究法、解析法、言說解析〔discursive analysis〕全部用上來）有重大的分歧，或把內容與方法揉雜混用，而成為嶄新的思潮（洪鎌德，1995：75-200）。

Neo-Marxism

- 20th century term that most loosely may be applied to a variety of scholars, whose work has been influenced by classical Marxist
- They share a common point of departure and subject matter in Marx's social theory and the social order of 20th century Capitalism.
- They are concerned more with culture and ideology rather than, economics.

新馬克思主義1960年代受經典馬克思主義和西方馬克思主義影響的、零散的、各種各樣的左派學者之主張。它對二十世紀西方資本主義的國家之政經、社會、文化做具體、深入的探索、分析和批判。比起老馬和西馬更關心當代文化與意識形態（包括分析、女性、生態的馬克思主義），而研究重點並非經濟問題。

　　1985年之後，在戈巴契夫上台推動透明化（Гласность; *glasnosti*）的改革開放，並爲其後蘇聯的解體與東西對抗的結束鋪下伏筆之後，西方思想界出現了後結構主義、解構主義、後現代主義幾種重大的思潮，加上社會學理論方面（哈伯瑪斯對歷史唯物主義的重構；紀登士批判歷史唯物主義的弊端——本質主義、進化論、功能論、化約論；卜地峨提出文化資本有異於經濟資本）的新學說之出現，嚴重地震撼馬克思主義的基本說詞和核心言說（basic discourses），是故在西方學界竟有「後馬克思主義」（Post-Marxism）之浮現（高宣揚，1998；洪鎌德，2006；2013）。

哈伯瑪斯　　　　　　　　　　紀登士　　　　　　　　　　卜地峨

　　出生於阿根廷的學者拉克勞（Ernesto Laclau 1935-2014）與比利時出生的政治理論家穆芙（Chantal Mouffe 1943-）出版了他們合著的《霸權與社會主義的策略》（1985），標誌了符號學馬克思主義的誕生，也就是後馬克思主義的出世。他們不再強調傳統馬克思派所堅持的社會的物質基礎，決定了上層建築的意識形態之說法。反之，受到語言分析的影響，兩位後馬克思主義創立者指稱：在後現代主義盛行的今天社會之經濟形構（socio-economic formation），早已融化爲言說（或論述，discursive）的形構。換言之，社會結構的核心不再是物質利益（生產活動、財產關係），而是透過言說有關物質利益表述的理念符號而已（洪鎌德，2006：518-530；2013：482-486，486-490；曾志隆，2002：21-32）。

拉克勞　　　　　　　穆芙　　　　　〈時代〉封面人物

　　要之，拉克勞與穆芙屬於新社會運動的理論家，不認為社會主義的實現依賴階級的敵峙與鬥爭，原因是社會不再分裂為針鋒相對的兩個階級。反之，社會到處充滿各種各樣（種族、族群、兩性、職業團體）的敵對、衝突、鬥爭。階級既無可能團結一致，自然缺乏「統一的言說」，普勞階級已陷於「眾多的雜音」（polyphony of voices）中。因此，馬克思主義把革命的希望寄託於普勞階級的覺醒與團結之上是落空的。反之，鼓吹基進（激進）的民主，關懷廣大被剝削、被壓迫的團體與個人，如婦女、有色人種、環保人士、移民、消費大眾，才是社會主義行使霸權、反資產階級可行的策略。這種說法的結果，使當代馬克思主義的理論喪失了中心（de-centered），也去掉總體性（de-totalized），失去行動的主體（subject），亦即不再以普勞階級作為革命的主體。有異於右派民主理論家強調個人權利的維護，兩位後馬克思主義者主張「創造一個新的霸權（稱霸）活動，這是大量的民主鬥爭之結果」。民主鬥爭包括反對種族歧視與迫害、反對汙染與破壞自然。這林林總總的鬥爭，也就是基（激）進的民主鬥爭，將會鼓舞各種族、各團體、各個人積極參與，最後的目標在建立「基（激）進與多元的民主」（洪鎌德，1996：75-79，97-119）。

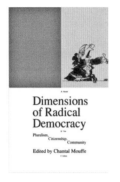

基（激）進的民主之面面觀　　　異教徒挑戰王權：Towards a Pagan Politics

　　與後馬克思的主義同時出現於西方世界的，有1970年代以來的「生態的馬克思主義」（Ecological Marxism）與「解析的馬克思主義」（姜新立，1997）。前者以關懷生態的保護爲主，與綠色運動接近；後者則重新解釋馬克思的歷史觀與階級、理論（伍德、柯亨、艾爾斯特、羅默、米勒等人）。1980年代則流行女性主義的馬克思主義，認爲恩格斯對婦女的尊重影響當代婦女解放運動，促進女性主義的抬頭（洪鎌德，2004：410-458）。

　　雖然有後現代主義者（福科、布希亞、李歐塔、拉崗等）對馬克思關懷歷史與社會總體的大力鼓吹（大敘述，grand narrative），以及強調人勞動與生產，而忽視人的消費之說詞大表不滿，但馬克思學說主體的「人之解放」，仍舊成爲新時代、新世紀中最鼓舞人心的活頭泉水。原因是一個半世紀以來，馬克思主義不只是資本主義的死敵與良友，也可以說是舉世激辯與爭論之焦點。詳言之，馬克思以「歷史的整體論」（historical holism），把社會演變用歷史來分期，並企圖將每一時期、每一社會中物質的、社會的與規範的階層靠著系統的概念一一連繫起來。他所以用這樣的方式來瞭解歷史與社會，無非把至今爲止人類以階級或階層爲中心的社會加以終結。馬克思偉大的成就在於指出現代社會相互依存的網路，這是他所創造的整體思想，亦即他有關人的解放之理論。這種人類相互依存的網路便是造成人類幸福或受難的因由與境遇。此網路需要藉整體的表述來衝破社會愈來愈大的分歧性、文化愈來愈多的零碎性，也要衝破由於財富與權力的持有者，對人群的貧富、不平等、不自由的操控。馬克思的解放學說就是能夠提供言說、論述、話語，讓身處後現代的大眾，明瞭彼此依賴共存之必要，這便是馬克思主義在二十一世紀可能的貢獻（洪鎌德，2000：449-451）。

（二）馬克思主義與哲學

在柏林大學求學時代的馬克思一頭栽進思辨哲學的鑽研、反思與激辯之中，尤其是黑格爾的哲學令他著迷，他在這個深刻的觀念論中找到「實然」與「應然」矛盾的化解。很快地，他與恩格斯便成為左派的青年黑格爾門徒其中之二。馬克思的博士論文，更以古希臘兩位原子論者學說的比較為主體，把黑格爾的治學精神──自由與理性之追求，應用到古希臘哲學的論爭之上，可以說馬克思一開始就是與哲學建立深厚的關係，也可說他是一位激進的青年哲學家。

青年馬克思　　　　青年恩格斯　　　　黑格爾

直到馬、恩在1845年至1846年流亡比利時，合撰《德意志意識形態》一長稿時，他們才從抨擊黑格爾門徒、評論費爾巴哈的人本主義，發展到與黑格爾的哲學分清界線。阿圖舍強調這是馬克思「認識論的斷裂」之始，是他建構唯物史觀的開頭，以科學的研究方法排斥哲學的思辨。但馬、恩在其後的生命史上，並沒有把黑格爾當「死狗」看待。因之，大力擷取黑格爾哲學的精華──「辯證法」，而揚棄其糟糠──「唯心主義」。更在《資本論》中彰顯了主僕易位的《精神現象論》之辯證發展（洪鎌德，2007a：161-187）。

儘管我們可以說馬克思最先以哲學來批判宗教與神學，其後以社會學和經濟學來批判哲學，最後企圖以國家學說與政治理論，甚至革命策略來推翻資產階級的社會學說與政治經濟學。但他的思想若一言以蔽之，仍舊是以哲學為主軸對現世做出解釋、批評與改變。因之，他的思想事實上為宗教批判、時代批判（政治的、社會的、經濟的局勢之批判）與理念批判的批判性哲

學。在很大的意義之內，也是對近世啓蒙運動以來政經社會發展的「現代性」
（modernity）之哲學反思與批判（洪鎌德，2006：508-517）。

　　依據馬、恩的看法，近兩三百年以來歐洲社會的巨變，也就是「現代性」
問題的產生，並非如自由主義者（洛克、穆勒、費居遜等）所宣稱的是由於市
民（民間）社會之崛起，以及抽象權利之制度性的保障，也不是烏托邦社會
主義者（聖西蒙、孔德、傅立葉、歐文等），誤以爲現代社會爲工業社會，工
業的力量可因人的知識、道德之抬高，而受到控制，最終造福人群，馬克思相
信現代社會爲資本主義社會，而非工業主義的社會。馬、恩反對思辨哲學（特
別是黑格爾的觀念論），把現代性歸結爲抽象的精神之自知自覺，化約爲宗
教之復興，更反對亞丹·斯密把現代性的動力當成資本家追求利潤的動機，
以及市場上「自由」與「平等」的競爭之幕後推手——「一隻看不見的手」
（Delanty, 2000: 33）。

洛克　　　　　　　　穆勒　　　　　　　　費居遜

　　馬克思早期的著作，顯示出亞理士多德「實踐」的概念對他深刻的影響。實踐表現在現代資本主義中為勞動，但勞動卻不再是人自由自主、有意識、快樂的創造活動，而受資本主義所壓迫、異化。是以倡導異化的揚棄、人性的回歸、人的需要之滿足，以及人的自我實現，成為馬克思早期的理想，這也是美國普林斯敦大學教授塔克爾稱呼它為「哲學的共產主義」之因由（Tucker, 1972）。

塔克爾　　　　　　《馬克思是哲學與秘思》　　　《馬恩讀本》

　　但是，後期馬克思的著作則集中在分析與抨擊資本主義體制之上，取代實踐與異化的評析，改為商品化、剝削、政治經濟學批判之上。造成現代性最重大的問題為「利潤」如何產生、如何運作、如何造成當代絕大多數人類的困厄之因果分析。這也是商品拜物教、物化、剝削、階級結構成為馬克思後期經濟哲學與社會哲學之主題。對馬克思而言，現代性的特徵為商品化，由人與人、社會與生產關係，轉化為物與物關係。因之，作為分析對象的「社會的」（the social）不能化約為民間（市民）社會、不能化約為權利義務，而必須進行分析與批判。批判需要規範性的標準，是故為社會正義而展開鬥爭，也就成為批判現代社會的規範性的標準。馬克思的社會理論是批判性的理論，它並非只在理解社會及其運作之因由，反之強調對現在秩序的批判之科學認識，其目的在揭發宰制的體系（Delanty, 2000: 34），它的重點在於顛覆與推翻這一宰制的體系。

　　馬克思主義後期的發展，雖然政治運動（政治掛帥）壓倒哲學思辨，形成以德國社民黨與北歐民主社會主義為主的改良路線，以及俄、中、韓、越、

古巴為主的奪權革命路線，但西馬、新馬、後馬、或「離馬」（「告別馬克思主義」〔Ex-Marxism〕，也包括後馬與後現代主義），仍舊從「科學的社會主義」回歸到「原創的馬克思主義」，認真檢討現代性的問題，也就是始終不懈地進行現代社會的哲學反思與批判（Callinicos, 1983: 1-8），在很大的程度內一反馬克思的本意，科學家不再改變世界，而又回到解釋世界的老路上去，其中對馬克思「人的解放」之主題難以割捨。是故綜觀上述，馬克思主義始終圍繞著人之解放與社會現代性的主題在做哲學的思考、評析與批判（洪鎌德，2000：1-157，419-451）。

New Left Review I/169, May-June 1988
NORMAN GERAS
EX-MARXISM WITHOUT SUBSTANCE: BEING A REAL REPLY TO LACLAU AND MOUFFE
time, in the face of discomforting questions. It consists of appearing to respond to a questioner but without actually answering her question. The thing has the external form of an answer but is not one.

葛拉斯告別馬克思主義（離馬）的文章

馬克思與恩格斯企圖從哲學躍進科學，但這一努力證明失敗，這是由於政、經與社會的巨變造成的結果，更是由於其後的馬克思主義者想藉形上學理論的塑造，來保證馬克思主義符合真理，以及社會主義必然降臨地結果。事實上，自二十世紀初，尼采與佛洛伊德以來便推翻了理性作為推理與尋求真理之工具的想法，也質疑對外頭的實在信以為真的說法。理性論、實在論，無非是階級鬥爭、權力關係以及壓抑的慾望之表現。是故哲學思維代表對實在的理解與表述底看法也遭到相對論、量子論、語言分析方法論（科學哲學）等的摧毀。

尼采

佛洛伊德

　　在這種情況下，阿多諾把哲學思維當成不同的觀念、異質與矛盾的實在觀念之篩選，而尋找一個與理性比較能夠相容的觀念，可說是馬克思主義者對哲學的新評價、新實踐。至於阿圖舍一度否認有哲學的溝通，否認有哲學的質疑辯證，而呼應康德視哲學為唯心與唯物觀念之「戰鬥場」（*Kampfsplatz*），認為哲學是「理論中的階級鬥爭」，尤其耐人尋味。他還宣稱：「馬克思主義對哲學的貢獻，在於提供一個『哲學的新實踐』」，這都表示哲學的用語不限於哲學本身的範疇，而是受到哲學之外的政治、社會、經濟、意識形態的制約。換言之，馬克思主義強調思維所受現世的挑戰，理論活動與革命實踐之不容分開。「環境的改變與人類的活動（自我改變）之合一，可以被視為，也是合理地理解為『革命的實踐』」（*CW* 5: 4），這是馬克思〈費爾巴哈提綱〉中重要的啟示，為西馬理論家兼革命者的葛蘭西所服膺。因之，馬克思主義的哲學並非僅在意識形態上求取工人階級，乃至人類的解放，而是企圖以革命的實踐來改變世界（Callinicos, 1983: 154-158），馬克思還認為哲學的實現，意味著哲學最終的揚棄，也就是哲學最終走到盡頭，必然消弭於無形。

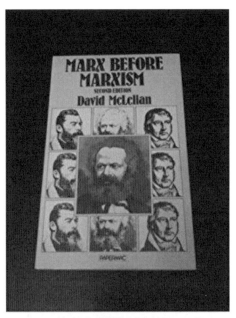

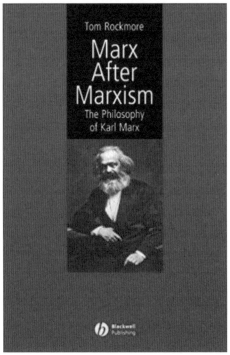

從老馬到後馬

第三章

何謂辯證法？

第三章　何謂辯證法？

一、字源

此字源自古希臘文διαλεκτική，是來自對談、對話（διάλογος; dialogue）的意思，後來，才演變成對話的方法、思想、推理的步驟。在古希臘，人們爲某一主題進行辯論時，懂得使用論證、推理、邏輯方法的辯士，如蘇格拉底和詭辯派哲人，都可說是最早應用辯證法的思想家。除了歐洲人之外，古代的印度人和中國人，也懂得應用辯證法。

辯證法源自於柏拉圖的對話錄，係其師蘇格拉底與眾弟子物的談話記載

辯證法不是辯論過程，更非詭辯，原因是：辯論過程常涉及爭辯者的情緒和立場，以及輸贏的感受，而非眞理或對眞相的探討，這方面正是詭辯者只贏不輸的心態表現；辯證法也不是修辭學。後者，力求在辯論過程中使用精確優美的言辭，以發揮論述的藝術。換言之，修辭學注重言辭的優美和表達的妥善，含有激情（pathos）的成分，並不重視推理（logos）的正確性，只求達到說服對方或打動聽眾的心坎之目的，這與詭辯相似，都是逞口舌之快而已，可以說，與辯證法無關。

二、內容

（一）定義

辯證法的原義爲：在辯論時，一方對自己提出的觀點作正面的敘述（「正」：正題的提出），他方則反駁或補充這一觀點，等於是反面的修改（對「正」的

否定：「反」）。接著，前者根據對方的反駁或補充，再加回覆、辯解，後者再對此解釋或加以接受，或加以排斥（否定的否定）。如此一正一反，不斷爭論，最後截長補短，雙方縮小歧見，接近彼此可以認可的結論（再度的肯定，亦即達成「合」的境界）。這種「正」、「反」、「合」的依序出現，便是體會辯證法的旨意和精神。是故，辯證法是兩人或兩人以上進行交談、對話時，利用推理、論證、反駁、否定、更正的方法，來透露或逼近眞相、眞理的邏輯方法。「正」、「反」、「合」不只出現在社會人群交往和對談中，且出現在自然和歷史變化之上，更是出現在思想轉變的歷程中，可以說是思想、社會、歷史和自然變動的邏輯，同時也是事物演變的原則。

（二）應用

1. 古希臘

蘇格拉底（Σωκράτης; Socrates 469-399 BCE）視眞理爲人追求的最高德性。發現眞理的方法，有如助產士幫助嬰兒的誕生，一方面擠壓產婦的腹部，他方把嬰兒從母體的產門拉出來，這種一擠一拉的步驟，可以應用到談話和運思上，特別在辯論時，雙方你來我往的正面和反面攻防之運作上。辯證所注重的是合乎理性（rationality）的操作，也是使用理性（reason）而非情緒（emotion）的手段，來達成論述的目的，這就是何以辯證不同於詭辯的原由。根據亞理士多德（Ἀριστοτέλης; Aristotle 384-322 BCE）的說法，最早提出「辯證」或「辯證法」一詞的哲人，便是芝諾（Ζήνων ὁ Ἐλεάτης; Zeno of Elea 490-430 BCE）。

芝諾向青年人展示正確與錯誤的門如何選擇

2. 蘇格拉底與柏拉圖

在柏拉圖（Πλάτων; Plato 428-348 BCE）的對話錄裡，我們看出蘇格拉底在與學生或其他哲人的交談中，就常應用辯證法。他認為，爭辯中雙方所提出的立足點（前提），或爭辯的原則，究竟能否經得起理性的檢驗，是首先要弄清楚的。其次，要找出陳述中的矛盾和不連貫、不融通之處。而錯誤、矛盾的發現，容易為對方所識破，所以，必須適時修正、更改，才能進入第二輪的交鋒。如此，經由多次理性的檢討辨正，才能接近雙方所能接受的見解。要之，蘇格拉底的辯證應用，在於清除辯論者所坦承的偏見、錯誤、矛盾，而讓真相或真理自動浮現，是故，透過雄辯消除矛盾而達到真理，即是辯證之目的。

柏拉圖

亞理士多德

3. 歐洲中古時代

中古士林（經院）哲學興起的時代，辯證、修辭與文法並列為通識三科（trivium）。斯多噶派哲人柏益圖斯（Bóηθος; Boethus of Sidon 75-10 BCE），接續亞理士多德的傳統講解辯證法，他的後人，阿貝拉德（Peter Abelard 1079-1142）、謝伍德（William of Sherwood 1200-1272）和奧卡姆（William of Ockham 1287-1347）也承續這一思想傳統，發揮辯證方法，其要點為：(1)先決定問題的性質；(2)反駁此一問題的論據；(3)先以支持問題的方式，來細述其因素；(4)在比較因素的得失、檢驗證據的正誤之後，做一通盤的衡量；(5)對每一反駁加以解釋、拆穿、修正，或接受。

4. 近代西方哲學

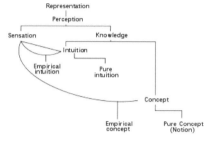

康德　　　　　康德的辯證法　　　　康德《純粹理性之批判》示意圖

　　康德（Immanuel Kant 1724-1804）一度指出矛盾到處存在，從而視辯證法
為一種涉及矛盾，然後加以排除的推理方法，認為辯證法不富創意，甚至導致
思想貧瘠的弊端。不過，把「正」、「反」、「合」這三層思想階段加以突顯
的哲人，並非黑格爾（G. Fr. W. Hegel 1770-1831），而是費希特（J. G. Fichte
1762-1814）。黑格爾的辯證法是概念的、思辨的、唯心主義的辯證法，在黑
格爾的邏輯脈絡上，馬克思與恩格斯發展了他倆的唯物辯證法，或稱科學的辯
證主義。

馬克思與恩格斯　　　　　　　　　正在檢閱剛出版的文宣

5. 費希特

　　他是第一位提出「正」、「反」、「合」辯證發展三階段（「三步曲」〔Drei-Schrittslehre〕）學說的哲人。此三階段說，後來由黑格爾大加利用與發揮。

費希特　　　　　　　黑格爾

　　兩人對辯證法共同的看法為：(1)在時間過程中，萬事萬物都是過渡性和有限性的；(2)萬事萬物都是由相反、相成的矛盾因素所構成；(3)在逐步變化中，事物的發展會碰到危機，也就是事物的原狀、原貌被其敵對相反的勢力所征服（由量變轉化為質變）；(4)改變的形式是螺旋狀、圓筒形，而非平面圓形的步步改變（「否定之否定」）。

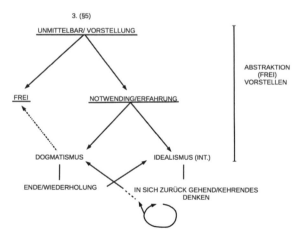

費希特的辯證觀（由直接或想像進入經驗，之後或通過觀念論而回到反思，或透過教係條論而進入死胡同）

6. 黑格爾

　　他鮮少使用「正」、「反」、「合」，而改由「普遍性的存有」（一般性的存有，*Sein*），發展到「規定性的存有」（*Dasein*存在），最後達到「基本性的存有」，亦即「本質」（*Wesen*）的地步。黑格爾一開始便不認爲辯證法含有兩人對談、對話的性質，而是主體與對象（認識的客體）之間互動和自我的批評，或說是主、客體關係的自主反思。

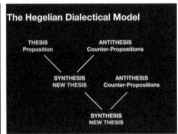

黑格爾的辯證法少談「正」、「反」、「合」，而多使用三組不同的詞謂

　　儘管「正」、「反」、「合」辯證的三階段說是費希特首先提出，而由謝林（Fr. W. Schelling 1775-1854）應用到神明由無知無覺，發展至有知有覺，最後達成全知全覺三個心路歷程。黑格爾對此一說法，則加以擴大與發揮，他把辯證歷程改爲「有」、「無」、「變」；或是「在己」、「爲己」和「在己兼爲己」；或是「抽象」、「否定」、「具體」等三階段的變化過程。其間的變化，就是透過「中介」（*Vermittlung*）的加入，把不完整、有缺陷的事物，引向較爲完全、較爲圓滿的狀況。

　　透過間接的「規定性的存有」，可以從「普遍性的存有」演繹出「本質」來，這會得到一個重要的區別，即：區別一般的存有、未加以規定性的存有以及基本的存有（本質）三種不同的存有來。一般的存有之所以存在，是由於偶然的機遇，或由於偶變的關係。就是這個普遍性、泛宇性（*Allgemeinheit*），融入於概念的主體中而成爲現實性、實在性（*Wirklichkeit*），才會變成最高範疇的本質。由於概念所包含的是存在（規定的存有），這個存在早已精緻化過、過濾過，而抵達現實性的層次；所以，黑格爾遂在《法哲學大綱〔原理〕》（1821）的〈序〉上公然說出：

　　凡是合理的，它就是實在的；
　　而凡是實在的，它就是合理的。（Hegel, 1976: 24）

我們綜上所述繪製下列簡圖，可以把黑格爾取代「正」、「反」、「合」概念改爲：

> 一般存有→規定存有→本質存有
> 普遍性→殊別性→個體性
> 在己→爲己→在己兼爲己

概念之重整

資料來源：White, 1996: 69-74；洪鎌德，2007：69；2016：66。

對黑格爾而言「眞理」是整全的、總體的、具體的；「錯誤」則是片面的、不完整的，也是抽象的，錯誤之所以被認出，是由於它產生的矛盾。要糾正錯誤，只有透過把矛盾放入更充分、更豐富、更具體的概念形式裡；這更大、更高的概念會收容矛盾，化解矛盾。在修正、吸收的過程中，「揚棄」（*Aufhebung*）的原則便呈現出來：那就是在辯證展開之際，沒有任何部分、成分的眞知灼見被丟棄。反之，這些灼見一一被保留，只有不正確、不合時、不適宜的謬見被丟棄。事實上，黑格爾辯證的過程，是在這兩個基本方式下展開：其一爲，把隱義、晦澀轉化成明顯的、可以清楚表述的概念；其二，把辯證過程中不適合的、欠缺的、不完整的部分，予以補全、匡正。

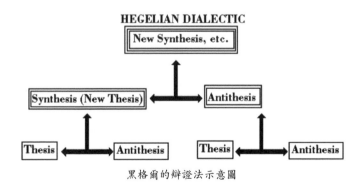

黑格爾的辯證法示意圖

辯證的過程亦即概念的運動。概念運動中後一階段對前一階段的否定、排斥、克復是前後兩個階段的連繫環節和發展環節。辯證法的否定不是全盤的否定，而是規定（事物屬性的規定、指示）的否定，亦即在否定中仍舊包含肯定，否定的結果不是空的、抽象的虛無，而是一個新的、更具豐富內容之物。因此，通過否定，就形成著前進的、上升的發展過程。

　　事物的發展不只是由於矛盾激發，矛盾又產生矛盾的解決，這便是否定的否定，這說明發展過程是前進的、上升的、螺旋狀圓形樓梯的級級爬升的。這是一個雙重否定的過程，即「肯定＝否定＝再否定」的過程。否定的否定通過三個範疇進行，即是「正」、「反」、「合」的過程。再說一遍，概念的推演是一個向前的、上升的、螺旋式的發展過程，而不是直線式的變化。總之，認知的辯證法在於從肯定到否定，再從否定到與新的肯定之物而達到統一物的地步。

　　辯證的方法可以視同為概念，正如黑格爾系統的高峰就是概念，它與其本身合而為一，變成了絕對的理念，這就是主體與實體合流、同一之關鍵點。這也是一種方式，可以欣賞他的系統怎樣被建構起來，在其結論中，這個體系又回到起點（更高層次的出發點）。因之，黑格爾說：

　　已經展示出來的方法之本質來做為理由，〔我們看出〕視為一個圓圈，它朝本身在打轉，在圓圈中媒介活動把終點送回起點，也就是簡單的場合。此外，它是〔圓筒形〕諸多圓圈之中的一個圓圈，這對每一個組成的成分而言，像某些把方法具體化之物，它是反思，只要由終點回顧起點，自在的反思同時又是一個新的組合部分之起點。（Hegel, 1812-1816: 215）

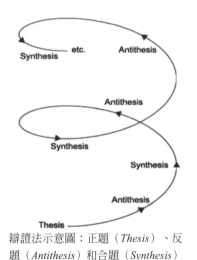

辯證示意圖：正題（Thesis）、反題（Antithesis）和合題（Synthesis）像螺旋式的階梯不斷向上爬升

Hegel on Dialectics

- "Moreover, this dialectic is not an activity of subjective thinking applied to some matter externally, but is rather the matter's *very soul* putting forth its branches and fruit organically" (p. 48).

黑格爾在《法哲學大綱〔原理〕》中指出：辯證法並非主觀思維應用到外頭的物質，而是物質真正內在的靈魂把其枝幹和果實有機地伸出來〔的活動方式〕。（牛津版英譯第48頁）

　　辯證循環之「在己」、「為己」和「在己兼為己」圓筒形、螺旋狀上升之簡圖
資料來源：參考White著作（p.74），由本書作者繪製（洪鎌德，2007：71；2016：67）。

辯證是思想在其體系的相互關聯中掌握概念的形式，而非其規定的歧異而已；也就是感受目前的每一發展，乃是之前發展較少、較低的階段之結果。它也是一項事情必然的眞實〔相、理〕之表現。是以，在發展過程中，不斷因爲矛盾的出現、矛盾的清除而產生緊張、衝突，以致在變化過程中，眞理與錯誤相互浮現，相互爭執，這就是造成辯證過程往前發展、往上提升的驅力（馬達、動源dynamo）。（Bhashkar, 1991: 144）

黑格爾在討論辯證法時，還用到一大堆的詞彙，像：流動、變化、運動、過程等。這些詞彙有什麼意義？只要考慮到《精神現象學》（1807）一書，便知道黑格爾的哲學方法（思辨方法、辯證法），都是從這裡開始，而「感受的確定性」（*die sinnliche Gewissheit*, sense certainty），則提供起點。原因是：這個議題，正是人們經驗最簡單、也最直接的掌握方式。不過，人們一旦檢查經驗這個最簡單、也最直接的方式時，會進一步隨著問題的指引，走向更高深的思想層界，也就是從殊別的熟悉，進到普遍的認知。普遍的認知成爲經驗嶄新的面向，這便是他稱述的「知覺」（*Wahrnehmung*, perception）。知覺是對存在於世上的事物的描述，亦即：描述這些事物作爲普遍屬性的擔當者、負載者——每件事物總有其名稱，譬如：「山」、「水」、「草」、「木」等。對「山」我們用許多屬性、形容詞要它去承擔、負載，像：「青山」、「高山」、「光禿禿的山」等。其他的「水」、「草」、「木」，也可用一堆普遍性的形容詞去形容，如：「深水」、「惡水」；「綠草」、「枯草」；「參天大木」、「枯木」等。黑格爾曾以鹽巴爲例，說明我們眼前這顆鹽塊，其形狀可能是不規則的塊狀物，其顏色爲白，以舌頭去嚐有鹹味。是故，鹽巴的屬性，便是上述塊狀、白色、鹹味等屬性之綜合，從知覺我們獲得這些屬性的共相，而形成概念。概念由自在轉向自爲，最後發展爲知性；從而，使意識進展到自我意識、理性、精神。精神從主觀，經由客觀，最後抵達絕對精神的階段，這就是人類抵達「絕對知識」的境界。到此地步，經驗所經歷一切的樣態或形態，都變成完整的體系之全部。於是，人群終於經由螺旋狀的圓形梯級，最後即攀爬到「精神現象」的高峰。

7. 馬克思對黑格爾辯證法的批評

在馬克思的想像裡，有關黑格爾的辯證法之析評，至少經歷三個階段：

其一為，在對黑格爾法政思想評論中，涉及黑氏「神秘化的邏輯」之提法。此一提法，後來又在《經濟哲學手稿》後段再度出現。在這裡，黑格爾談到的勞動概念，被馬克思大大讚揚；其二為，在《神聖家族》、《德意志意識形態》和《哲學的貧困》三書中，對黑格爾展開激烈的抨擊，包括：對他倡導的思辨哲學之攻訐，但保留對黑氏辯證法之推崇；其三是，《政治經濟學綱要》（簡稱《綱要》；1857/1858）之後，直至《資本論》（1867）首卷及其後期的作品，馬克思再度以正面的姿態重估黑格爾的辯證法，這個重估牽涉範圍甚大，引發的爭議至今尚未停止。值得注意的是，《綱要》撰妥後，馬克思繼續批評黑格爾的辯證法，但卻相信他自己的辯證法與黑格爾始終有關。在致庫爾格曼（Ludwig後改名為Louis Kugelmann 1828-1902）的信中（1868.3.6），馬克思表示，與他爭論不休的杜林（Eugen Dühring 1833-1821）應該知道：「我所發展的方法，不是黑格爾式的，因為，我是唯物主義者，而黑格爾為唯心主義者。黑格爾的辯證法，是所有辯證法的基本形態，不過，〔這種說法〕要把它神秘的形態剝奪之後〔才談得上〕，這也就是他這個〔方法〕與我的方法截然有別之處」（SC: 187）。

馬克思既推崇，也批評黑格爾

在《資本論》德文版卷一第二版的〈後言〉中，馬克思說：「辯證法在黑格爾手上所遭受的神秘化〔之傷害〕，不足以排除他是首位在完整的方式下，描述思想運動之一般形式的哲人。只是，它〔辯證法〕在他那邊頭顧頂地〔雙腳朝天〕。〔吾人〕必須把它翻轉〔扶正〕過來，俾發現藏在神秘外殼下的合理核心」（SW 2: 98）。在說這段話之前，馬克思還有下列的言論：

我的辯證法不僅與黑格爾的辯證法不同,而且恰好是他的對立面。對
黑格爾而言,人腦的生命流程,那是指思想的歷程,被當做「理念」
〔概念〕來命名。他甚至把理念當成獨立自主的主體來處理,把理念
當成實在世界的最高峰;而實在的世界,只化做這個理念的外部形式
而已。(SC: 98)

馬克思認為黑格爾的辯證法是頭顧頂地,必須把它翻轉〔扶正〕過來

8. 馬克思的辯證法

　　馬克思辯證法正面的、積極面的理論,有下列數項:(1)對世界的看法,
亦即他的世界觀(辯證唯物主義);(2)有關理性的理論;(3)思想與存有、
主體與客體、理論與實踐之關係。毫無疑問,馬克思所強調的,就是認識論
的概念。有時,他會把「辯證的」方法,混用成「科學的」方法,但是,馬
克思的方法,與其說是實證主義、自然主義與經驗主義的,不如說是實在論
(realism)的。他所認識的辯證法,使他遵從一個本體(存有)論的與有條
件的關係辯證法。這種說法,可從他致史外哲(Johann B. Schweitzer 1833-
1875)的信(1865/1/24)上得到明證。他寫「科學辯證法的秘密」,係仰賴於
理解:「經濟範疇是生產的歷史關係之表述。〔這種關係〕同物質生產的某一
發展階段相搭配」(SC: 144)。由此可知,馬克思的辯證法所以自稱是科學
的,主因是:在思想裡企圖解釋矛盾,可是,矛盾的出現之原因,卻是由於現
實生活中產生了特別的矛盾關係。這種本質上的矛盾關係,可用以說明社會與
經濟生活中的危機,這則顯示:他採用了存有(本體)論的辯證法。照馬派的
說法,馬克思的辯證法不只是科學的,也是歷史的,原因是,它(辯證法)根

植於其所描寫的人際關係與歷史情勢的生成演變，這表示：他採用了關係的辯證法。在這裡，他既有本體論的辯證法，也有關係的辯證法。

　　與馬克思分辨經驗性控制的考察模式和他敘述的半演繹方法相搭配、相配當，我們就可分辨批判性的辯證法與系統性的辯證法之不同。前者，是採取實踐的方法去干涉歷史，即採用三層的批判（經濟學說的批判、行動者看法的批判，以及結構和主要關係之批判）；後者，則爲對辯證法作系統性的析述與評估，在這方面，他無系統性的專作問世，只能從其龐雜的著作勉強勾勒出。要之，馬克思批判性的辯證法是：在經驗上開放的（沒有馬上下達結論的），受物質（生產方式）制約的，但在一定歷史階段上，卻是被圈定的辯證現象學（這一點，明顯有異於黑格爾的精神現象學）。

馬克思　　　　　　　　黑格爾　　　　黑格爾的《精神現象學》

　　馬克思之有系統性的辯證法，是以《資本論》第一卷、第一章作起頭。這是商品的辯證法，其高峰則爲《剩餘價值理論》，亦即：對政治經濟學批判的歷史敘述。最終，馬克思認爲，資本主義體制的所有矛盾，係來自使用價值與商品（交換）價值結構所造成的矛盾；也產自於勞動表現出具體有用的與抽象的社會這兩面向的結構性之矛盾。這些矛盾，伴隨其他立基於其上的結構性與歷史性的矛盾（像生產力與生產關係之矛盾、生產過程與估價〔量價〕過程之間的矛盾、工資與資本之矛盾），都是：(1)眞實的、內涵之反對面，在其中，矛盾的一端之存在，完全憑靠對立的另一端之存在；(2)其內部方面與外表的神秘化形式有連帶關係。馬克思認爲，這些基本結構的矛盾本身，是歷史的遺緒、遺產；包括：直接生產者從他的生產資料與生產物資分開的緣故；也由於直接生產者彼此分離獨立，以及生產者於開物成務、對付自然時，所採用的社會關聯之緣故。馬克思有關「正」、「反」、「合」的三步曲，表現在他

的唯物史觀之社會辯證發展上：由古代無階級、無剝削、無異化的社會，變成中古與現代有階級、有剝削、有異化的社會；最終，又轉化為未來階級界線泯滅、剝削消失、異化去除的共產主義的社會。在這裡，我們甚至可追溯到席勒（Friedrich Schiller 1759-1805）的歷史觀之痕跡。席勒認為，原始人所過的生活，是不加分別的統一（undifferentiated unity）之生活；其後，就陷入分別的不妥協、不統一（differentiated disunity）；最終，則回歸到分辨、分別的統一，也就是分工仔細、分別清楚的統一（differentiated unity）上。馬克思的唯物史觀，深受席勒的看法之影響；因而，對歷史發展也採用辯證發展的「三步曲」之觀點（洪鎌德，2014：21）。

席勒及其歷史觀

「正」、「反」、「合」的三步曲

為此，馬克思說：

〔生活〕並非生活的一體性〔統一〕和人類與自然的、無機的，同自然新陳代謝的交換〔人占有自然〕，加以解釋、說明；因為，這是歷史過程的結果。反之，需要解釋、需要說明的，卻是人群從人生存之條件〔非有機的條件〕和其積極動態的存在情況的分離。這種分離乃是完全設定的，亦即在傭工資與資本之關係上設定的分離。（Grundrisse, 489）

馬克思的辯證法的突出之處，並不在其「辯證」的定義，也不在「辯證」偏離之指摘，而是其辯證的「解釋」。在這些解釋中，主要在闡明對立的勢力、趨勢、或原則所依賴、所寄生的共同條件、共同脈絡。藉歷史條件的考察，解釋和批判不適當的理論與不當出現的現象。馬克思對政治經濟學的批

判，何以採取「揚棄」的外觀形式呢？一個嶄新的理論，能掌握現象的絕大部分，也就是比舊有的、原有的理論，更能成功地去解釋現象，因此，會揚棄舊有的、原有的理論。不過，理論上新的解釋固然能保留現象大部分的說明；但馬克思卻主張要把舊有的定義徹底翻新。即：把現象放在新的、既可批評又可解釋的境遇暨脈絡上，並作逐一解析，這顯示：馬克思對實踐的轉型及其改變之過程，有所理解、促進與貢獻（Bhaskar, *ibid.*, 147）。

　　我們不禁要問：在這個批評的或系統的辯證論中，馬克思眞有拜受到黑格爾對實在（reality）的看法之賜？黑格爾存有（本體）論的三關鍵是：(1)實踐的觀念論；(2)精神的一元論；(3)內在的目的論。在反觀念論方面，馬克思拒斥黑格爾的絕對精神說，也摒棄其思想與客體的認同說。他認爲：存有與物質，並無法化約成異化的精神或思想。至於第二點，我們可借阿圖舍的說法來作回應，阿氏指稱：馬克思主要的世界觀，是歧異與複雜，而非簡單的一元看法。歐爾培（Galvano della Volpe 1895-1968）強調：馬克思視各種事物的總體（諸種總體），是靠經驗來證實，而非依靠推理。至於第三點，即目的論方面，馬克思所強調的是因果必然性，而非概念的必然性。目的性則受限於人的實踐，它的出現，在自然科學中被狠揍一頓，因爲自然現象的發展之本身無目的可言。因之認爲自然演變具有目的性的說法，遂遭到致命的一擊。不過，在經驗方法裡，卻可以指陳它合理的意義，也就是可作「合理的解釋」。

　　最重要的是，馬克思係倡導歷史的科學，以及存有論中的階層化與變化，並無法再化約爲任何之物（精神、心靈、怪力亂神之類）。與之相反，黑格爾倒把階層化與變化，置入本質與存有的邏輯範疇裡，於是，它們便可溶解爲實現性（actuality）和無限性（infinity）。從而，便可把階層化（不同時期的實現）與變化（有限轉爲無限）放入概念的自我解釋之領域中。

　　在所有哲學重大的面向上，馬克思的存有（本體）論與黑格爾的本體論差異極大，正如在原子論的經驗主義面，兩人也大相逕庭。這便成爲爾後恩格斯攻擊黑格爾學說之所在，它也是青年馬克思之批判黑格爾式的唯心主義乃隱含經驗性的假設之因由。

黑格爾　　　　　馬克思　　　　　恩格斯

三、評估

（一）批判

　　諸多評論者指責辯證法犯下不少毛病，其帶有方法論的原罪，結果遂導致辯證法在原則上變成毫無用武之地，甚至是一無是處（Forster, 1993: 134-149）。柏波爾（Karl R. Popper 1902-1994）指稱：此一方法，乃把黑格爾捲入肯定矛盾之存在。這種說法，並非愚蠢的反對，因為，從上述得知：黑格爾係把邏輯的、辯證的、自我矛盾的範疇，當成所有自然的、精神的現象背後的結構之本質。其結果即為他不時嚷嚷著的：「每項事物，都內含矛盾」。許多現代評論家則認為：當黑格爾談到矛盾或自我矛盾時，他所言及者，當是那明顯的、而非隱晦的事物。他認為：一般人之所以擁有不正確的判斷，是由於使用的概念本身正處於流動而非靜定的狀態之中。概念的應用，係指涉不同的時間、不同的地點，以及不同的事物而為的。不然，就是認為：邏輯上無法相容的謂詞，應用在不同的時間與不同的地點。要之，他不是把矛盾當成「相互反對的趨勢」，便是認為某物無法實現該物之目的性（telos）。上述各種的解釋，都可在他的作品裡找到，但無論怎樣解釋，都無法進入黑格爾對矛盾之闡釋真正的底蘊。

柏波爾　　　　　　　　　《開放的社會及其敵人》

　　另一指控辯證法乃負有原罪的說詞是：它指「否定的否定」必然產生新的範疇，亦即：從彼此矛盾的「正」、「反」的範疇，「必然」產生新的「合」。為何「是〔實〕然」（存有）與反面「無有」必產出一個「變成」？其中最大的問題，倒不是正與反的統一為合，而是：「合」必然由「正」與「反」發展出，如果欠缺這必然的過渡，此一方法便無法證明黑格爾學說完整的系統性（entire systematicity），特別是：無法證明每個主題的相互關聯和相互依賴性，尤其，它們內在的「正」與「反」要如何界定？種子是「正」，發芽是「反」，開花結果是「合」，這種黑格爾在《精神現象學》中的舉例（洪鎌德，2007：189）適合嗎？

目的性（目標）　　　　身、心、靈從目標顯露出來　　　　《目標》157期

　　第三，指控辯證法犯了原罪，則是指涉到辯證法負面的表現，它把我們基本的範疇，證示為自我的矛盾性。當讀者很難接受我們的思想，便會捲入基本的自我矛盾。但黑格爾卻認為，他這個方法的負面，是把自己置入傳統哲學家的行列，他們認為，思想在基本作法裡，是自我矛盾的。

（二）辯解

一個能替黑格爾矛盾觀辯護的說法，是他「肯定矛盾」的存在。黑氏之所以說「每項事物，都內含矛盾」，是可分成為兩個不同層次或態度來討論：其一，為反對的態度；其二，為尊重的態度。所謂反對的態度，係指對「實在」採取肯定其矛盾，但在觀念上卻不贊同之意；所謂尊重的態度，是指某些說法或概念本身，確是自我矛盾的。因此，當他說「每項事物，都內含矛盾」時，它是指：我們對「實在」通常的看法，是自相矛盾的。

矛盾處處存在，現實中充滿矛盾　　一手拿槍（威脅），另一手拿花（示好）

黑格爾的真正處境，應當是：他同我們其他人一樣，也承認無法接受把「實在」當作矛盾的主張，但他的哲學觀點，卻又無可避免有關「實在」的概念之有效性。他拒斥「實在」與思想有別（他也否認存有的思想、對象與思想、客體與主體、客體〔對象〕與概念等彼此有所分別）。結果是：在黑格爾心目中，他放棄這些概念本身，原因是，分別本身正是這些概念定義的部分或基本物。由是可知，黑格爾的哲學觀點，是不討論「實在」的。因此，它不談「實在」的種種矛盾。

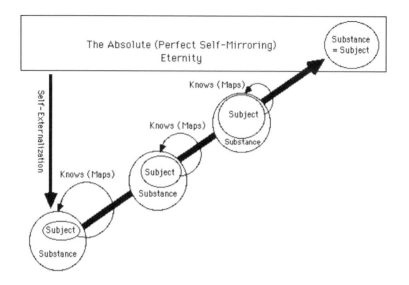

假使不談「實在」之矛盾，那麼，他還要肯定什麼矛盾呢？一如前述，他肯定概念或思想的矛盾。在對「實在」的種種反對的概念這一方，以及思想（或概念）的另一方之矛盾加以克服或統一之前，黑格爾係要肯定這些矛盾的存在。這些留下之物，黑格爾有時稱之為：「理性」、「邏各斯」（logos），或「絕對理念」。有時，則稱之為：「概念」、「絕對精神」等，不一而足。這些概念的行動，既不解釋為對「實在」的事物之矛盾的肯定行動，也不解釋為對思想或概念矛盾之肯定行動。只要想到他何以對意識樣態命名為理性、絕對理念、精神等，那麼，他一定理解自己對「實在」諸概念之綜合的結果，自是比較接近思想，而非接近「實在」的。

Versöhnung（reconciliation）　　和解、調停建立在寬恕、容忍之上

在黑格爾討論「過渡」的文本處，可看到他對過渡性與必然性的看法：他將它化約爲一個理念，即「否定的否定」。此乃站在最初相反的規範關係上，這個關係，是要消除兩方彼此的矛盾，亦即保留一方，取消另一方。因之，過渡性存在於兩個最初相反範疇的對立上。一旦透過思辨的法則，或正面理性的法則，則可把兩個初期相反的觀點，藉著和解（*Versöhnung*）而摒棄彼此的歧異和差別，最終，走上「統一之途」（*Enz.*, §82）。要之，否定的過渡期之必然性，在於統一性的規範。這一規範統一了彼此，相互涵蘊的矛盾範疇，既被保留，又遭受取消。從而，即化解了其間的矛盾。這是唯一的可知範疇；也是在概念的內容所涵蘊諸種可能性中，最接近事實之一。再者，爲了發揮黑格爾辯證法的諸種功能，否定的否定必然產生新範疇，當是黑格爾的要求，也是其哲學之特色。平心而論，黑格爾也提到伊里亞特的哲學家、蘇格拉底、柏拉圖和康德等對辯證法的立場，唯其所強調的是：傳統哲學之對論述有時只採否定態度，這點實應予以超越。但基本上，他的哲學仍爲傳統哲學之延續，則應無問題。

對黑格爾辯證法所遭受的批評之辯護，福士特（Michael Forster）則建議一個較爲謙遜的保留，或修正之說法。他表示：當我們閱讀黑格爾的著作時，我們當在腦中不斷反思如何重構辯證法的應用，或修正他的辯證法，以符合他的哲學功能之表現。黑格爾對方法之特殊應用，可能把方法本身當成一種目的。反之，辯證法對他而言，僅僅是對他哲學的挑戰所作的回應之手段；也是達成其哲學功能的途徑。黑格爾偶然也期待讀者在這種精神下來研讀他的文本，他更用自己作爲最終眞理的發現者之口吻來訴求讀者。但這種不犯錯的眞理發現者之自我期許，不免令人懷疑他的躊躇滿志、自誇自大。這點拿來與更爲謙遜與令人欣賞的黑格爾作對照，顯示有相當的差別。後者，發明或企圖發展一種科學式的哲學；而且亦意識到：自己在這種眞理發現或追求中，也會犯錯。這便是黑格爾致辛克萊（Isaac von Sinclair 1775-1815）的信（1810.10）中所提到的：「我的任務，在發明科學的方式，或是朝此發展而工作」。

把黑格爾的辯證法視爲一個偉大的假設，俾能對一大堆緊迫的哲學挑戰作出決斷性的回應或解決，是福士特有關〈黑格爾的辯證法〉此一長文的主旨。他認爲：如果這個辯證的假設，無法通過事實的檢驗，即有違背事實，最多只證明假設有錯，而不是這假設一開始便犯錯，或前後不一貫而犯自我矛盾的毛病。換言之，黑格爾的辯證法，無論如何，仍不失爲一個能引發創思和想像的求知途徑暨哲學方法。

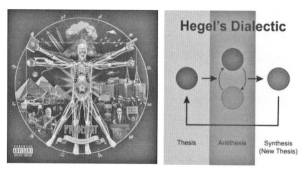

黑格爾的辯證法

Vermittlung（黑格爾藉中介，把矛盾調解和消除）

Die Vermittlung beschreibt den gedanklichen Prozess des Ausgleichs von Gegensätzen und dessen Ergebnis.

Der Begriff der Vermittlung hat besonders durch Georg Wilhelm Friedrich Hegel an Bedeutung gewonnen. Hegel beschreibt die historische Wirklichkeit als Ergebnis von zahlreichen Aufhebungen von Widersprüchen. In seiner *Phänomenologie des Geistes* (1807) stellt Hegel eine Stufenfolge des Bewusstseins auf: Selbstbewusstsein, Vernunft, Geist, Religion, absolutes Wissen. Den Aufstieg des Bewusstseins nennt Hegel „Erfahrung": Das Bewusstsein begegnet bei seiner Erfahrung in jedem Gegenüber sich selbst. Jede Begegnung wird so zu einer neuen Selbsterfahrung, die wiederum das Bewusstsein verändert. Es erkennt freilich nur das im anderen, was es bei sich selbst wahrnimmt und ist damit Teil des Erkenntnisprozesses. Da das Bewusstsein sich durch diesen Erkenntnisprozess wandelt, muss es auch den Eindruck von seinem Gegenüber revidieren: Das Gegenüber erscheint verändert und muss neu vermittelt werden. Auf der höchsten Stufe der Erkenntnis, beim „absoluten Wissen" herrscht die vollkommene Vermittlung: Bewusstsein und Gegenstand stimmen überein.

在《精神現象論》（1807）一書中，黑格爾從自我意識上升到意識，之後透過中介把每一向上揚升的矛盾一一清除（調解與揚棄），進一步發展爲理性、精神、宗教，最終止於絕對的知識。自我意識的揚升，被黑格爾看做是「經驗」。意識在其經驗發展中，每每碰到與它自己對立物事物（對象），而形成新的經驗，因而把原來舊的意識加以改變。認識的客體（對象），究其實乃爲意識感知過程的一部分，意識在認知過程中改變了它自己，這時其認知的對象也顯示改變的樣子，於是必須再中介一次，以配合意識自的改變。辯證演展的最高峰爲絕對知識。至此地步中介發揮最完整的作用，意識與對象合而爲一（洪鎌德，2016：第四與五章）。

第四章

辯證唯物論是馬列主義的核心教條

第四章　辯證唯物論是馬列主義的核心教條

一、源起
二、內容
三、影響

一、源起

（一）出現

　　此詞又譯爲「辯證唯物主義」或「辯證物質主義」。雖然有人指出是俄人普列漢諾夫（Гео́ргий Валенти́нович Плеха́нов; Georgii Plekhanov 1856-1918）初次使用，但進一步考察，卻是德國社會黨人狄慈根（Joseph Dietzgen 1828-1888）在1887年杜撰的新詞。他在1848年德國與西歐革命失敗後，曾與馬克思通訊頻繁，但馬克思終其一生，卻從未使用「辯證唯物論」一詞，倒是恩格斯在《自然辯證法》（1883）一書中，偶爾提到「辯證唯物論」和「辯證歷史論」，以及多次使用「唯物辯證法」等語詞，不過，他也沒單獨用過「辯證唯物論」這個名詞，而恩格斯傳記的作者兼其遺囑執行人考茨基（Karl Kautsky 1854-1938），偶爾提及此詞。反之，普列漢諾夫則把辯證唯物論融入馬克思主義的學說中；甚至，還把它當成馬派學說的主軸。後來經列寧（Влади́мир Ильи́ч Ле́нин; Vladimir Lenin 1870-1924）、史達林（Иосиф Сталин {Russian}; იოსებ სტალინი {Georgian}; Joseph Stalin 1879-1953）和毛澤東（1893-1976）大力的闡述，「辯證唯物論」遂成爲馬克思和恩格斯的哲學核心，也是這兩位馬克思主義奠立者的世界觀（*Weltanschauung*; world outlook），以有別於馬、恩力主的人類社會類型與演變之科學觀——歷史唯物主義（*Historical Materialism*，歷史唯物論，馬氏卻用「唯物史觀」）。

普列漢諾夫

狄慈根

恩格斯

考茨基

列寧

史達林

　　但以往的共黨領袖，通常不把辯證唯物論和歷史唯物論作嚴格的區分，反而加以連用，尤其是史達林，便將此一名詞和歷史唯物論混合使用。馬克思主義哲學，不是傳統的人道主義（humanitarianism），中國的馬克思研究者，直至最近才接受馬克思人本主義（humanism）的看法。此外，歷史唯物論不是超越論，不是形上學，也不是傳統理解的辯證唯物論。要之，馬克思和恩格斯的哲學觀，不是辯證法和唯物主義的簡單結合，而是對費爾巴哈（Ludwig Feuerbach 1804-1872）的辯證唯物主義的繼承和超越，是以實踐為核心的新唯物主義。

費爾巴哈　　　　費爾巴哈走上唯物論　　　　恩格斯論德國哲學

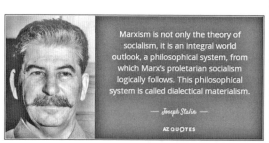
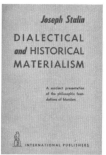

史達林視馬克思的哲學體系為辯證與歷史唯物論

　　至於毛澤東透過《矛盾論》和《實踐論》所表達的辯證唯物論，則是承繼馬克思主義與列寧主義合併（通稱馬列主義）的世界觀。其基點是：唯物論與階級論，否定有神論與人道主義，強調人的階級性和階級鬥爭。它的目標為推翻現存資本主義的社會制度，在全球建立共產黨統治的共產社會。

（二）背景

青年時期的馬克思和恩格斯為積極的黑格爾哲學的支持者，隸屬左派（青年）黑格爾門生。他們特別欣賞黑氏辯證法，認為辯證法是解釋自然和思想演變的科學方法。黑格爾的哲學是西方近代哲學，特別是德國觀念論的集大成者。他大力發揮西方近代的主客關係的思維方式之水平，以及與之相連繫的「主體性原則」，他認為：主體與客體的同一是主、客二者，由對立、矛盾到統一；又由統一分裂為對立、矛盾，再回到統一。這是一個不斷的對立，不斷化除矛盾與衝突，不斷統一的漫長曲折之過程（張世英，2001：2；洪鎌德，2016：第六章）。

這被馬、恩推崇備至的辯證法，卻被黑格爾應用到精神和歷史的演變上，化為辯證的唯心主義。原因是，黑格爾把宇宙萬物看成人類心靈的反映，看作是概念本身，以致忽視人是有血有肉、活生生的個體和社群之一份子。作為社群動物的人類，為求生存和繁衍，就得倚靠勞動和生產來開物成務，利用厚生，進行種種的社會活動和社會實踐。的確，心靈、思想、精神固然重要，它們是人異於禽獸的特徵，但人卻無法不靠物質維生，人的身體、頭腦便是物質。因之，先有物質才有生命，先有頭腦才有思想，先有軀體才有精神。像黑格爾那種唯心主義，以觀念、概念、理性、精神為主，只重視勞心，不注重勞力，這便會把他所讚揚的人是「勞動的動物」（*animal laborans*）誤導為：人僅僅是勞心而非勞力的動物（洪鎌德，2014：6-9）。

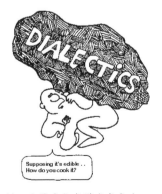

這一大堆食物怎樣烹煮來吃？

黑氏辯證法與費氏物質論（"Man ist, was er ißt."〔吃那種東西的人，就屬於那一類的人〕），意謂首先滿足身體的需求，才能展現人的精神面貌。重視人的物質生活，才能顯現每人與他人不同自的人格特質。馬、恩採用費爾巴哈的唯物主義，卻拒斥其對歷史被動與被決定的看法。

　　難怪，這本來應是改革社會不公、不義的進步學說，卻淪為保護既得利益集團與統治階級之保守的，乃至反動的意識形態。在1840年代，因工業革命而崛起的英、法、荷、德等西歐社會爆發工人貧病、失業嚴重、資本家的剝削、社會的動盪不安與施政的不公不義等，這使左翼黑格爾門生對當代主流哲學感到失望。就在批判黑格爾哲學之際，費爾巴哈的哲學人類學應運浮出，加上，德、法早期素樸的物質主義和烏托邦社會主義的崛起，這也導致馬、恩逐漸放棄觀念論（唯心主義），而開始擁抱物質（唯物）主義之因由。

（三）異化

　　當其他青年黑格爾門生對不公、不義的社會現實有所批評，並找出其罪惡根源為宗教所造成的人心異化之際，馬、恩卻把異化現象，從心靈（信仰）追究到經濟貧窮和社會剝削，也就是視異化的根源為人群的物質生活之現實上。這無非是把心靈的異化，轉為物質的、社會的、經濟的異化來析論。另一方面，從馬克思的博士論文中討論德謨克里圖（Democritus 460-370 BCE）和伊比鳩魯（Epicurus 342-270 BCE）這兩位古希臘哲學家之對原子學說優劣的比較，顯示出他在哲學中尋找科學的努力（洪鎌德，1986：44-47），畢竟，自然科學是一種物質科學，這就說明馬克思對物質主義的重視乃其來有自。

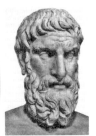

德謨克里圖　　　伊比鳩魯

　　至於恩格斯，他雖未接受正科班的學院教育，但卻靠著自習，對數學、理化、天文、地理、生命等科學有深湛的認知，而且樣樣精通。是以，他通曉一般的人文、社會科學之外，還藉理論與實踐自修當時的顯學——政治經濟學，這是當年最接近自然科學的，號稱「社會科學的皇冠」之學門。

　　馬克思在恩格斯的啓發下，開始認眞吸收政治經濟學相關的知識，且將其學習心得撰寫成《經濟哲學手稿》（1844）。在手稿中，他大談勞動異化，即勞動者從其產品異化、勞動過程的異化、勞動者與其工作夥伴發生疏離和異化、工人從人類自由的本質裡疏離（異化）。主張擺脫異化回歸人性以實現共產理想的青年馬克思，在《費爾巴哈提綱》中批評道：「歷來的唯物主義，把事物、實在（現實）、感性之物看成形式的客體之物；並將之當成思維的形式，而非有感受、能感知的人類的活動當作實踐。也就是：〔視爲〕不是人的主動〔之實踐〕」（*CW* 5: 3）。換言之，眞正的、新的唯物論，乃爲要求人群致力於活動、實踐和變革。所以，馬克思說：「歷來的哲學家，只會解釋世界；關鍵之所在，卻在改變它〔世界〕」（*ibid.*, 6）。

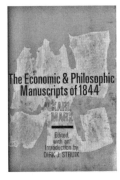 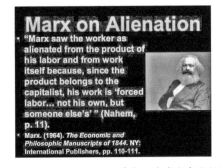

《經濟哲學手稿》（1844）　　工人從其產品中異化是因其產品爲資本家所剝奪

二、內容

（一）定義

　　辯證唯物論可說是官方馬克思主義（Official Marxism包括：前蘇聯〔蘇維埃馬克思主義〕及當今共產黨一黨專政的中國、朝鮮、越南、古巴所崇奉的意識形態和立國精神）的三大核心教條（即：辯證唯物主義、歷史唯物主義和科學社會主義）之一。因此，它是建立在馬克思和恩格斯的著作、思想、談話、通訊，以及其追隨者的論述上而涉及自然、社會、歷史和科學的總稱，也可以稱得上是馬、恩世界觀的綜合，或二人哲學思想的概觀。它之成為有系統的理論或教條，係在列寧和史達林主政時期，也是中華人民共和國尚未建立之前，即「內戰時期」，毛澤東著述《矛盾論》和《實踐論》的思想產品。當然，它亦包括部分胡志明（Ho Chi Minh 1890-1969）、金日成（Kim Il Sung 1912-1994）、卡斯特羅（Fidel Castro 1926-2016）等人的理念。

　　辯證唯物論係融合德國經典哲學的觀念論，尤其是黑格爾的辯證想法，加上流行西歐之追求自然科學的素樸唯物主義合構而成。既有「辯證」的前三字母dia，又有「物質」之前三字母mat，故合成diamat這個新字。這「辯證唯物論」的洋文，簡稱diamat，接近德文的Diamant，乃「鑽石」之意。由於俄人傳統上崇拜德國文化，知識分子喜用德語，所以Diamant也好，алмаз也好，只要是「鑽石」，都令人喜愛，珍惜不已，這是列寧和史達林對這個謂詞的縮寫diamat情有獨鍾之理由。

（二）應用

　　美籍波蘭裔辯證唯物論的研究學者尤丹（Zbigniew A. Jordan 1911-1977）指出：

> 恩格斯經常使用其形上學的睿智，說明較高層次的存在是由較低層次的存在作根基而逐漸浮現。較高的層次在不容化約的規律指引下，構成了事物存有的新秩序。進化向前走的過程是，受辯證發展律的支配，而辯證發展律，正好反映「物質的整體正在運動」的事實。（Jordan, 1967: 167）

尤丹及其著作《辯證唯物論的演進》

　　史達林及其御用的學人，在1930年代宣傳「辯證唯物主義」和「歷史唯物主義」，且把它訂爲當年蘇聯人民必讀的官方文獻和各級學校的教本，目的在灌輸馬列主義。當時，官方馬克思主義意識形態之最主要的教條是辯證唯物論，直至前蘇聯解體以及中共改革開放後，這一思想體系才逐漸崩解而式微。在歐、美，因受西方馬克思主義、新馬克思主義和後馬克思主義的衝擊，辯證唯物論遂不再引起學界的重視。取而代之的是馬、恩所關懷的人本主義和人道精神（洪鎌德，1986；1997；2000；2010a；2010b；2014；2015）。

　　1960年代前蘇聯的哲學百科全書，提及自然界和人文界進化的複雜性，它記載道：「各種各樣的形式（機械、物理、化學、有機、社會）的配置，都是從簡單上升到複雜。這些系列性的演變的彼此連繫，靠的是結構和歷史。低層物質變動的總規則，要服從上層規律的指引，不可能有單獨突出的表現；它們是隨著情勢的改變而變化。〔指引變化的〕規律可以是一般性的通則，也可以是適用特殊性的細則，完全視適用範圍的大小而定。特別的律則歸個別的科學所擁有，整體的總規則即形成了 *diamat*〔辯證唯物論〕」（引自Blakeley, 1975: 29）。

　　爲了突顯馬克思主義的構成，以及辯證唯物論在馬克思的思想體系中的地位，不妨以下圖來呈示：

馬克思的社會觀

· 社會的辯證發展是受到唯物史觀（歷史唯物主義）
  的影響

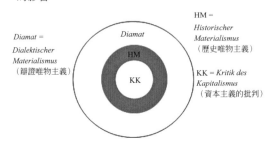

馬克思與恩格斯的學說大要示意圖
資料來源：洪鎌德，2014：42。

　　馬克思主義如用三同心圓來表示，那麼，大圓圈係表達整體主義、意識形態、思想體系和理論結構；外圈為體系的整個外觀（辨證唯物主義），以及包攝的馬、恩之宇宙觀、世界觀和自然觀；中圈代表把辯證的世界觀，應用到人文現象和社會界，亦即整體思想（歷史唯物主義）。整個人類社會在歷史變遷中所經歷的史實之綜合稱謂，也就是歷史唯物論。馬、恩把回顧以往和瞻望未來的眼光聚焦在當代社會，從而指出：當今以資本主義為主軸的社會，是為政經勾結最錯綜複雜的資本社會，想要想瞭解、分析和抨擊這種對廣大民眾的不公不義於社會，就得採取政經批判的手段。因此，馬、恩後半生的努力，除了呼籲工人覺醒、團結、致力於普勞革命（proletarian revolution）之外，便是批判當代政經及其學術代表的政治經濟學。

　　據此，當今資本主義社會的辯證發展，乃受到辯證唯物論和唯物史觀（歷史唯物論）的形塑與影響。

（三）演展

1. 馬克思與辯證唯物論

　　馬克思在其《資本論》（卷一；1867）的〈前言〉中表示他要把黑格爾的辯證法顛倒扶正。儘管有人把黑格爾看成「死狗」，但在馬克思心中，黑格爾卻是一位偉大的思想家，因為，他是第一位使用周全又有意識的方式，呈現辯

證形式暨其操作的哲人。黑格爾對發展辯證法的貢獻，係在於他有系統研究和表述辯證法的三大定律：對立統一律、量變轉為質變律和否定的否定律（楊祖陶，2001：299）。

不僅西馬主張黑格爾對馬克思的思維方式有深厚的影響，連作為官方馬克思主義的列寧也重視黑格爾辯證法形塑了馬克思的辯證邏輯，這表示西馬與官馬皆不排斥黑格爾對馬克思影響重大之說法。

　　馬克思打算萃取黑格爾辯證法的菁華，而去掉其唯心主義的糟粕（Marx, 1976: 25）。他認為：菁華的辯證法，不該應用到人心的運作上，因為，這是在抽象的思維上打轉，並無法理解和解決人群現實的困窘，等於是思想的浪費。反之，辯證法能掌握事物「正」、「反」、「合」的變化過程把它應用於實在之上，它符合科學求變、求真的精神，比傳統的邏輯更能掌握事物的演變。

　　對馬克思而言，辯證法並非事先已決定，或預期的效果之推演，而是透過相互關聯、發展和轉變，來解釋社會變遷的過程，是經驗性的研究方法。特別是，馬克思把辯證法應用到經濟現象的研究時，發現經濟裡個別的單元（如：貨幣），可連結到其他關係（買賣、交易、投資、租稅、國貿等）上。它處理的不再是孤立事項，而是諸事物的關聯、結構和流程，等於是能夠逐步理解經濟總體的本質和變化。

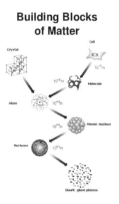

理念爲物質世界的反射　　　　　構成物質的要素

一旦瞭解事物的關聯，理論便融化在實踐中　　實踐、生產、革命都是物質的

　　要之，馬克思的著作所關懷的是社會的結構與變遷，社會結構與變遷的基礎和動力，乃產自經濟和科技結合的生產方式。後者是社會的物質基礎，在這物質的經濟基礎上，則矗立著典章制度（如法政、教育、宗教、藝術、思想、文化）此一上層建築。顯然，上層的意識形態制，並未制約下層的經濟基礎；而是經濟物質的生產方式，制約上層的典章制度暨其意識形態。馬克思明顯認定開物成務、利用厚生的物質生產活動，是促使社會從原始狀態進入文明的主因。社會在時間歷程中的進化，是由低階逐步上升到高階，其演變的軌跡是漩渦式的辯證運動。此一方面，便涉及到他與恩格斯的唯物史觀。此外，馬克思心目中所謂的「物質」，它不但是指自然界的山川草樹，各種動物、礦物等有形質，即可由人類感官認知的事物，也包括人類開天闢地的生產

勞動及其產品，甚至更涉及批判和革命的社會實踐。群眾的覺醒、團結、抗爭，或起義，亦常被他視爲物質的力量。總之，人是自然的動物，人仰賴自然爲生，人與自然的關係，是一種辯證的關係，又，人活在社會裡，人與社會的關係，也是辯證的關係。是故，人與天、人與人、人與歷史等關係，所造成的社會實在，即是客觀的，或稱，互爲主觀的關係。這些關係及其組成的「實在」（*Wirklichkeit; Realität*），都被馬克思當成是「物質」。這是他科學的物質（唯物）主義的哲學基礎。

資本主義的社會正是不公不義的社會

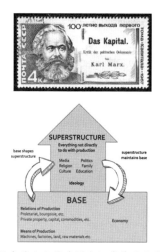

社會是由上層建築與經濟基礎合成

　　由於社會（*Gesellschaft*）是人群聚集的現象，爲此，在馬克思心目中，社會就是物質呈現的現象。更何況，他並不把社會看作一成不變、鐵板一塊的組織，社會是其自身有各種矛盾勢力之進行內鬥，不斷分裂，又不斷整合的可塑體。社會展演和變遷的動力，則在於經濟（特別是生產和交易）活動。由於他把社會看成變動不居的人群組織，因此，常視社會即是「社會暨經濟形塑體」（*sozio-ökonomische Formation*）。馬克思喜用建築學的比喻（architectonic metaphor），把社會看成兩層樓的結構。社會的底層，是人求生的物質性的經濟活動，包括：由勞動、土地、資本、管理和開發技術、經營本事，以及發明創意和科技水平所合成的「生產力」（*Produktionskräfte*）。在資本主義的社會中，擁有生產力（亦稱：生產手段、資料）的人，通稱作「資本家」，屬於資產階級（布爾喬亞〔*Bourgeosie*〕）；凡是未擁有生產資料的人，通稱

為：「直接生產者」（*direkte Produzente*），隸屬於工人、勞工、無產，或普勞階級。有產者的資本家與無產者的勞工間之關係、資本家之間的關係，以及勞工者之間彼此的關係，則構成了「生產關係」（*Produktionsverhältnisse*）。生產力加上生產關係，便是某一時代、某一社會的「生產方式」（*Produktionsweise*）。社會，便是由下層經濟基礎（*Ökonomische Basis*）的生產方式，加上居其上的意識形態的上層建築（*ideologischer Überbau*）所構成。意識形態的上層建築，包括：家庭、教育、法律、政治、文化、宗教、藝術等典章制度，並非人的意識或意識形態（上層建築），在制約人的存有、實存（生產活動、生活方式等經濟基礎），而是人的生產、交易、消費的經濟活動，在制約、決定，即操縱人的精神、社會和文化生活。這表示：物質在先，精神在後。有物質（人腦）的存在，才會產生精神（思想），衣食足，而後知禮義。

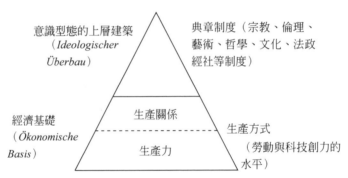

社會是一個受經濟運作（生產方式的經濟基礎，亦即下層建築）所制約的典章制度（亦即上層建築）合建所構成的形塑體
資料來源：作者設計。

社會是由上下有別、尊卑統屬兩大對立階級所組成者（Society is a hierarchical class formation）
資料來源：洪鎌德，2014：312。

2. 恩格斯自然的辯證現象

在《反杜林論》（1878）中，恩格斯首先界定「辯證法」爲「自然、人群的社會和思想進行運動暨發展的普遍規律之科學」，這涉及運動（*Bewegung*）和發展（*Entwicklung*）的邏輯。天下萬事、萬物經常在變化，這意指：時空中的事物不斷變化、運動、轉變，和發展。至於其轉變的原因，則是源自事物內部的矛盾，要想瞭解矛盾和變化，並無法靠形上思想和傳統邏輯來解釋，因此，必須訴諸辯證法。只是，恩格斯所以把辯證法，從思想、社會、歷史的領域應用到自然界，這與他偏好自然科學有關，此外，當代科學都視自然演變的過程爲相互關聯、發展和轉型的關係。對於自然的演變含有辯證，有人贊成，有人反對。批評者有西方馬克思主義的奠基者盧卡奇（György Lukács 1885-1971）和寇士（Karl Korsch 1886-1961）；贊成者如提姆帕納羅（Sebastiano Timpanaro 1923-2000），他認爲恩格斯的說法，正彌補馬克思之不足，原因是，後者雖強調人爲動物的一種，人與自然的交往密切，但人卻受到生物學、地理學，和生態學的限制。因此，馬克思比起恩格斯來鮮少談及人與自然的辯證關係。

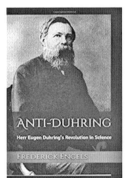 

恩格斯的《反杜林論》和《自然辯證法》　　　　　自然的生成演變

在《自然辯證法》中，恩格斯把黑格爾的辯證觀演繹成三條律則：(1)矛盾統一律；(2)量變轉爲質變律；(3)否定之否定律。第一律涉及矛盾的無所不在，相反性質彼此認定衝突，但卻能透過中介與和解而歸趨統一。這是黑格爾和列寧所採用的方法，第二律取材自古希臘哲學家，包括亞理士多德和近代黑格爾的主張，也配合當代科學家的臨界點和過渡階段之說法，此律也可應用到

社會變遷與階級鬥爭上；第三律起自黑格爾所言「否定的否定」，再由馬克思在《資本論》書尾予以發揮。後者曾稱：「資本主義的私有財產的喪鐘響起，剝削者終要被剝削。資本家占有的方式，就是資本主義生產方式的結果。這是個人私有財產的否定……但資本主義的私有財產，隨著無可避免自然法則的作用，產生了〔另一個〕否定，它就是否定的否定」（Marx, *Capital* I, 1992: 929）。

Dialectical-Algebraic Expression
of the Engelsian *Three "Laws"* of The Dialectic(s) of Nature,
in Their ~w~Q-Limited, *"Purely"-*Qualitative Seldonian Interpretation

The *Engelsian Three "Laws"* of Dialectics as Formulated by Engels Himself.

1　"The law of the transformation of quantity into quality and vice versa;"

2　"The law of the interpenetration of opposites;"

3　"The law of the negation of the negation."

[Frederick Engels, *Dialectics of Nature*, Clemens Dutt, translator and editor, International Publishers [New York: **1940**], p. **26**].

---

3. 列寧對辯證唯物論的闡述

　　列寧在1914年閱讀黑格爾的《邏輯科學》之後，即作筆記，並提出辯證法三元素：(1)概念由其本身定性（定質和定量），事物的考量之出發點，為它與別的事物之關係和發展；(2)事物本身的矛盾所在，包括它的對立面。找出每一現象中矛盾的特性與傾向；(3)分析和綜合的統一與聯合。列寧進一步以筆記方式論述：「量變促成質變」，乃是相反性質之物的對立與統一。這表示人們不僅要注目相反之物會走向統一，也要重視由原來的性質、特徵，轉化成其對立面的過渡階段。他又指出：「發展，便是相對、相反之物的『鬥爭』之結果」。又說：「對立或相反之物的統一，是有條件的、臨時的、過渡的、相對的。可是，彼此互相排斥的對立物的鬥爭是絕對的，就像發展和運動是絕對的一樣」。

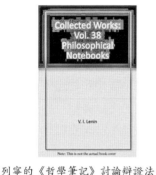

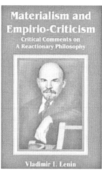

列寧的《哲學筆記》討論辯證法　　　　列寧的《唯物主義和經驗批判主義》

在《唯物主義和經驗批判主義》（1908）中，列寧解說辯證唯物論涉及三個主軸：(1)黑格爾辯證法的物質性翻轉；(2)把階級鬥爭安置在倫理原則的歷史性之上（換言之，以往的歷史和當前時刻講究階級鬥爭，乃符合時代的倫理要求，但將來共產社會中則無需這類的鬥爭）；(3)物理學的進化律（賀姆霍茲〔Hermann von Helmholtz 1821-1894〕的說法）和生物學的進化律（達爾文〔Charles Darwin 1809-1882〕的進化論），匯入政治經濟學的進化律（馬克思的政經批判）。由於十九世紀後半量子學、X光與電子等新科學的發展，使人們對物質和物質主義有新的認知；於是，列寧又說話了。他指出：最近科學家所說的「物質消失」，是就吾人認知所及的範圍內的物質立論的。隨著知識的加深，對物質本性的理解也會加深，過去認為絕對、不變、永久的物質本性，也變成相對、可變的。哲學的唯物主義所承認物質唯一的特性，便是客觀實在的存有；亦即獨立於心思之外的存在物。配合恩格斯所言：「每一時期科學的新發現，都顯示物質主義有其不同的形式」。列寧在排斥低俗、形上學、機械的物質主義後，指出：只有在辯證唯物論中，把物質定義為「客觀的實在」（*объективная реальность*; objective reality），這才符合馬克思科學的唯物主義的主張。此外，列寧把心靈、思想、精神，當作物質的反射、反映，這即是他的心思（精神）乃為物質的「反映」（*ображене*; reflection）說。

4. 盧卡奇論辯證法

匈牙利的哲學家盧卡奇，曾被視為二十世紀馬克思主義最卓越的理論家，他把辯證唯物論定義成整體社會的知識。這種知識本身，是普勞（無產）階級依學習，被灌輸、被置入、被設定的（*zugeschriebenes, zugenrechnetes*;

imputed），而自我反思和自動湧現的革命意識。這涉及辯證法的學說之精神，正展示馬克思主義者正統（orthodox），而非教條的（dogmatic）方法。盧卡奇認為：馬克思主義的本質，不是對古往今來社會體系的客觀描寫，也不是對歷史事實的科學分析，究其實，即是辯證法的運用。馬克思的辯證法，有異於科學方法或傳統邏輯。它不是一組被觀察的事象，或規範知識運作的規則之組合，而是一種特殊的思考方式，一種理論的意識，用以考察世界。同時，又是一種實踐的操盤（*ein praktisches Engagement*），俾以改變世界。它是社會革命的主導力量，本身也存在於革命過程中。

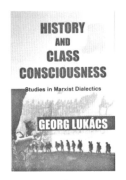

盧卡奇　　　　　　　《歷史與階級意識》（1923）

辯證法的特徵，首在掌握作為總體（*Totalität*）的社會，以及社會的實在（*soziale Wirklichkeit*）。社會總體（或稱：社會整體），優於社會部分；因此，他說：「總體範疇的優越性，是科學革命原則之本」。辯證科學旨在：研究社會總體及其發展過程，箇中，社會總體及其部分的互動，就是辯證的運作。另一方面，盧卡奇在其成名的《歷史與階級意識》（1923）論文集，劈頭就說：「總體優於局部，人們只有從總體去瞭解局部」。作為整體社會的一部分之普勞階級，只有在認識和瞭解整個社會及其演變史之後，始知無產階級的貧困和不幸的遭遇，是社會和歷史的總體所造成。一旦局部展開反抗總體，就代表普勞階級的革命意識的覺醒，這就構成人創造時代，人作為主體改變社會和創造歷史的客體之契機。是故，辯證法不只是局部與總體的互動，更是主體改變客體的律則（Lukács, 1971）。

盧氏批評恩格斯之把辯證法應用在自然界的生成變化上，是扭曲馬克思的原意，辯證法不能改變自然的生成演變，最多，只能認識這些天然的進化。恩氏的辯證法，是空思冥想的自然知識，而非批判兼實踐的革命。換言之，辯證

法並無法擺脫應用該法的主體（人），而獨立自存。由於辯證法對社會、歷史採取一種總體觀，因此，只有能夠在孤立的現象中，看出總體的普勞階級——亦即馬克思視為「普遍（泛宇）階級」的勞動群眾，才能掌握和利用辯證法。當無產（普勞）階級一份子的個人，在面對資產階級所造成的物化世界時，並無法看出主體是可改變客體，即不知道人可改變世界，也不懂理論與實踐的統一。可說，個體工人的實際經驗和意識，係有異於工會、黨派之集體、有組織、有目標的階級意識。只有在共產黨的宣傳、教育、訓練和灌輸下，「被設定的」、「置入的」的革命意識，才能進入普勞的腦海。屆時，能夠盱衡全局、認識總體的普勞階級，在優勢人力下，便可以戮力於普勞大革命，以達成全人類解放的使命（洪鎌德，2010a：63-79；2014：36-44）。

5. 托洛茨基論唯物主義的辯證法

蘇聯建國元勳之一的托洛茨基（Leon Trotsky 1879-1940），曾以〈唯物主義的辯證法ABC〉一文，說明辯證法並非杜撰或神秘之物，而是人群思維形式的科學。這些思維的形式，並非日常瑣碎之事，而是對事物更複雜、更艱深的歷程之理解。辯證邏輯和形式邏輯之不同，有如高等數學之與初級數學的對照。粗俗的想法，總把周遭的實在（物）看成靜止、不動的現象，而避免去想前一刻該事物的可能變化。反之，辯證思維則步步逼近現實，給事象更具體、豐富與靈活的概念。亦可說，給觀察的現象一個更明確、更鮮活的印象。如被觀察的現象是資本主義，它並非空泛、抽象概念的資本主義，而是特定時、時下（如十九世紀英國）的資本主義。辯證思想並未否定三段論法，而是把它包攝進來，目的在逼近實在，俾讓三段論法亦可在變遷的實在中繼續發揮它推論的作用。

托洛茨基

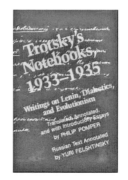

托洛茨基《1933-1935筆記》

　　黑格爾的辯證法之要旨，是從量變躍入質變、由於矛盾而造成發展、內容與形式的衝突、繼續與中斷、偶然性變成必然性等。這些辯證律則之建立，可補充與擴大傳統形式邏輯的不足。身為天才思想家的黑格爾，雖預料到科學一般性的發展趨向，但他卻深陷觀念論、理念思辨、唯心主義的窠臼中。他也受到宗教、神學、形上學的羈絆，而無法看清唯物主義的本質。是以，他的辯證法乃是觀念論的辯證法，要靠馬、恩把它翻轉和扶正，以轉成辯證唯物論。所謂物質主義的辯證法，其根源既不在天上（神明、宗教、絕對精神），也不在人心的深處（知、情、意等「自由的意志」），而是在自然界的客觀實在裡。意識產自非意識；心理學產自生理學；有機物產自無機物；太陽系產自星雲。在攀登發展的樓梯上，其順序係由低而高，由量變而質變。我們的思想（包括辯證思維），是變化中的物質的表示暨表述的方式。作為物質的頭腦，產出思想，若沒有物質何來精神？辯證思維之從自然的辯證運動衍生出，可說是徹頭徹尾物質性的、唯物主義的。隨著事物不停的變化、轉型與發展，描述和分類其特徵，誠然有其必要。從無機物到動、植物的分類，到人種的分類，以及到個人聚集成群體的社會之分類，都成為學者的工作。有異於達爾文，馬克思是一位有意識的辯證學家，他進行社會的描述、分析和分類。他發現社會分類的基礎，乃在科技和經濟發展的生產力，以及擁有與不擁有財產之間的關係；從而，為社會因有上下層兩大階級的對立，而造成的兩層樓建築之比喻，找到科學的根據。總之，馬克思的辯證思維，並非形上的抽象思考，更非學究、教派式的邏輯，而是符合科學的研究方式（Trotsky, 1939）。

6. 寇士析述馬克思主義辯證發展的分期

　　除了盧卡奇和葛蘭西（Antonio Gramsci 1891-1937）之外，德國的社會學者寇士，也是西方馬克思主義的奠基者。他在《馬克思主義與哲學》（1923）一書中強調：馬克思主義乃是德國經典哲學的繼承者，特別是黑格爾辯證法的發揮。馬克思把社會看成一個總（整）體，每一部分與其他部分息息相關、相互關聯，反映了全體，更不能化約為其他部分。社會雖然分成上層的意識形態建築（典章制度）和下層的經濟基礎（生產方式）這兩樓建築樣式，但兩者卻相互連結、彼此制約。布爾喬亞的社會，包含神秘化和異化的意識，這則導致工人受資本家長期的壓榨和剝削。馬克思主義向來致力經濟和政治面的批判，而忽視哲學、思想與文化方面的經營，因此，無法應用知識的力量，以摧毀布爾喬亞神秘化、異化，以及其霸權式的世界觀、社會觀和人生觀。馬克思主義

企圖科學地「揚棄」哲學，也強調理論和實踐的合一，但卻不該效法布爾喬亞爲了擁抱科學而揚棄哲學。正統派的馬克思主義者，忽視哲學在辯證運動中曾表述歷史的過程和趨勢，但這種無知與忽視，卻把工人們從其革命分離、孤立了出來。工人階級的革命，要求參與者在認知方面體驗革命的理念，而將之當成造反活動的一部分。放棄哲學，會導致普勞階級喪失革命的目標和路線，這是正統革命家的失職——失掉哲學的責任。馬克思主義是理論和實踐的辯證合一，是對資本主義的哲學批判，而非僅僅對其政治、經濟的抨擊，或對布爾喬亞所勾結的政權之反抗。與盧卡奇一樣，寇士認爲：辯證法是革命運動不可分的主要元素，工人們只要在認知上學習和運用辯證法，無疑是掌握了理論，且把理論付諸行動。這就是辯證唯物論的落實，普勞革命才有成功之望（Korsch, 1970: 29-48）。

寇士

《馬克思主義與哲學》（1923）

用辯證法分析馬克思主義的發展，則可得出三個時段：第一期（1843-1848）是馬、恩初創理論之時期，他們二人以浪漫情懷和接近觀念論的體裁，解析資本主義對人性的踐踏，以喚起民眾追求自由的渴望。這一時期乃過度強調史上改革者主觀的角色，而忽略其客觀的革命條件。此一時期，可以兩人的作品《共產黨宣言》（1848）爲代表；第二期（1848-1899）是資本主義穩固化與大肆擴張的時期，工人們的意識被震懾，他們力求學習布爾喬亞的生活方式和吸取其價值。在普勞意識低迷之際，馬克思主義淪落爲抽象教條，甚至世俗化和實證主義化。此際，馬、恩專注理論，而無力實踐的時期。馬克思主義散落爲經濟學、政治學、社會學等社會現象之解說，亦即聚焦於社會事實的分析和批判，以致與群眾的希冀和需求脫節。這期的馬克思主義變成一套意識形態，與現實切斷，而凝固成一大堆的規律、法則。其代表作爲：《資本論》

卷一（1867）；第三期（1900-1923）是馬、恩相繼過世後，列寧大力推動革命，把理論付諸實踐，推翻了沙皇政權，並建立世上第一個社會主義的國家。此一階段碰上工會改良主義、工團主義和布爾塞維主義的崛起，而促成工人意識的重新喚醒。其代表作為：列寧的《國家與革命》（1917）。列寧力倡依恃理論指引行動，造成工、農、兵各階級的動員和革命實踐，亦即使理論和實踐真正統一，這才能完成馬克思辯證唯物論未曾實現的初衷（洪鎌德，2010a：148-151）。

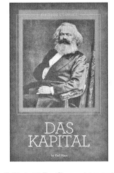

《共產黨宣言》（1848）　　　《資本論》卷一（1867）　　列寧的《國家與革命》（1917）

7. 史達林闡述辯證唯物論和歷史唯物論

　　史達林在1938年9月撰述《辯證唯物論和歷史唯物論》，開宗明義就說：「辯證唯物論論（主義）為馬列共黨的世界觀。它之所以被稱作辯證唯物論，是由於研究和分析自然現象所使用的方法是辯證的；而對自然現象的解釋，它〔自然〕的概念化和它的理論則是唯物主義的。歷史唯物論是辯證唯物論原則的延伸、擴大，俾研究社會生活；也就是指這些原則，可應用到社會及其歷史上」。由此看來，史達林把辯證唯物論和歷史唯物論相提並論；後者，係由前者引申和演繹而來。馬、恩擷取黑格爾辯證法的菁華，但卻拋棄他唯心主義的糟粕。他們又萃取費爾巴哈物質主義的內核，去除其宗教和倫理的負擔，而發展出馬、恩的哲學暨科學理論。之後，史達林列述馬克思主義者的辯證法之要點：(1)自然界的事物不是彼此獨立無關，而是互相依存、牽絆、連結，又相互決定。這樣，才把自然構成一個由眾多事物和現象連結的整體；(2)自然界的事物是不斷生成、變化和發展的；(3)自然界的事物和現象，會從量變躍

入質變；(4)自然界的萬事萬物內含矛盾之存在，藉著矛盾的傾軋和對立勢力的相互激盪，這會促成事物的變化與發展。此外，在辯論時能指出矛盾的存在和其後的排除，這才能接近眞相、眞理。因此，辯證的方法認定：「發展過程由下而上，是現象和諧的展現，但卻透露事物和現象內在的鬥爭，亦即對立勢力的鬥爭，這些對立的趨勢，係立基於種種矛盾之上」（Stalin, 1976: 836, 840）。

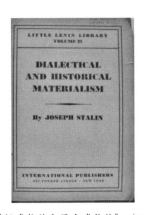

史達林　　　　　　　《辯證唯物論和歷史唯物論》（1938）

三、影響

（一）抨擊和批判

1. 抨擊

　　隨著柏林圍牆之倒塌，馬克思主義受到嚴厲的抨擊和侮蔑。所有前蘇聯與東歐各國的共產暴政、經濟敗壞、社會不公和文化墮落的思想源頭，都歸罪於馬克思主義，以及其衍生出的列寧主義和史達林主義。構成馬克思主義核心因素的辯證唯物論，也引發學界、文化界和輿論界的撻伐。爲此，對辯證唯論的抨擊，是附帶在對馬克思主義總攻擊之下。另外，針對辯證唯物論的批判，是指摘馬、恩未能在他們生前，把這一學說作一有系統、完整的解釋。恩格斯的《反杜林論》，對馬克思主義雖有所說明，但對辯證唯物論仍欠缺有力的論述。

　　由於馬、恩忙於政治經濟學的批判，以及參與第一、第二國際的革命活動，遂疏忽對其世界觀和哲學理論的闡述。反之，辯證唯物論的名稱、形式與部分內容，倒為馬、恩的信徒，如：普列漢諾夫、考茨基、列寧和史達林及其僚屬所撰述與解說，甚至拍板定案，終而轉化為共產黨員的教條，並當成共黨國家的意識形態，這是辯證唯物論之受到攻擊及指摘的主因。再說，辯證唯物論者看來，還認定：心靈之外的客觀實在，有其潛在的結構，這一結構是「合理的」。實在以及其合理的結構，都是他們的解釋，這與形上學的玄虛如出一轍，故應加以撻伐與譴責。

辯證唯物主義與歷史唯物主義

馬列主義與毛澤東思想基本課程

2. 批判

　　正如上述，儘管馬、恩的辯證唯物論可應用到思想和自然上，但其主要作用卻發生在社會上。社會，不但是上下兩層建築的互動、磨合，更是涵蘊布爾喬亞與普勞兩大階級之間的鬥爭。這種說法，無疑逕視社會只由兩大階級（最多，還增加小布爾喬亞或中產階級）所組成。達連朵夫（Ralf Dahrendorf 1929-2009）認為：社會是由履行義務、相互協調的眾多團體（imperatively coordinated associations）所構成，異於馬克思視階級是基於經濟利益而組合；達連朵夫則認定：階級，是其成員服從權威的產品。社會衝突並不表現在階級鬥爭，而呈現在權力擁有者和無權勢的乖順者之間。這種權勢的有無多寡，存在於每個團體（若干履行義務、相互協調的諸團體）裡。社會中或團體裡，不但有衝突，也有共識。換言之，社會呈現兩個相反、相成（辯證）的面向：衝突和共識、穩定和變遷、秩序和紛擾、和諧與霸凌、統合與分裂、同意和異議，總之，只有社會裡有衝突才會要求和諧，和諧和共識會導向衝突與鬥爭，有衝突和鬥爭，才會導致社會的變化與發展（Dahrendorf, 1959）。

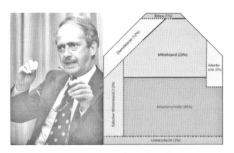

達連朵夫及其社會階觀　　　　　　　不同的權力與收入分配形成了社會階層的差別

二十世紀著名的科學哲學家柏波爾，因批判馬克思主義的嚴厲（devasting，摧毀作用），居然淪爲庸俗的實證主義者（Verikukis, 2007: 1-2）。他批評馬克思主義，有兩點：(1)馬克思的研究法不符合科學性（scientificity），因其經驗性陳述既無法證實爲眞，也無法證明爲錯。換言之，能達到排謬的可能性（falsifiablility，錯證或去掉錯誤的步驟），才符合科學性的基本要求。馬克思的陳述和命題卻是無法排謬的。這表示號稱科學的社會主義的馬克思主義並不符合科學的要求。它是一種假科學，或準科學（pseudo-science）；(2)馬克思主義是一種變相的唯史主義（historicism），即企圖在歷史變遷中，尋找生成變化的軌跡、趨勢或規律，並把這種社會演變的律則從過去投射到未來，以發揮預言的作用。有異於愛因斯坦（Albert Einstein 1879-1955）之準確預測了日蝕（1919），馬克思預言資本主義的崩潰和工資的遞減卻不準確，這也是柏波爾批判馬克思主義無預測未來的能力之緣由（Popper, 1944/1945; 1945）。

柏波爾

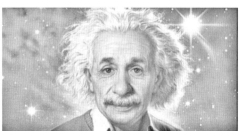

愛因斯坦

　　辯證唯物論和歷史唯物論常被批評爲決定論（determinism）、唯經濟論（economism），或經濟決定論（economic determinism），其主因係在於馬克思曾稱：

> 在發展的某一階段中，社會的物質性生產力，跟既存的生產關係……或以法律的表述而言，即跟至今爲止的框架下之法律關係發生衝突。此時，這些生產力的形式，感受到既有生產關係的束縛有如鐐銬。於是，社會革命的時期降臨。經濟基礎的改變，或早或慢會導向整個廣大的上層建築的轉變。（SW 1: 504；洪鎌德，1997：232）

　　這段話顯示：社會結構中之經濟基礎，是由生產力和生產關係兩者所合成的；經濟基礎之所以會變動，即是生產力突破生產關係所造成。這說明物質力量的重大，但卻忽略了精神力量與典章制度的更改，也會影響經濟的操作；從而，撼動上層建築。這就是社會與歷史決定論，以及以經濟爲主的經濟論，或經濟決定論之遭受學界批判的因由。

　　再說，物質（唯物）主義，並無法從原理、原則演繹出；原理或原則之效準，係訴諸於抽象的理性、直覺、自明的證據、主觀，或純理論的來源。這些都促成觀念論（唯心主義）的誕生和成立。由是可知，唯物論哲學必須立基於證據，而非辯證的邏輯；它必須從物質的源泉（日常生活）裡尋找能支撐其理論的證據，並在社會實踐中以獲得佐證（Novack, 1978: 17）。

（二）辯解

1. 物質首要，精神其次

　　對馬克思而言，唯物主義是以人開始，把人當成血肉之軀、當成社群動物來看待，人爲了求生與繁衍，而進行開物成務、利用厚生的勞動生產。人不是消極接受外界的印象，被動讓外界來操弄，而是主動以行動、勞動、互動等社會實踐去塑造和改變實在。因此，物質不僅指涉人的身體，以及身體感受、認知的事物，也是人與人互動的社會實踐，包括經濟活動的生產、交易、流通和消費。物質力量還包含：人群的批判、反抗、起義和革命的實踐。身體是一大堆物質的綜合體，卻是能表述和創造的肉體，其原因是：由於頭腦的活動會

產生意識和推理，這才是人之異於和優於其他動物之所在。意識和理性合稱心靈，是人的精神表現。物質主義者如馬、恩，並不否認精神的存在，而是認定精神係從物質所產生、湧現而出者，物質居先，精神殿後；或如列寧所言精神是物質的反映，鏡中之影；人在改變周遭環境的同時，也改變其自身，由是看出人是主動與能動的動物。

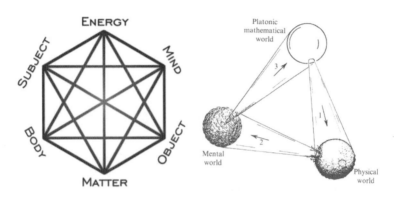

物質為基礎所展現的身心與主客之關係所形成的實在（能量的釋放）

　　在啓蒙時代的唯物主義者，雖講究理性、崇尚科學、追求進步、維護人權、保障私產和改革政治，但是站在布爾喬亞有產階級的立場，批判舊政權和封建社會的不公不義。反之，馬克思的新唯物主義，則是代表廣大的普勞（無產、勞工、工人）階級發聲。這是接近民眾的民主式之唯物論，而非之前代表有產階級和社會權貴的菁英式之唯物論。人並非歷史、精神、物質，或理念的棋子，人是主動的和自我決定的棋手，只有透過人群的集體實踐，才會改變統治和霸凌人的理念。須知：理念深埋於人的身體之內，其表現則為實際的行動。

2. 意識和實踐

　　對馬克思而言，思想是人在與物質世界（自然、社會）交往時逐步發展形成的，這是思想之具有物質性的緣由。是故，他說：「並非意識〔思想、精神〕制約〔決定bestimmt〕實存〔物質之存在〕，而是實存制約意識」。人的意識、思想，或精神都是，在與身外的實在（物質環境和人群）交往中，而逐漸形成的。另一方面，周遭的實在大部分是人為的，包括典章制度在內。人不

該是前人打造典章制度（除非是良法美意）盲目的追隨者、犧牲者，而應是不合理制度的改革者或推翻者。社會與其典章制度的變革，乃是歷史。歷史並非由神明、理念、英雄人物，或其他勢力所造成，而是人群在既有條件和前人傳承的基礎上予以變革暨創造的。

　　總之，馬、恩的追隨者力主：(1)人類的意識，是較低的有機物經由辯證式的躍進而生成的；(2)意識忠實反映外在的環境。列寧認定：我們的知覺，是客觀實在的忠實反映。他表示：「事物存在於我們身外；我們的感覺與想像，則是它們的影像。這些影像經由實踐來證實，是以眞、假得以辨別」（Lenin, 1961; 1967）。

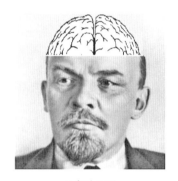

列寧的頭腦

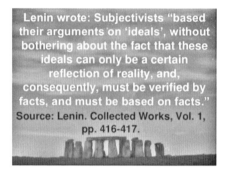

理念只是實在的反射，其證明要靠現實

　　辯證唯物論強調「實踐」（Praxis），是驗明眞理和證實知識的準繩。實踐方面是指：科技、勞動、工業，以及其他人造實在之轉變而形成的經濟過程；另一方面，又指：消費品的生產，以及共產主義運動的追求與奮鬥而言。馬列主義者倡言：世界的基本進化和人類歷史的走向，是邁向無階級、無剝削、無異化的共產社群而發展的；這種進化與發展是必然的，並不受個人的意志所左右（但可用人力加速其實現）。所以，一旦達到此一目標，便實現眞理與正義。因此，辯證唯物論在認識論方面，即建立在這兩個信條上：理論與實踐的合一，以及列寧的「黨性原則」（Партиность; partinosti）。後者，爲共產黨一黨專政的藉口，我們難以苟同，甚至可極力抨擊；但前者，即理論與實踐的合一，卻是西洋傳統與當代哲學的核心，不過，倒也常引發爭辯。

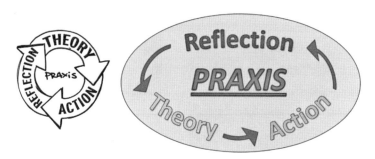

從理論經過行動到反思，又重回理論的過程，都在突顯實踐的核心意義

正如哈伯瑪斯所言，馬克思的想法即是認為：「世界的客體性係立基於……人類具有形體的器官與〔生理〕組織之上，〔既然人具生物的特徵，則其求生與發展〕，人群勢必取向於行動〔實踐〕」（Habermas, 1987: 35）。是以，觀念論或唯心主義，不把人的實踐、行動當成人對客體界的認知和改變之根基，此為一大謬誤。也由此可證：馬、恩辯證唯物論，是有異於唯心主義和觀念論，明顯是正確無誤的（Eagleton, 2011: 128-136）。

3. 古生物學揭示的進化新理論

過去指責恩格斯之把辯證法應用到自然者（如盧卡奇），係誤會他所認識的自然科學為十九世紀已過時的學問。殊不知，現代科學之討論自然現象的複雜和混沌，已提供資料證明恩氏把辯證法應用到自然界的睿智。過去的科學學說，誤把進化看作是緩慢、逐步的變化，而不受驟然突變的影響。以生物的演進為例，新的古生物學說（paleontology）主張：生命形態的演變，是在使生物適應其環境。不過環境條件一旦改變了，生物為求生存，便會發展出特殊的本事（specialization，殊別化），以適應其變化。甚至，適應相反的脈絡（context，環境）所要求的進化流程。這是古生物學家古爾德（Stephen Jay Gould 1941-2002）所提出，爾後也成為被學界所證實的新理論。其原因為：生命常瀕臨混沌的界線，任何些微的改變，都可能成災難或毀滅的後果。

古生物學家古爾德主張演化中也有驟變之可能，因之同意恩格斯的辯證法

　　古爾德對恩格斯的著作，特別是《從猿猴變爲人類此過程中勞動扮演的角色》（1876），大加讚揚。他認爲：歷來的科學家若注意此書，便不會犯下那樣多的錯誤。辯證法教導人們，要理解變動不止的流程，以及事物彼此的牽扯和關聯。馬、恩的哲學著作，雖未形成有次序、組織的體系，但他們卻語含機鋒，常有超凡的卓識，如善加利用，即可以成爲科學方法論的利器。馬克思主義不僅是政治學說和經濟理論，它更是未來之學，爲人類指明一個新的路向。「辯證唯物論讓吾人研究實在（reality，實狀、實相），而非一頭栽進乾澀無味、毫無關聯、毫無意義的系列事件（事實）裡。反之，它是研究事象，即由於事象因內在矛盾的驅使而造成的動態流程，以及其變動與豐富的內涵。此際，馬克思主義呈顯出它的重要性和緊迫性」（引自Woods, 2015: 15-16）。

4. 辯證唯物論可防止現代人陷入抽象教條中

　　對恩格斯辯證法的三律，用現代進化論去補充、辯解和支持的生物學家李翁亭（Richard Lewontin），則指出：辯證唯物論不是，也不曾是計畫性解決物理性的問題；相反的，它是一種高瞻遠矚的整體觀和預防性的警惕記號，以提防人群陷入教條和偏狹的心態。它顯示了歷史會留下痕跡；自然有存有的面向，也有虛無的另一面向，而條件的變化，一方面會開創一條新途徑，另一方面也會消滅舊的路線。這一學說讓人在注視時、空的當下，不致浸淫和沉沒在抽象、唯心的理論泥淖裡。當現象陷入孤立無緣（援）的情境時，境遇和互動的性質之影響，即會喪失，任何不作爲，或中斷的作爲，會提供吾人警告和

防範的警訊，其在現實社會的應用，經常是隨機而定的（contingent）。這說明唯心主義的理想性，並無法應付百般變化的、複雜和分歧的當今世界（引自Beatty, 2009: 685）。另外，前述的古爾德，也響應李翁亭之對辯證唯物論正面的評價，他們都把辯證唯物論，當作發現新知的角色（heuristic role）來定位。

李翁亭正面評價辯證唯物論

　　古氏認為，西方學者之對辯證唯物論，必須嚴肅對待，不必隨「蘇東波變天」而輕言放棄。他表示：當辯證唯物論被表述變化哲學的指導原則，而非官方令下的教條時，這三條經典式的辯證原則（或律則），倒具體而微表現出一種整體觀（holistic view），目的則在：理解體系的成分（成員）之彼此的互動，即不把互動的成員看作先驗性的（*a priori*）單位，而是體系的投入（input）和產出（output）。所謂相反勢力的相互穿鑿（interpenetrating opposites）之律則，則可記錄體系成員的相互依賴或相互扶持。量變轉化為質變之律則，即在解釋以體系為基礎的改變觀點，它可讓逐步增強的投入，最終去改變事物（甚至國家）的結構和屬性。否定的否定之律則描繪社會發展的方向和歷史趨勢，亦即企望和想像解釋每一現時瞬間的變化，但卻無法把現狀扭轉為過去的樣貌（Gould, 1990: 154）。

5. 辯證唯物論與科學革命觀

　　這種辯證唯物論的發現新知觀（heuristic view），還可應用在當今生物演化的新理論，即古爾德與艾椎濟（Niles Eldredge 1943-）所提出「穿刺平衡論」（Punctuated Equilibrium）上。這是有關生物進化的理論，它指出：在地

質學史某一期中的化石紀錄，顯示種類有其穩定不變的靜態（stasis）。當重大的巨變發生時，種類不是由原狀逐步變成另一狀態，而是因為分枝的特殊化（branching speciation，分殊化）的驟變過程，會使種類一分為二，這種一分為二的演進過程，就是種類受穿刺而進入另一平衡的新狀態。於是，這兩位古生物學的進化論者即稱：「黑格爾說，歷史是由否定〔的歷史現象〕螺旋式往上升進；穿刺平衡論則是一種解釋性的模型，旨在說明地質學史上種類的布置，分殊化不連貫的改變過程，以及種類〔求取存活所擺出〕的陣勢〔部署、安置〕」（Gould and Eldredge, 1977: 145）。在此一解釋模型中，這兩位古生物學家屢用「量變轉化為質變律」，以及「新性質是由於〔舊性質〕緩慢的質量累積之變化後，由量變跳躍為質變而成，亦即穩定性的狀態，在抗拒改變失敗後，突然被迫〔急速〕轉型」，量變轉化或躍入質變最常見的案例，莫過於水（液體）燒到100℃時，便會化成蒸氣（氣體）。

艾椎濟在重新贊揚達爾文之時，談進化論的榮歸（凱旋）

　　古爾德與艾椎濟還以「資訊理論」（Information Theory）為例，說明辯證唯物論的量變轉化為質變的律則之可信度和應用性。他們表示：「透過負面回饋平衡狀態之看法，會讓那種穩定的說詞、不變的老套，或可暫獲保持，可是，一旦正面消息不斷的湧入，便會很快推翻既定的看法」。這種量變促成質變的說法，尤其可從孔恩（Thomas Kuhn 1922-1996）所提出典範和典範轉移（paradigm change [shift]）有關科學革命的結講說得到明證。即人們不再堅持科學知識是累積、統一和證成的。典範是指：相同領域的科學家，接受共同的訓練、研究方式、概念結構和共享學術價值而呈現的成績。科學革命表現在學界從一個舊典範跳躍到另一新典範的選擇上，當新、舊典範的不可

共量性（incommensurability）遭跨越之後，新典範即告湧現，科學革命即會發生。這種學說可看作是：辯證唯物論對科學革命的結構的說明暨應用（Kuhn, 1962）。這些學說和主張，無疑在為辯證唯物論提出堅強的學理之辯護。

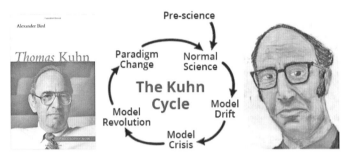

孔恩及其典範和典範轉移是從正常科學發生革命後轉變成新典範之循環

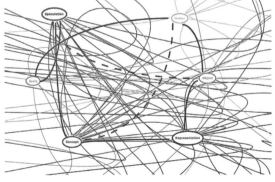

新唯物主義及其藝術表現

辯證唯物主義

歷史唯物主義及其析評

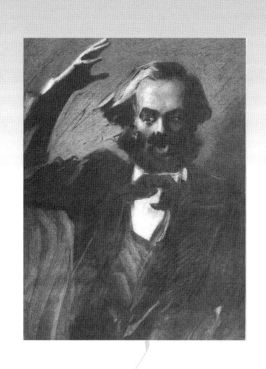

第五章　歷史唯物主義及其析評

一、字源

二、內容

三、引申：從唯心到唯物

三、主旨

四、影響

一、字源

（一）用法

　　此詞是恩格斯在1880年代倡用，馬克思卻終身所不曾使用過的名詞。因為，後者僅使用「物質（唯物）的歷史看法」，亦即通稱的「唯物史觀」（*materialistische Geschichtsauffaßung*）。這是把歷史的變遷，看作社會物質基礎和經濟活動之演進的經驗性社會理論，被恩格斯讚賞爲馬克思兩大學術成就之一（另一爲剩餘價值論）。後來，經普列漢諾夫、考茨基、列寧、布哈林、史達林、托洛茨基、毛澤東等人的鼓吹，歷史唯物主義遂成爲正統與教條馬克思主義的核心，與辯證唯物主義、科學社會主義、政治經濟批判和未來共產主義社會的建立，並列爲馬列主義不可撼動的理論根基。自晚期的恩格斯到史達林統治盛期，辯證唯物論和歷史唯物論常交叉使用。唯一的差別是，前者代表馬、恩的哲學（世界）觀；後者爲兩人，乃至整批馬克思主義者的社會科學觀和歷史觀。

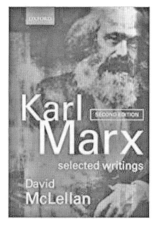

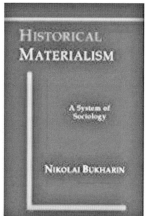

參列蘭的馬克思文選　　　　　歷史唯物主義的不斷討論

　　青年時代的馬、恩崇尙黑格爾的辯證法，認爲它是解釋思想維新、文明進化、自然演變最富啓發性的邏輯方法。不過，受到左翼黑格爾門徒對宗教批評的影響，兩人開始摒棄唯心主義。通過對費爾巴哈的哲學人類學與亞丹·斯密

的政治經濟學（「經濟人」）之認識和省思，馬、恩在《德意志意識形態》
（1845／1846）中，宣稱他們仍舊擁抱黑格爾哲學的菁華之辯證法，而揚棄了
黑氏唯心主義的糟粕。並且結合歷史的辯證發展和人群的經濟活動所造成的
社會變遷之時間過程，由而構建了辯證唯物論和歷史唯物論（洪鎌德，2014：
17-21；2015：261-281）。

（二）出處

　　馬克思在《哲學的貧困》（1845）中指出：「歷史無所爲……〔反而〕是
眞實的、活生生的人在占據，在作戰……；歷史並非利用人當工具來達成其目
的。歷史，無非是人爲達成他的目標而進行的活動」（CW 4: 93）。在《共產
黨宣言》（1848）中，馬、恩宣布：「歷史，不過是分開的世代之連續體。每
一世代利用前代交代承續的資料、資本財等等〔去營造其生存條件〕」（CW
6: 482）。顯然，《共產黨宣言》一書開宗明義，便指出：「至今爲止存在的
社會之歷史，乃是階級鬥爭史」（CW 6: 482）。馬克思在1846年年底致俄國
文學與文化批評家安念可夫的信上寫著：「不管人群有沒有意識到他們個別
發展的歷史，人群的社會關係，都建立在物質關係的基礎上。他們的物質關
係，是一種必然的形式，在此形式中，他們物質的和個人的活動即得以落實」
（MEW 27: 452）。

恩格斯的《反杜林論》（1877-1878）

在《反杜林論》（1877-1878）中，恩格斯說：

唯物史觀開始這種主張：〔維持人存活的〕資料的生產在支持人的生活，次於生產的便是產品的交換。這些〔生產與交換的經濟活動〕是社會結構的基礎。在歷史上每一社會中，社會財富的分配之方式和分裂爲階級或秩序，是仰賴到底生產什麼和怎樣生產，以及怎樣交換產品。從這種觀點出發，所有社會的改變和政治革命最終的原因，是無法在人的頭腦中，而是在生產方式和交換方式中〔發現的〕。它們無法從每個年代的哲學裡，反而是在經濟學中找出來的。（*CW* 25: 254）

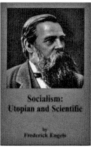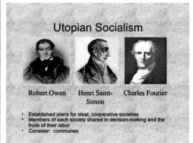

恩格斯的著作《社會主義：空想的與科學的》（1892）

恩格斯在1892年爲他的著作《社會主義：空想的與科學的》寫了〈導言〉，提及：歷史唯物論係描述「歷史過程的看法，指出重大歷史事件的最終原因和最大動力，必須在社會的經濟發展裡尋找、〔進一步〕在生產方式和交易方式〔中尋找〕、在社會分工〔分裂〕爲階級〔中尋找〕、在這些階級相互鬥爭〔中尋找〕」（*CW* 24: 304-305）。

雖然恩格斯把歷史唯物論歸功於馬克思早年的創思，但馬克思卻認爲：這一歷史觀，也是恩格斯同一時間獨立發現的。這個時間點，係兩人合作撰寫批判黑格爾左翼（青年）門徒的長稿《德意志意識形態》的1845至1846年；亦即在巴黎當局發出驅逐令，兩人隨即移居比利時京城的那段共同檢討時局和批判思想界的混亂的歲月。

馬克思與恩格斯合寫的《德意志意識形態》（1845／1846）及其筆跡

二、內容

（一）淵源

1. 馬克思受黑格爾史觀的影響

　　青年時代的馬克思，是一位熱衷黑格爾哲學的左翼門徒，只是，其對歷史的看法最重要之源泉，莫過於黑格爾的歷史哲學。首先，黑格爾對歷史的發展，係持不斷進步說與自由擴大說。這是受到十八世紀的歐洲，特別是英、法啓蒙運動文明進展觀的影響。固然黑格爾強調精神在時間歷程中不斷的提升，但馬克思卻強調科技、經濟等物質生活水平的抬高。尤其是，生產力與日俱增，會造成生產方式的持續改變，而迫使社會的典章制度邁向完善之境；其次，歷史的發展必有軌跡可尋，無論是黑格爾所言，人由知覺發展爲知性、爲意識、爲精神，再由主觀精神變成客觀精神，最終抵達絕對精神的臻境，還是馬克思力稱的，早期從原始公社，而後分別進入奴隸社會、封建社會和資本主義社會，在在透露歷史變遷的軌跡。從而，爲未來人類往前發展指出了方向與途徑；其三，驅使歷史的嬗遞變遷的動力，來自歷史本身的矛盾。爲了消除矛盾，一個「正」面的現象會轉化成其對立面的「反」向，再透過否定的否定，而揚升到綜合「正」與「反」的「合」之境界。這是黑格爾著名的辯證法。馬克思也運用德國觀念論者（特別是黑格爾）的辯證法，以說明經濟和科技發展過程，以及社會分工（階級）的內在矛盾。尤其是，階級的對立、敵峙與鬥

爭，是造成歷史演變的動力。換句話說，馬克思係把黑格爾哲學菁華的辯證法「倒正」過來、並把唯心主義的辯證法更正爲唯物主義的辯證法；其四，歷史的變動內含理性和目的性，歷史是依循理性的指引亦步亦趨走上完美的終境，是人類爭取和獲得自由與解放的紀錄（洪鎌德，2007：345-422；2016：第六章）。

馬克思站在黑格爾的頭上耍寶

2. 歷史創造與「前史」

在《路易・波拿帕霧月十八日》（1852）一書的開頭，馬克思即說：「人群創造他們本身的歷史，並不按照他們所喜愛來創造，既不在他們自己選擇的情況下，而是在他們直接遭逢、接受，或承繼過去下來的狀況裡去創造歷史」（*CW* 11: 103）。可以說，至今爲止的人類史，並不令他們喜歡，反而常違背他們的心意。人類史誠然不是人群運用理智、評估其利害得失的作品。因之，一部人類史，並非一部符合人性發展的紀錄，倒更像是自然變遷史，在這裡作爲活動主角的人類消失了，馬克思遂稱它爲爲「前史」（*Vorgeschichte*）。依他的看法，當今勞動階級之對抗資產階級的普勞革命（*proletarishe Revolution; proletarian revolution*），是人類結束「前史」，而準備撰寫「正史」的開始（*SW* 1: 504）。

《路易‧波拿帕霧月十八日》（1852）

3. 唯物史觀的理念來源

　　恩格斯認為，馬克思的唯物史觀是由歐洲最熱門的三個理念或學術思潮所形塑的。即：德國的觀念論（哲學）、法國的社會主義（社會學）和英國的政治經濟學說（經濟學）。德國觀念論的肇始者康德（Immanuel Kant 1724-1804）主張建立一個自由、公平的社會，以及永久和平的世界；費希特（Johann G. Fichte 1762-1814）視歷史為理性的發展史、謝林（Friedrich W. J. Schelling 1775-1854）主張理念與實在的同一以及自然與精神同一的哲學、黑格爾認為整部人類史為精神由初階，經由中階上升到高階的辯證式升進的過程，它也是擁有精神的人類之自由增大的歷史；法國空想的社會主義者，從聖西門（Claude H. Saint-Simon 1760-1825）到傅立葉（Charles Fourier 1772-1837）都鼓吹人群的平等和廢除私產的必要、孔德（Auguste Comte 1798-1858）還以人類經歷神學、哲學和科學的思想焠煉去擁抱實證主義，並且認為，只有通過實證主義的方式，即科學的方法，才能研究和理解複雜的社會現象；英國有亞丹‧斯密討論各國財富漸增的原因及其性質，他還為民間社會對抗政治國家發聲。他相信：市場一隻看不見的手（供需律）的操縱，可使每個人追求其自利，從而使大眾均蒙福利、李嘉圖（David Ricardo 1772-1823）的價值理論，後來即成為馬克思之資產階級剝削普勞階級說法的張本，也造成後者宣稱「至今為止的人類社會之歷史，乃為階級鬥爭史」之出處。由是可知，馬、恩的歷史唯物論，是擷取當年歐洲最強盛之國家（德、法、英）所表現的三種「顯學」的結晶。

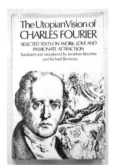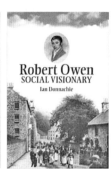

聖西門、傅立葉、歐文，法國與英國三大社會主義的空想者

三、引申：從唯心到唯物

（一）費爾巴哈的人類學

　　正統的與教條的馬克思主義者，經常混用辯證唯物論和歷史唯物論這兩者，不過，其最初的狀況卻是馬、恩企圖擺脫黑格爾的唯心主義，離開德國經典的觀念論，改而研討英國的政治經濟學和達爾文的進化論，還想進一步擁抱法國素樸的物質主義和烏托邦的社會主義所建構的新世界觀。這個影響馬、恩從黑格爾的唯心主義跳躍到唯物主義的關鍵人物，乃是費爾巴哈。費爾巴哈在《基督教的本質》（1841）一書中，便把唯物主義放在「皇座」上，以取代黑格爾的絕對精神。「自然獨存於所有哲學之外，這是我們人類……本身就是自然的產品……成長的基礎。除了自然和人類，別無更多的事物之存在。宗教幻想所創造的更崇高之物，只是我們本質幻想的反射。狂熱魔咒已被打碎，〔黑格爾的〕『體系』也被爆破而遭棄置……〔對費氏學說之〕狂熱是一種普遍現象，我們所有人〔青年黑格爾門徒〕一時之間都變成費爾巴哈的門生」（*SW* 3: 344），這是恩格斯青年時代的思想告白。

費爾巴哈促成馬克思轉向物質主義　　　　　《基督教的本質》（1841）

　　其實，馬克思在早年便指出：「只有費爾巴哈能欣賞和批判黑格爾，也就是從黑格爾的觀點來作發揮，把形上學的絕對精神，化約成『眞實的人，係站在自然的基礎』之上。費爾巴哈把宗教的批判發揮到最高點，同時，還高明地劃清對黑格爾體系之批判與任何其他形上學〔的批判〕之界線」（*CW* 4: 139）。進一步說，費爾巴哈認爲黑格爾的哲學是把宗教當成人自我神化和造成自我異化的現象。因之，他遂把黑格爾主義加以自然化，把精神轉化爲活生生的物質的人類，眞實的人即是一個異化的宗教人。他的眞實的物質世界，充滿異化人類的種屬、類屬特質（*Gattungswesen*; species being）。費爾巴哈的哲學人類學，主要在指出：人是神的異化，神是人的異化。神明是人類因欠缺完整性、完美性而幻想出的替代物，神性在其現實中，乃是人性。是故，費爾巴哈說：「歷史必要的轉捩點，乃是這個單純的懺悔和承認，即承認上帝的本質無非是人類的意識」（Feuerbach, 1959 IV: 325）。換言之，作爲種類動物的人是社群動物，是能夠改變世界，並擁有整個地球的普遍性動物；人也是擁有無限自由的動物。歷史是人創造的，而非精神或神明賜予的。這種以人爲主體去改變社會和創造歷史的說法，深深打動馬克思和恩格斯。是故，費爾巴哈的哲學人類學，即促成馬、恩離棄黑格爾的觀念論，形塑他倆人的唯物史觀與歷史唯物論（洪鎌德，2010：132-144）。

並非神創造人，而是人創造神　　　　　　「人依其形象創造了神」

（二）馬、恩批判費爾巴哈的學說

　　早期的馬、恩效法費爾巴哈之對基督教的批判，且把世界展演的目標重新界定，即視歷史爲人類生成發展史，歷史的終境爲人的解放，也是人本主義的落實，而人最終的目標，就在自我實現（這點，也是黑格爾的主張，只是他企圖把人轉化爲神）。可是，當前的人類卻仍受迷信、愚昧與宗教的束縛，還活在宗教幻想中，期待來生的救贖新生，因而能忍受現世的不公不義。人的自我實現，不只導因於宗教的異化，也是深陷於政治、社會、經濟、意識等的異化而不自知之故，由此可知，馬、恩肯定費氏對宗教異化的揭示，但不滿他無視於現世中其他的異化。馬克思曾批評費爾巴哈有關人的概念，乃太抽象、太含糊，未曾把人具體化，爲了解決人的自我異化，後者只要求人反躬自省，卻忘記提醒人群當轉身向外，去對抗不合理、不人道的生活情境與典章制度。馬克思在批判費爾巴哈的十一條提綱的第四條中指出：

> 費爾巴哈從宗教的自我異化之事實出發，將世界變成雙重性的宗教世界與現實世界。可是，事實上，現世的基礎之所以會上升，甚至高舉到雲端而建立一個獨立的王國〔天堂〕，其唯一的原因爲：它本身的不和與傾軋〔亦即其內在矛盾〕。它〔現世〕必須在其矛盾中被理解，而在實踐中被革命……人們必然在理論和實踐中摧毀它〔現世〕。（*CW* 5: 4）。

換言之，馬克思認爲人在「實踐」，即採取革命行動中，才能改變世界，改造社會，並創造歷史。

馬克思論費爾巴哈十一條提綱成爲
左派學誌之名稱

恩格斯評費爾巴哈

（三）人、人性、社會和歷史

　　馬、恩的史觀，跟他們對人的看法、人性論、社會觀有密切的關聯。深受黑格爾影響的馬克思，即視人爲「勞動之動物」（*animal laborans*）。因爲，在進行生產勞動時，人不只維持本身的存活，還促成種族、種類的綿延，這是費爾巴哈所說人是種類之物的原意。馬氏又服膺亞理士多德的言論：「人是住在城邦的動物」（ζῷον πολιτικόν）。因而，引申人是政治、社會、社群的動物。馬克思的談話和著作中，一涉及人或人群，總會提到「勞動」、「生產」、「異化」、「社群本質」、「需要」、「能力」等詞彙。因之，法國哲學家薄提傑利（Emile Bottigelli 1910-1975）說：「馬克思從黑格爾那裡得到人在歷史中演化的概念，從費爾巴哈那裡獲取唯物主義、具體的人和『人本主義就是自然主義』等概念。可是他並未揉合兩位前輩的說法，而有他特定的看法。他是以其原創性的方法，貫穿和篩選這些〔有關人與人性的〕說法，而且還使用他們的語言和詞彙」（Bottigelli, 1962: lxix）。

中年的馬克思　　　　　位於上海公園內的馬、恩石雕

　　的確，馬克思曾說：「歷史本身是自然史的一部分，是有關自然變成人的過程」（*MEW* 40: 544; *CW* 3: 303-304）。我們要問：人是怎樣從自然人變成文明人？莫非人開物成務、利用厚生，藉由勞動與生產，而把無機的自然轉化為有機的社會？是故，他接著表示：「對信仰社會主義的人而言，所謂整部的世界歷史，莫非是透過人的勞動而創造的歷史，也不過是自然生成為人類的演變。人終於擁有可資目擊與確證，即透過他本身而生成的紀錄，這就是他崛起的過程（*Entstehungsprozess*）之紀錄」（*MEW* 40: 545; *CW* 3: 305）。此外，馬克思視近世文明發展史，為一部實業史，是一部展示人「本質能力」（*Wesenskräfte*）的公開書，也是一部人可感受的存在的心理學著作（*CW* 3: 302）。論述實業對人類帶來的外在功利，以及內心創傷的實況。我們還可引申：歷史是人開天闢地、營造社會、發展自身的能力，以及求取滿足之需要與能力辯證互動的過程暨其紀錄。

　　對馬克思而言，人之所以成為人的歷史過程，是透過人的逆反、否定、異化，經由痛苦錘鍊的歷程而回歸到人的本質。換言之，在歷史過程中，人的本質與存在由早期的合一，變成其後的分開，再展望未來的合一。這就是由沒有分辨的統一，發展到分辨的分開（不統一），最終又有分辨的統一之生成演變，亦即歷史辯證發展的過程。要之，馬克思對社會採取批判的暨歷史的（*kritisch-historische*）看法，對歷史則持經濟活動和階級衝突的唯物主義之觀點，把這兩者合而為一，便可得到「社會是人群行為的產品」，且受歷史的制約（*MEW* 27: 452），以及「人類的社會史，好像是個人發展的結果，不管個人對此有否意識」（*ibid.*, 453）。這樣的結論是：人的社會史，是存在於物質的關係上，在此關係上，人群生產了他們維持生命所必需的用品，以及繁衍

子孫的傳宗接代之工作。在生產活動中，人發揮其聰明才智，而且也抬高生產力，即爲「人類的歷史，乃是人的生產力及生產關係的成長〔史〕」（ibid., 452），一旦生產力不再受現存生產關係的束縛，就必然衝破既定的生產關係，從而爆發社會革命；這也是階級鬥爭的結果。

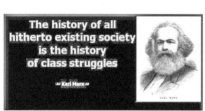 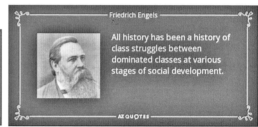

馬克思和恩格斯強調人類至今爲止的歷史都是階級鬥爭史

　　經濟活動也好，社會對立或階級鬥爭也好，都可稱作爲社會實踐（soziale Praxis）。歷史既有其實踐面、現實面，也有其理論面、學術面。理論爲經驗科學的社會發展律則，學術面則借重政治經濟學和歷史科學的原理、原則，再將之應用到現實的解釋上。馬克思把新興科學的發展趨勢整合在一起，也就是，分析其歷史科學中所包含的經濟、社會、政治、文化面向與功能，接著，先使理論架構、方法論、認知論和本體論獲得一致，再把理論與實踐合一，俾使唯物史觀能宏觀地指引馬、恩對資本主義社會的批判，爲共產主義社會的降臨鋪路（Küttler, 2001: 30-434）。

從馬克思到盧卡奇都強調社會實踐，歷史是人藉著實踐、活動所創造的

　　對馬克思而言，人之所以成爲人的過程，在於通過逆反、否定、異化和異化的克服，即經由痛苦的錘鍊歷程，而重返人的本質……人性復歸。換言之，在歷史過程中，人的本質與存在是由太古的合一，變成中古與近時的分離，最終，再回到未來的重新統一。只有當未來共產主義社會降臨後，人類「本質與存在的矛盾、客體化與自我確認的矛盾、自由與必然的矛盾、個人與種類的矛盾，才可以解開；屆時，歷史之謎，也才能獲得破解」（CW 3: 296-297；洪鎌德，2014：18）。

哲學的共產主義之出現是早期，亦即青年馬克思的創思

三、主旨

（一）唯物史觀所涉及的人類經濟活動

　　除了青年時代的馬克思和恩格斯分別在《德意志意識形態》（1845-1846）和《神聖家族》（1845）兩書中，表述他們對唯物史觀的看法之外，一般而言，馬克思對此史觀最言簡意賅的解釋，莫過於他在《政治經濟學批判》（1859）的〈序言〉中的一段話。他首先指出，黑格爾《法哲學大綱〔原理〕》最受批判之處爲法律關係和國家形式，既無法從它們本身來作批判，也無法從人心的發展來解釋，因爲，法政的根基在於人群生活的物質條件，也就是黑格爾所說的市民（民間）社會。但要解析市民社會，就要靠政治經濟學，因之，在學習過程中，馬克思終於找到貫穿他研究的主軸，這就是他的唯物史觀。他說：

在人群生活的社會生產裡，人群進入特定的〔生產〕關係，這是他們
的意志無法達到，而又不受意志牽制〔不以人的意志而轉移〕的關
係。這種生產關係，與物質生產力一定階段的發展相搭配。這些生產
關係的總和，構成社會的經濟基礎。這就是真實的基礎，其上矗立著
法律和政治的上層建築，以及與此相搭配的社會意識之形式。物質生
活的生產方式，制約一般社會的、政治的和知識的生產過程。並非人
群的意識決定他們的存有，剛好相反，他們的社會存有決定了他們的
意識。（*SW* 1: 504；洪鎌德，1997：206）

《政治經濟學批判》的〈序言〉

黑格爾《法哲學大綱〔原理〕》　　　市民（民間）社會

在這裡，馬克思強調由社會存有決定意識，而非意識決定存有。這就表
示：物質制約精神，而非理念、精神制約物質。從此，他告別黑格爾的唯心主
義，而走上唯物主義的道路。接著他說：

在發展的某一階段上，社會的物質生產力與現存的、而又彼此協作的
生產關係——生產關係的法律表述為財產關係發生衝突。就生產力發
展的形式來說，這些現存的生產關係，變成〔阻礙發展的〕桎梏，
〔為了破除桎梏〕於是，社會革命爆發的時刻到來。（*ibid.*）

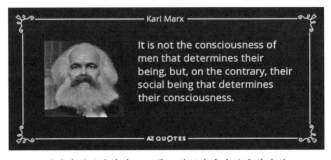

並非意識決定存有，而是人的社會存有決定其意識

這段話指出：作為物質性經濟活動之核心的生產力，由於快速的激增，終於衝破現存生產關係的束縛，進一步改變了經濟基礎與生產條件。馬克思又表示：

> 隨著經濟基礎的變動，整個上層建築或多或少地快速變動。在考慮這一變動之時，應該分辨生產的經濟條件之改變與法律、政治、宗教、美學或哲學，一言以蔽之，意識形態之變動……我們不能以這一時期意識的改變，來判斷這個時期〔整個社會的〕改變；相反地，這一意識〔形態的上層建築〕的改變，只有從物質生活的矛盾，從生產力與生產關係之衝突中來作〔解釋與〕判斷。在所有生產力還有空間可資發展之前，社會秩序是不會毀滅的。生產關係的存在之物質條件，在舊社會的子宮中尚未懷胎成熟之前，嶄新的、更高的生產關係無從出現……粗略地加以分劃，可得：亞細亞、古代、封建與現代資產階級的生產方式，這些是社會的經濟形構進展的時期。（*SW* 1: 504；洪鎌德，1997：206-207）

從以上冗長的引言，可知馬克思對社會持有兩層樓的「建築學上的譬喻」（architectonic metaphor），與把社會當成兩層樓的建築物來看待。在人的物質生活之安排下，下層建築乃為經濟基礎，即是各個時代、各個地方為求生存與繁衍，於每個民族、族群所展開的物質活動、求生活動、經濟活動，這些林林總總的活動，一言以蔽之，就是指涉其生產方式。生產方式不但涉及生存所需的貨物和勞務的生產，也涉及生產出的成品的交換和消費。生產方式包括了：生產力（勞力、土地、資本、技術、經營和管理本事、創意、研發等），以及生產關係（擁有或不擁有生產力，跟生產資料者不對等的關係）；在生產方式的經濟基礎上，矗立了社會的意識形態之上層建築，亦即典章制度（家庭、教育、職業、法律、政治、國家、宗教、藝術、文化等）。

上層建築與經濟基礎

　　以社會結構來觀察至今爲止的社會，基本上，也可以分成上下垂直不平等的兩個階級：有產階級（在資本主義盛行下的今天，稱作資產階級）和無產（普勞）階級。馬、恩認爲，人的物質生活，制約或決定人的精神生活，換言之，經濟基礎決定意識形態的上層建築。在用水力和獸力作爲生產工具的時代，人們發現他們是處身在封建制度之下；反之，使用蒸汽機作爲動力的時代，人們便處在工商發達的資本主義社會裡。生產力因科技的發展突破現存的生產關係，連帶改變了生產方式的新變化，基礎一旦動搖，上層建築便會跟著變化。在時間長流中，社會形式不斷在改變，這就構成歷史的嬗遞。歷史唯物論者就根據歐洲（加上古埃及和古希臘）兩千年來生產方式的變遷，大略區分出：亞細亞、原始公社、古希臘羅馬的奴隸制、中古歐洲的封建制，以及現代的資本主義制度五種生產方式所產生的五種社會面貌。

　　生產方式的兩大要素中，生產力比較容易理解，而生產關係因牽涉到對私產的法律保障，已不單純構成經濟基礎的一環，而與上層建築的典章制度糾葛在一起。爲此，馬克思指出生產關係含有兩層的指涉：其一，爲在生產過程上，人與物、人與人，以及人群在實際生產過程的磨合中，因而出現的技術關係；其二，爲對生產資料、生產力（包括法律上明定的所有權）的經濟控制之關係。一者是物質生產的技術關係，另一爲社會兼經濟的法政關係，這兩者常受到以往政經學者混爲一談，而遭致馬克思的批評。經濟結構之所以有分歧和不同，大部分是該社會主導性的社會兼經濟的法政關係，在操縱、指使、形塑。生產力的擴張，制約和決定了生產方式與關係，這是因爲人群對其得來不易的成果和掌握的勝利，不想輕易放棄。

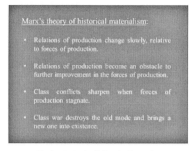

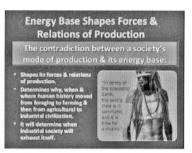

馬克思歷史唯物論的理論　　　一個社會的生產方式與其能量之矛盾

　　為了保存文明進步的成果，人群不得不改變生產的方式，也就是改變其物質／技術面的生產關係，或是經濟／法政面的關係，或者兩方面都作改變，目的在使生產關係能配合不斷擴張的生產力，而便利生活的進步和發展。這樣，經濟結構有了新的變化，經濟結構的改變，遂可帶動上層建築的法律和政治的重新形塑。生產力並非直接更動社會界，而是透過社會／法政的制度之更迭，顯示整個社會經濟的形塑體（社會體系）在歷史上所呈現的不同形貌。換言之，在廣表的概觀上，社會的社經演進的主要樣式，乃是受到社會生產力的決定，有些馬克思主義者不認為對生產力應大加強調，因為如此會導致輕視生產關係。其實，馬、恩在晚年一再強調生產力和生產關係彼此有辯證互動的關係。經濟結構直接影響法政結構，卻間接影響文化、宗教、藝術、意識層界。是故，上層建築不可視為經濟基礎的附屬現象（epi-phenomenon），上層建築僅在組織和穩定社會。急速擴展的生產力所帶來的新典章制度，可讓社會整體來接受與適應，亦即促使社會在穩定中有所演進（Shaw,1991: 235-237）。

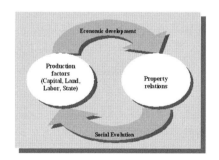

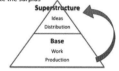

生產力與財產關係存有辯證關係　　　社會生產的多餘財富決定人群如何加以分配

（二）生產方式不以人的主觀想法而發生演變

為了更易於掌握與理解馬克思和恩格斯的歷史唯物主義，有必要再援引馬氏在前揭書〈序言〉中的另一段話；他說：

> 事實是這樣的：從事特定方式的特定個人，進入特定的社會關係和政治關係中。經驗性的觀察必須在每一個案裡，將社會的關聯與政治的關聯用經驗性的方法連結在生產上。亦即：把這種連繫不加神秘化，或空思冥想地表露無遺。社會的結構與國家，是由一群特定的個人之生命歷程交織而成。但這群個人們既不出現在他們的想像裡，也不出現在別人的想像裡，而是他們真正地在特定的物質限制、物質前提、物質條件之下從事活動。再說，這些物質的限制、前提、條件，是不受人們的喜、怒、愛、憎所左右，它們獨立於人的意志之外。（*SW* 1: 504）

人的想法、思維、意念，一言以蔽之即人的意識與意識形態，以及其產品的典章制度，乃構成社會的上層建築。這個上層建築並非獨立自足，而是受到社會下層建築的物質基礎所制約、決定。因之，1859年的〈序言〉提到物質基礎的變動，會引發上層建築的變化，因為，「不是意識決定存有，而是存有決定意識」；下層的經濟基礎之生產方式，是由生產力（勞力、資本、土地、技術等）和生產關係（為了進行生產，便有雇主與工人、資本家與資本家、工人與工人的社會關係，以及擁有私產和不擁有私產的財產關係）合組而成。歷史上有各種不同的生產方式，包括：太古時期的亞細亞、古代的原始公社、古希臘羅馬時代的奴隸制度、中古時代的封建主義和當今資本主義的生產方式等，從而產生了社會形態不同時期之蛻變。不過，馬克思對西洋經濟史粗略的分期，並不意味每個國家都會經歷同樣的歷程；這是由於每個國家所處的每個時期，乃有其特殊的經濟狀況和社會階級的分殊。因此，唯物史觀的重心在描述生產的真實過程，其出發點為生命本身的物質生產，這種史觀企圖瞭解生產方式和交易方式，蓋交易方式是由於生產方式所創造、衍生出者。

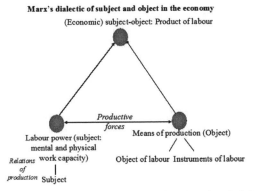

主體（勞動力）和客體（生產資料）之間構成的經濟，存有辯證關係

　　總之，馬克思所謂的物質、唯物，是指那獨立於人的心志之外，不受人主觀的願望所左右的客觀事實。他特別指涉：人為了生存與繁衍而進行的經濟活動，包括：生產、流通、交換、消費，這些是經濟活動，同時，也是物質生產的活動。生產，不只是人與自然的關係（開物成務、利用厚生），也是人與人的關係（生產是人群集體合作和競爭的關係，包括生產物之分配、所得之分配、財產的處置、階級的消長、政治權力的轉移等政治與社會關係）。這些人群的活動，稱為社會實踐（*soziale Praxis*），也是物質活動的表現。此外，馬克思還把物質當成「概念形成必要的性質」（*CW* 1: 15），也就是獨立於人的心靈、想像、感知、理念之外的對象和性質，他甚至把普勞的革命實踐，當做物質力量來看待。

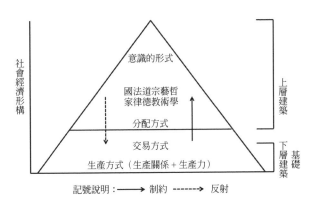

社會是由意識形態的上層建築，矗立在物質的經濟基礎上之兩層樓式的人群組織、基礎制約上層（馬克思「建築學的譬喻」）
資料來源：洪鎌德，1997：187；2014：312。

以上，牽涉到社會的經濟結構和科技（生產力）的發展，因而造成歷史的變動。以下，則談社會分裂爲對立、敵峙、鬥爭的兩大陣營、兩大階級，以及階級社會內部衝突所引發的歷史變遷。就社會結構來觀察，至今爲止的社會，基本上，也可以分成上下垂直不平等的兩個階級：有產階級（在資本主義盛行下的今天，稱作資產階級）和無產（普勞）階級。亦即，在描繪階級對立與鬥爭的實況下，鋪述至今爲止的西洋歷史。換句話說，這種階級鬥爭的史觀之目的，在於解釋社會在歷史過程中演變出種種相續階段及其進化的形態（洪鎌德，1997：185-186）。

（三）階級的對立和階級鬥爭

歷史唯物論除了牽涉人類生活所不可或缺的物質活動，即人群的經濟活動之外，也涉及人群爲了生產而進行的社會分工，把社會劃分爲勞心與勞力兩階級，也同時衍生統治與從屬兩階級，從而，社會的變遷，在時間長流上變成了歷史的嬗遞。對馬、恩而言，歷史乃是社會分裂爲兩大敵對階級的鬥爭之發展史。這表示：由於社會分工（勞心與勞力之區分；直接生產者與享受生產者之成果的有產者）與私產的存在（生產資料的擁有與否；法律對私產之保障），造成了社會階級的出現，而社會階級的分裂、對立、敵峙、衝突，促成了歷史的變遷與發展。

在西洋的歷史上，曾出現奴隸與主人所形成的兩大階級之抗爭，封建社會中也出現地主與農奴階級的對抗。自工業革命爆發後所形成的資本主義社會，這一社會又分裂爲兩大陣營：人數最多的普勞階級，以及人數少卻擁有私產而享受工人勞力成果的布爾喬亞（資產階級）。普勞階級與資產階級的對抗和鬥爭，會導致資本主義最終的崩潰。在過渡到社會主義的社會之初期，階級界線逐漸泯沒，但少數掌權的幹部與多數無權無勢的群眾，仍把社會一分爲二。只有全世界的普勞大革命成功後，人類才能進入無階級、無剝削和無異化的共產主義社會，屆時，人才能自動和主動創造歷史，撰寫歷史，人類從史前躍入自創歷史、自寫歷史的時期。

馬克思的社會觀

· 社會是一個上下有別、尊卑統屬的階級社會形構

· （a hierarchical class social formation）

有（資）產階級

無產（普勞）階級

布爾喬亞與普勞階級

資本家與工人階級的對立

馬克思的社會觀

· 社會是歷史辯證發展的產物

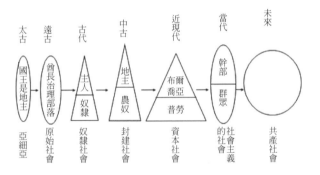

歷史是階級鬥爭史：之前的歷史，馬克思稱之為「前史」；一旦進入共產社會，階級鬥爭即會消失，人類便能掌握與創造真正的歷史（洪鎌德，2014：312）。

　　除了亞細亞社會之外，歐洲社會史由遠古原始公社，發展為古代奴隸社會，再經中古封建主義的社會，變成近現代的資本主義社會。其中，原始公社沒有階級的對立，故出現橢圓形社會狀況；奴隸、封建和資本社會，都呈現金字塔型上下垂直不平等的階級社會；目前，某些社會主義的社會講究階級對立的消除，因之，由三角型趨向橢圓型；只有未來共產主義落實的社會，不再有階級對立和鬥爭，故社會型態即呈正圓形，這與遠古原始橢圓形接近，顯示歷史由開始至結束的循環演變。

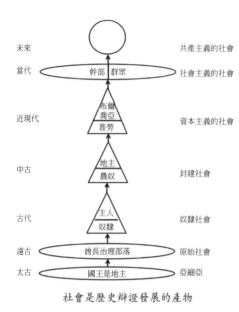

未來	共產主義的社會
當代　幹部｜群眾	社會主義的社會
近現代　布爾喬亞　普勞	資本主義的社會
中古　地主　農奴	封建社會
古代　主人　奴隸	奴隸社會
遠古　酋長治理部落	原始社會
太古　國王是地主	亞細亞

社會是歷史辯證發展的產物　　　　　歷史發展的軌跡

（四）摘要

　　歷史唯物論也可解釋爲：1.社會的進展，是受到社會可支配的資源（資本、勞力、科技、管理等生產資料）的驅使；2.人群無可避免地捲入生產關係（經濟兼社會的關係、組織、制度）內，它是人群生存與發展決定性的社會條件；3.隨著生產力的向前邁進，生產關係也水漲船高逐步變化；4.不只生產力制約生產關係，很多時候，生產關係也會制約或影響生產力的發展，生產力與生產關係是處在經常辯證的互動中；5.在人類策略性的思考和意願下，生產力和生產關係也可各自獨立地平行發展，這是兩者和平相處的時期。生產力一旦急速發展，終而衝破生產關係的束縛時，它就造成經濟基礎的動搖和改變；接著會影響上層建築的穩定，此際也是階級衝突白熱化之時；6.上層建築（包括典章制度和文化習俗），是矗立在物質和經濟基礎的生產方式上，但受後者的制約；7.上層建築之最具權力、勢力的就是國家，這是有產（當前稱爲資產）階級的統治工具；統治階級的想法變成全社會的意識形態，也是藉統治把剝削性、壓榨性的生產關係，硬加在社會廣大的人群之身上。即把這種關係合理化、正當化、法制化；8.國家權力只有在社會動亂、人民反抗，或暴力

革命中，會由一階級交給另一階級；革命之產生，除了階級鬥爭的激烈化之外，也是由於前述生產力衝破生產關係而導致的生產方式之驟變。生產方式的改變，自會撼動上層建築的穩定，最終促成政權的更替；9.向來的歷史，便是一個階級推翻另一個階級的階級鬥爭史；10.實際的人類社會發展之過程，並非命定的、事先計畫的，反之，其發展過程，係依賴階級鬥爭，特別是近現代普勞（無產、勞工、工人）階級革命意識的喚醒和革命行動的展開（洪鎌德，2015：261-281）。

歷史變遷的軌跡是從少數人控制走向多數人自決，人爭取解放與自由的奮鬥歷程，亦即敵對的階級之鬥爭史

四、影響

（一）批判

1. 經濟決定論

以經濟來解釋政治和社會，可以遠溯到亞理士多德。不過，馬、恩卻以經驗性的「科學」理論來發展他們的歷史與辯證唯物論，又以歐洲中心主義的立場，分析西方數千年的歷史，將之分成：原始公社、奴隸時期、封建主義和

資本主義前後相續的不同社會形態。這些社會形態的不同、相續與轉變，完全取決於各社會的經濟結構之生產方式。這種看法，被批評爲「經濟決定論」（economic determinism）。至於其把歷史的嬗遞當成機械化的變動，或有機體發展的律則在發揮作用，而導致人們誤解歷史變化，有軌跡、規律可尋，是柏波爾抨擊爲「唯史主義」（historicism，歷史規律說、歷史趨勢論）的原因。這種整理與尋找過去歷史規則、規律，再把它們投射到未來而預言資本主義崩潰後，就是共產社會的降臨，此正是馬、恩歷史唯物論、史觀貧困，甚至不符合科學之處（Popper, 1957）。

　　此外，歷史唯物論比較引發爭論的是：生產力除了包括生產資料，特別是勞動力（勞力與勞心）之外，人的心智、創意、管理和經營的本事，以及科技的研發，難道不屬於上層建築的一部分？怎會給歸類爲下層建築的經濟基礎，或稱生產方式呢？再說，很多學者認爲：生產關係對生產力的發展之動力與方向，可起有很大的作用，像資本主義制度下的生產關係，儘管存有剝削的關係，它卻能把生產力推向歷史的高峰，這是馬克思所承認的。不過，這種質疑並不違逆馬克思的唯物史觀，因爲，他表示，就是這種的生產關係，才能促成生產力的擴展。但是，他卻強調：最終還是生產力的發展，會比生產關係的發展快一步，以致現存生產係跟不上生產力的腳步，而變成了阻礙前進的絆腳石，如此一來，社會革命遲早會爆發，並造成生產關係的調整。

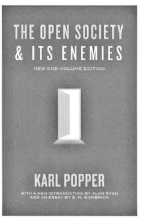

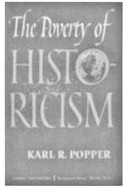

柏波爾　　　　　《公開的社會及其敵人》　　　《唯史主義的貧瘠》

　　總之，馬克思賦予生產力一個「解釋上的優先」（explanatory primacy）。
社會形構的轉變，不以生產關係的變化來解釋，而取決於生產力的科技進展。
依馬氏的說詞，經濟結構對政治和社會結構的決定與影響是直接的，對社會意
識諸種形式的影響，則是間接的。一個時代中主要的、支配的觀念，爲統治者
的觀念或看法。而法律不過是對現存社會秩序的確認、辯護與正當化。法律只
爲了避免陷於投機取巧和受到個人私心的濫用，取得表面上的獨立，其實，法
律的設立，只爲現存的經濟結構，特別是，生產關係僅提供服務而已，它無單
獨存在、自立自爲的可能。哈伯瑪斯認爲：歷史唯物論需要修正，因爲，其雖
在強調人的勞動在歷史上扮演了重要角色，但人群的互動和溝通對社會與歷史
的演變之作用，更爲明顯，且極爲重要（Habermas, 1979）。

哈伯瑪斯及其著作《歷史唯物主義的重建》（中國譯爲《重建歷史唯物主義》）

2. 階級與階級論

　　撇開經濟因素之外，馬、恩把至今爲止歐洲的歷史，看作是階級對立和階
級鬥爭的歷史，將歷史牽扯到階級鬥爭，可說是他們二人的特殊見解。一般人
多視歷史爲：朝代更換史、宮廷鬥爭史、國族興亡史，或偉人與梟雄的傳記。
可是，馬、恩卻把階級分裂、對立、敵峙、對抗和鬥爭，當成歷史的內容和縮
影。他們兩人並未對階級的出現作出詳盡的說明，他們只簡單指出階級成形於
社會分工與私產法制化的保障。當然，把擁有與不擁有生產資料（私產）當成
生產關係中有（資）產階級和無產階級分劃的標準，從而呈現兩階級的矛盾與
對立，無不是以經濟利益爲第一考量。不過，除了經濟利益之外，階級的地位
卻是階級成員的世界觀之意識的特徵。

在《路易・波拿帕霧月十八日》（1852）一書中，馬克思在討論法國不同的社會階級時，則指出：在社經地位的基礎上矗立了「由分開的和特殊形成的心緒、幻想、思想模式與生活方式所造成的整個上層建築……當百萬的家庭生活在存活的經濟條件下，自行形成有異於其他階級的生活樣態、〔形塑〕他們不同的利益和不同的文化，並將這些分開的因素拿來與其他階級相對立時，他們便形成了階級。〔反之〕當小農們只有地方的連繫，他們利益的一體性無法產生共同體的社群，無法產生全國性的結合，且無法產生政治的組織時，他們則不在形成階級」（*CW* 11: 187）。由此可知，馬克思心目中的階級，不僅爲經濟利益所形塑的自在階級（*Klasse an sich*），也包括了：階級感受、意識、情緒、想法、參與政治活動、組織政黨、起義造反、發動革命等。因而，就會從自在階級蛻變爲自爲階級（*Klasse für sich*）。只是，後者要發展爲工人階級以對抗資產階級，即進行階級鬥爭，還需經過教育、啓蒙、訓練與團結的冗長過程。這也說明馬、恩賦予普勞階級過於沉重的開創歷史之使命（洪鎌德，2014：132-134）。

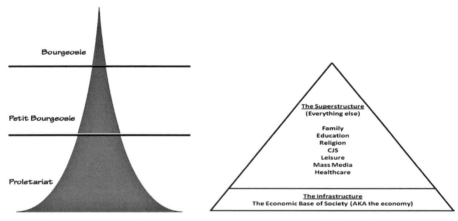

馬克思主張有在己（客觀）與爲己（主觀）所形成的階級，配合上下層建築

不過，近年間，西方思想界和學術界對馬、恩以經濟利益突顯階級的不同，甚至對抗和鬥爭，多不表贊同。像達連朵夫即認爲：社會當是由〔履行義務地〕無上命令地協調的諸團體（imperatively coordinated associations）所構成。有異於馬克思視階級是基於經濟利益而組合，達連朵夫則認爲：階級是其成員服從權威的產品。社會衝突並不表現在階級鬥爭，而是呈現在擁有權力者

和無權、無勢的乖順者之間的磨擦，這種權勢的有無和多寡乃出現在每個團體（履行義務地協調的諸團體）裡。團體與團體之有糾紛、有對抗，團體成員間的關係也與之相似。為此，強調人群的鬥爭，而忽視其合作和尋求共識，都是一偏之見（Dahrendorf, 1959）。

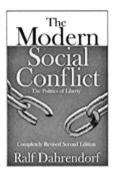

達連朵夫及其有關現代社會階級衝突的論著

卜地峨（Pierre Bourdieu 1930-2002）則認為：造成人群的階級觀，係來自社會地位、教育程度、生活形態、文化品味等，而非單單是經濟利益的成因（Bourdieu, 1994）。紀登士（Anthony Giddens）就指出：馬克思賦予階級和階級鬥爭這兩詞太沉重的負擔，亦即過於誇大這兩詞在人類史上所扮演的角色。階級成為社會結構的原則，只出現在資本主義的時代裡，而不出現在古代奴隸社會或中古封建社會中。因此，過度仰賴階級的分析和批判，以解釋社會體系之在以往歷史過程中的變遷，便犯了階級化約論（class reductionism）的毛病。他另為階級下了新的定義：「諸個人大規模的結合；結合並不繫於私人之間可以指明的關係，而在於形式上可以開放的關係之組成」（Giddens, 1973: 101；胡正光，1998：89-118）。交易的能力者，都有被結構成階級之可能。在資本主義的社會中，有上、中、下三個階級。每個階級擁有階級感知（包括：生活形態、文化品味）、階級意識（對峙、衝突的意識）和階級鬥爭（對抗的、革命的行動）三種交往或對指引的方式。

卜地峨認爲教育與文化複製社會階級　　　　文化品味造成頂尖的社會階級

（二）辯解

其實，馬、恩一開始並沒有把歷史唯物論當成科學理論、歷史的辯證理論，或打開歷史之門的鎖鑰來看待，而是作爲他們從事研究的指引線索（*Leitfaden*; guiding thread）。這是他們1840年代之後學術研究導向的指針；談不上哲學的主張，而是其經驗性研究的理論，或稱經驗性立論（empirical theses）的集其大成（collection）。不過，其後他們兩人彷彿放棄了哲學，轉而高度頌揚科學。他們在《德意志意識形態》一長稿中，再三強調：他們的研究是科學的，而不是從哲學的抽象或教條衍生的結論。原因是，他們係藉事實的觀察、邏輯的演繹與眞實條件的描繪來瞭解實相，這是「應用經驗方法，可以證明爲眞」。

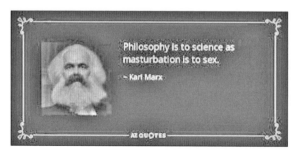

馬說：「哲學對科學猶如手淫對行房之關係」　　　青年時期，馬、恩留有手稿

　　有時馬、恩也會突顯歷史唯物論，而偏離先驗的論證，這樣做，反而造成其理論欠缺說服力。一個像歷史唯物論這樣大膽的理論，特別是涉及社會結構和歷史展演的理論，唯有本身能夠展示它對社會與歷史考察之研究能力時，才可被人接受、才可被人尊重與衛護（Shaw, 1991: 235）。雖然恩格斯在馬克思葬禮的墳前悼詞中，曾把唯物史觀與剩餘價值論讚美成馬克思的思想史上兩大貢獻，但突顯這一理論的重要性並非馬、恩兩人，而是其後人，尤其是列寧、布哈林和史達林，這是他們刻意的宣傳作法。

　　依當代解析馬克思主義（Analytical Marxism）的大師柯亨（Gerald A. Cohen 1941-2009）的說法，一部人類的歷史，就是人怎樣改善生產力以克服人間的匱乏（scarcity）的拼搏史。馬克思的唯物史觀，曾討論歷史上幾個主要階段中人類生產方式的起落，亦即認定：由原始起，經過古代、中古，至現代，每一代都有其特殊的生產方式。在歷史長河中，每一次取代前期的生產方式，都代表人類生產力的節節高升，透過生產力的提升以對付匱乏，才是人類自我實現（self-realization）之正途。儘管匱乏之存在經常挫敗人自我實現的努力，但歷史進展的動力，卻能以克服挫敗的勇氣恢復原來的堅持。亦即：不斷在尋求有利於人自我實現之有效方法，俾達到更佳的環境，造就出更好的世界。在充滿匱乏的世界中，人只要真心想達成自我的實現，他就會使盡各種手段或各種方法來改善生產力。一旦生產力發展到高峰，富裕便會取代匱乏，屆時，人提高了生產力和對改善環境、改造社會的興趣時，這便會使他轉向本身的發展，去清除阻擋自身發展的障礙。為何普勞階級最終欲推翻資本主義制度？就是因為在後期的發展階段，資本家只關心自己的公司、行號、集團、階級之利益，而無視於所有其他的個人也想求取自我發展、自我實現其壯志之緣故（Cohen, 1978: 302-307；洪鎌德，2014：20）。

柯亨　　　　　　辯解馬克思的史觀　　為何不實現

　　因此，柯亨贊成歷史唯物論之對生產力會促成社會進步的說法。這不限於經濟面，也涉及科技面的發展。「基本上，歷史是人類經濟力量的成長史；社會形態的起落、興衰，繫於能否促成經濟力量的成長」（Cohen, 1978: x）。顯然，生產力發展的水平，會影響社會的經濟結構。這種經濟結構，反過頭來選擇能促進科技成長的生產關係。從而顯示生產力雖會制約生產關係，但生產關係，在功能上也制約（影響）著生產力。經濟力量，特別是生產力成為歷史動力的主因，乃因：1.生產力的不斷提升，已成歷史變化的普遍現象（發展理論）；2.一個社會裡的生產關係之性質，由生產力發展的水平來解釋的（生產力優先論）（ibid.,134）。這符合馬、恩晚年的辯解，他們視生產力和生產關係之間，是雙行道有來有往的互動，就是經濟基礎和上層建築彼此之間也有辯證互動，這些互動，使社會總體內的各部分彼此相激相盪，相輔相成，最終，共同攜手合作、邁步前行。

　　總之，馬克思和恩格斯的唯物史觀，的確是一套嶄新又富創意的歷史理解方式。有異於唯心主義的哲人，或者英雄主義的崇拜者所倡言的心靈或偉人創造的歷史，他們一再強調是：全人類在不同時期皆參與了歷史的形塑。如前所述，人類並非隨意開創歷史，而是在既有的條件，以及前人傳承、交代的情況下始參與歷史的締造。

　　根據馬克思的史觀，活生生的個人之從事勞動生產，開物成務、利用厚生，這就是其創造歷史的起點。但歷史的辯證發展，卻由於生產方式的不同而造成經濟基礎的變化，由而促成上層建築跟著改變。歷史嬗遞的動力，必須在生產力與生產關係的矛盾中找出原因。歷史的發展，顯然受到辯證運動的規則之指引。從而，不僅過去的歷史有軌跡可尋，就是未來的發展多少也受辯證法則的導引，這種鑑往知來，視歷史為貫穿過去、連結現在、投射未來的說法，雖遭柏波爾斥之為唯史主義或歷史趨勢主義，但仍不失為歷史哲學中旗幟鮮明的主張，當時，有人就不把它列入哲學派，而認定是經驗研究的假設和主張。

　　至於經濟基礎制約或決定上層建築的單行道，而非彼此影響的雙行道的說法，恩格斯在致友人信上，則已有修正和補充。換言之，經濟影響之占優勢，係指「在最後的情況下，它能扮演主導作用」的意思（SC: 401）。在另一場合中，他這樣回覆友人：「如果有人扭曲它而主張經濟是，唯一的決定性因素，他就會把那個說法轉化成無意義的、抽象的和荒謬的說詞」（SC: 349）。由此可知，馬、恩係堅持：「在最後的情況下」，經濟會成為指引社

會變遷與歷史進展的主導力量，但卻未排除上層建築也會與經濟基礎進行辯證互動。最終，即造成整個社會的變動，乃至歷史的改觀。

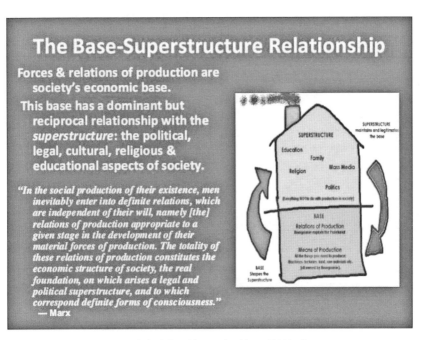

上下層建築處於辯證互動（相互制約）中

Historical Materialism

"In studying such transformations it is always necessary to distinguish between the material transformation of the economic conditions of production, which can be determined with the precision of natural science, & the legal, political, religious, artistic or philosophic—in short, ideological forms in which people become conscious of this conflict & fight it out."

© 2009 Rey Ty

Marx. *A Contribution to the Critique of Political Economy*, pp. 20-21.

第六章

西方馬克思主義的興衰

第六章　西方馬克思主義的興衰

一、開端

（一）名稱

　　西方馬克思主義（Western Marxism，簡稱「西馬」）係指涉第一次世界大戰（歐戰）結束（1918）的前後，出現在歐洲中部（匈牙利和德國）與南部（義大利），有別於剛成立的蘇維埃政權所遵奉的、教條式的蘇維埃官方之蘇維埃馬克思主義（Soviet Marxism；馬列主義）的左派新思潮。因為要與俄國地理上有所區隔，所以西馬又稱為歐洲馬克思主義。更因為開創者的盧卡奇、寇士和葛蘭西都強調馬克思所受黑格爾唯心哲學的影響，因此又稱做黑格爾式的馬克思主義（Hegelian Marxism）。

　　當時西歐、中歐幾個工業先進國家的工人階級，雖曾利用歐戰戰亂的機會組織工廠議會或推行蘇維埃，但奪權計畫多歸失敗，導致無產階級革命的夭折，工人階級陷入重大挫折失望中。一連串失敗與悲觀主義成為西方馬克思主義的催生劑，這也是西方馬克思主義被稱為「挫敗的馬克思主義」（Defeat Marxism）之因由。

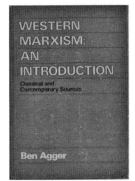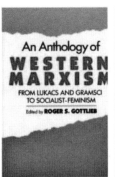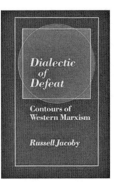

幾冊的有關西方馬克思主義英文版本的導讀與論述

（二）背景

1920年代末與1930年代初，馬克思早期遺稿的依次第刊行，導致西歐學者

把向來強調政治與經濟的正統馬克思主義（所謂的「科學的社會主義」）引向討論哲學、文化與藝術的馬克思主義（亦即所謂的「哲學的共產主義」）之途，從而促成西方馬克思主義的誕生與演變。

第一次世界大戰的發生，工人不但沒有遵照馬克思的預言，走上國際主義聯合之途，反而擁護各自國家「為保衛祖國而戰」。戰爭的結果不但資本主義並未崩潰，反而更趨穩定與發展。其後，隨著俄、德、奧匈、鄂圖曼幾個帝國的崩潰及布爾什維克黨的奪權，使馬克思對無產階級革命將在資本主義最發達的西歐爆發之預言，一時未兌現，因而引起西歐左派學者的重新估量與解釋。

第三國際的成立後，其他共黨紛紛加入共產國際，以及蘇聯共黨企圖大權獨攬，把各國新共黨「布爾什維克化」，引起西歐自命不凡的知識分子之反感。加上其後史達林整肅異己，施行中央集權、濫殺無辜，引起反彈。西方馬克思主義之強調人本主義、人道思想，含有對抗「科學的共產主義」命定論與宿命論之本意，更是對史達林獨裁、暴虐的反彈。

馬克思早期著作在1920年代後期與1930年代初期紛紛出版，提供理論家對資本主義社會之下的「物化」與「異化」更深一層的理解，也使他們相信馬克思主義與日耳曼的經典唯心哲學關聯密切，特別是它視為黑格爾的辯證法與現象學底繼承與發揮（洪鎌德，2007a：209-248；2010b：73-90；2016：101-174、177-240；2016：339-376），這些都是引發歐洲革命者與左翼思想家轉向哲學，進入抽象思考的主因。

（三）前身

西方馬克思主義並非一個完整的、一貫的、內部完全一致的馬克思主義新學說、新思潮或新派別，而只是由一批學者不同意或批評蘇共所控制的第三國際之官方馬克思主義，亦即他們反對蘇聯的馬列主義、史達林主義等自居馬克思的正統以及對馬克思原著的解釋。這些學者或理論家本身意見仍極為分歧，因此造成「西方馬克思主義」學派的林立與理論的複雜。

西方馬克思主義在尚未成為對蘇共主流派馬列史思想之前，已經在理論上展開激辯。激辯針對第一次世界大戰前後共黨領導人政治與策略得失之哲學反思，當時有兩大政治與策略爭論：其一為盧森堡女士對蘇聯革命的批評；其二為布爾什維克黨人對荷蘭共黨領導人「極端左派傾向」的批評。

盧森堡（Rosa Luxemburg 1871-1919）　　德共首領列維（Paul Levi 1883-1930）

（四）人物

西方馬克思主義的奠基者有匈牙利的盧卡奇、義大利的葛蘭西、德國的寇士，以及德國法蘭克福學派號稱批判哲學家霍克海默（Max Horkheimer 1895-1973）、阿多諾（Theodor Adorno 1903-1969）、馬孤哲（Herbert Marcuse 1898-1979）等人。更有法國的沙特（Jean-Paul Sartre 1905-1980）、梅樓‧蓬第（Maurice Merleau-Ponty 1908-1961）、列費布勒（Henri Lefebvre 1901-1991）與郭德曼（Lucien Goldmann 1913-1970）等文化界、思想界、學術界人士，他們幾乎都一致強調馬克思主義並非一般普通的科學學說，而毋寧是一種社會的理論。

早期盧卡奇認爲馬克思不僅批判了政治、經濟，其最終目標爲把人類從政治經濟的枷鎖中解放出來。寇士則認爲馬克思主要的著作（譬如《政治經濟學批判》、《黑格爾法哲學批判》）皆冠以「批判」一詞，從而認定馬氏不以揭露社會發展律爲滿足，而是以過去及當代（資產階級）的意識與文化之批判爲目標。馬克思雖倡說哲學的實現，乃至哲學的揚棄，但仍舊重視哲學在人類解放中所扮演角色的重要（「哲學是解放的頭，無產階級是解放的心」），於是西方馬克思主義者遂強調要把馬克思思想體系的科學還原爲馬克思思想體系的哲學之必要。

盧卡奇　　　　　　　寇士　　　　　　　葛蘭西

　　其次，西方馬克思主義者所使用的概念、字彙多承襲黑格爾及其左派（青年）門徒所慣用的表達詞謂（洪鎌德，2009a：99-120），因之，彼等極重視黑格爾哲學對馬克思思想體系的影響，此點由法蘭克福學派之推崇黑格爾哲學獲得佐證。不過，黑格爾學說對馬克思主義影響之說法，卻受到法國結構派代表之一的阿圖舍之反駁，從而引發激烈爭議，至今尚未定讞。

　　此外，以阿德勒（Max Adler 1873-1937）、包爾（Otto Bauer 1882-1938）等為主的奧地利馬克思主義（Austro-Marxism）者，則強調新康德學派以及哲學中實證主義對馬克思主義的影響。近年義大利學者柯列悌（Lucio Colletti 1924-2001）指陳馬克思把黑格爾的唯心論顛倒過來變成唯物論，乃是由黑格爾哲學回歸康德哲學，由是開啟康德對馬克思學說影響之爭論（Bottomore and Goode, 1978）。

　　馬克思早期學說中對人道精神的肯定、對人本思想的尊重、對人文主義的推崇，引起沙特聲明馬克思主義與存在主義相通，也導致梅樓・蓬第把馬克思主義視為現象論。反之，阿圖舍企圖由馬克思學說演繹成為結構主義。

　　由於法蘭克福批判理論學派的仲介，西方馬克思主義者甚至把佛洛伊德（Sigmund Freud 1856-1939）的心理分析與馬克思主義相提並論。該派當代人物，如符洛姆（Erich Fromm 1900-1980）強調青年馬克思異化論，而突出馬克思人道主義者的形象。另一後起之秀的德國學人哈伯瑪斯（Jürgen Habermas 1929-），企圖把馬克思與佛洛伊德針鋒相對的觀點，擴展到當今政治現狀與社會科學領域底批判之上，獨樹一幟，成為西方思想界異軍突起的風雲人物。

至於1960年代以後，英美新左派有關馬克思主義的解說與辯證，也引人矚目。

西方馬克思主義由於遠離實際政治，不牽涉勞工運動，卻奢談抽象理論、邏輯方法、大眾文化、主觀精神，遂陷於唯心論的窠臼。更由於避談辯證唯物論與政治經濟，而違離了列寧主義與史達林主義等共產理論的正統，這些都是此一新學說的偏頗之處。不過在一定程度內，此一馬克思主義的解說卻能活學活用馬克思早期的觀點與想法，並把它應用於當代階級意識與文化批判之上，從而與西方資本主義思潮相抗衡，甚至批判當今西方哲學的主流。在介紹並擴展馬克思學說、啟發批判與革命精神（例如1968年展開的全球性學生抗議活動）等方面，西方馬克思主義有其一定的貢獻，值得吾人留意。

二、反映時代的論述

（一）政局發展與不同評析

西馬最簡單的描述可以指出至少有三點：1.文化議題的突出；2.以人為本位的知識觀之堅持；3.概念設備之廣博性與折衷精神。是故西馬並非為蘇維埃的馬克思主義之「異端邪說」，而是具有不同情趣的、不同風味的異議。如果我們把西馬與十九世紀末（1897-1898）初次馬克思主義的危機——修正主義的出現做一比較，或是二十世紀初奧地利馬克思主義之崛起、或是馬克思遺作僵硬地為蘇維埃領導人所承繼（後來易名為馬列主義），把西馬與這些學說流派做一比較，就不覺其為異端邪說，而是別具風味的馬學發展而已（Merquior, 1986: 7-8）。

拉卜里歐拉　　　　克羅齊　　　　伯恩斯坦　　　　索列爾

　　每位參加「馬克思主義的危機」之激辯者，無論是拉卜里歐拉（Antonio Labriola 1843-1904），還是克羅齊（Benedetto Croce 1866-1952），還是伯恩斯坦（Eduard Bernstein 1850-1932），又或是索列爾（Georges Sorel 1847-1922），甚至馬薩利克（Thomas Masaryk 1850-1937，應該是最早倡用「西馬」這個名詞的人）都是堅決反對命定論（決定論）者。馬薩利克在1898年出版的《馬克思主義的哲學與社會學基礎》就反對馬克思盲目地信從歷史的決定論。因之，終馬薩利克一生，不是一位馬克思主義者。拉卜里歐拉在1896年發表了《唯物史觀文集》，不認為馬克思主義是一種決定論，是故否認了馬薩利克有關馬克思主義陷於危機之說法。在1898年的《社會主義與哲學》一書中，拉氏堅持歷史唯物主義是「實踐的哲學」，用以反對唯心主義（由思想而及於生活，而非從生活而抵達思想的想法）和自然科學式的物質主義。其學生克羅齊把拉氏反實證主義的精神矯枉過正，扭曲為「絕對性的歷史主義」，並把歷史唯物論化約為「歷史解釋的簡單條規、經典」。伯恩斯坦在深受到克羅齊對歷史命定論的批判之後，對馬克思預言群眾的貧窮化大力抨擊，也拒絕接受馬克思有關階級兩極化和資本主義的自動崩潰說。最後索列爾從馬克思主義的危機引申出馬克思的歷史主義。當作經濟歷史的發展律則之理論，歷史主義並不是實在（實相）的精神描述，而是一種有用的社會迷思（myth，社會神話），是勞動群眾積極奮鬥的信條，也就是贊成革命行動的正當化理由。

曾任捷克獨立後第一任總統的馬薩利克是一位哲學家與社會學家

　　上述這些所謂思想家、或稱西馬的大師，其之間最大的不同，並不是由於拒斥自然科學的理念，或是摒棄自然科學的原則，才變成了「人本主義者」、「人道主義者」（洪鎌德，2007a：58-67；2010b；2014：21-28）。馬薩利克

擁有深刻的宗教情懷，以致視基督教的沒落是造成西方文明危機的主因。但他讚美科學，而與孔德同樣，主張在科學的發現基礎上建立新的世界觀，做為哲學之職責。一向揚棄黑格爾的學說的拉卜里歐拉認為馬克思代表與黑格爾主義告別的健全發展。因之，他並不挑戰或質疑唯物主義的本身，只是反對其機械性的變種而已。

身為工程師的索列爾並不排斥馬克思的歷史決定論，假使它是科學的話。他所以對歷史唯物論有所批評，就是認為後者不夠科學，無法對其假設與預言作出更為明確的因果敘述。克羅齊把歷史唯物論變成歷史決定論來加以批評，也是採取同樣，認為馬氏這一學說不夠科學的看法。對索列爾而言，上述兩人的批評完全扣緊問題的核心，因為前面兩位對馬氏決定論的批評，與辜諾（Antoine-Augustin Cournot 1801-1877）所言反對普遍性的決定論之種種束縛完全符合。辜諾的反對僵化的決定論既是完全符合邏輯的推演，也是表現了科學性格，這種科學方法的認識論正是索列爾科學觀的理想化（Merquior, 1986: 8-9）。

除了這些西馬先行者對科學的態度還算相當堅持之外，另一個被視為異端歧見的是奧地利馬克思主義，簡稱奧馬。在奧馬最早醞釀時期（1904-1910），這派的馬克思主義者嘗試重新界定經典的馬克思主義，或是躲閃過「世俗化馬克思主義」（Vulgar Marxism）粗糙的信條。是故阿德勒依靠馬赫（Ernst Mach 1838-1916）的實證主義，強調社會的因果關係之運作要藉人群的意識來加以中介。雷涅（Karl Renner 1870-1950）指出布爾喬亞的法律並不是正統馬克思主義者所稱的經濟基礎之反射，而是中立的不帶意識形態，本身有其歷史、有其邏輯、有其生命之體系（洪鎌德，2001：131-139；2004：130-139）。

其後在兩次世界大戰之間，奧馬發展得更為堅實、更為醒目。希爾弗定（Rudolf Hilferding 1877-1941）在「有組織的資本主義」上大做文章，認為它是社會經濟史的新階段；阿德勒研究勞動階級的變化；雷涅指出服務業成為新的社會階層，脫離完全出賣勞力的無產階級；包爾認為蘇維埃的社會主義社會中居然出現新的統治階級，那就是布爾什維克有其垂直面（上下統屬）的不平等之結構。這類的分析之脫離教條式的馬列主義之嚴重情況，不亞於西馬的社會學之「離經叛道」。不過奧馬的意識形態之架構比起遭受抨擊的西馬人本主義來，可謂是世紀末危機理論的一環，只是比起西馬的危機論來，屬於邊緣性質，而非危機論的核心。阿德勒甚至企圖把馬克思的社會科學奠基在康德的認

識論之上。就像西馬的理論家，奧馬主張者視其本國（奧地利）的政治比布爾什維克統治下的俄國更接近民主的理想。但兩者（奧馬與西馬）完全耽溺在拒斥科學、摒棄布爾喬亞的文化與譴責工業社會的心態中（Bottomore and Goode, 1978）。

　　阿德勒　　　　　馬赫　　　　　　雷涅　　　　　希爾弗定

　　因之，不論奧馬也好、西馬也好，都致力於「文化批判」（*Kulturkritik*）。因之，西馬並不是只注意到上層建築，且稱呼它為上層建築之馬克思主義也就不夠完整。因為一開始它就是西方文化危機的理論，是對布爾喬亞的文明大力抨擊的學說。馬、恩兩人自從發布《共產黨宣言》以來，對資本主義提升生產力的溢美之詞，在西馬的哲學裡頭完全消失。西馬是效法1917年的十月革命，在對革命主義狂熱之餘的產品，也是人本主義的知識分子思想觀念的發揚。西馬不但從堅決反對工業化的精神面貌中成長出來，也以批判工業文明而茁壯。一言以蔽之，就是拒絕現代的社會價值。這種拒斥可以說是一個多世紀以來現代主義藝術興起，與「衰敗」（decadent）運氣及趨勢出現之後，西方人文主義的知識分子從不間斷、從不退潮的抨擊主題。

　　西馬理論家的言論中當然不會直接譴責一般的現代性，而是抨擊資本主義的現代性，不過他們抨擊的對象以及界定的資本主義常擴大至工業主義社會中現代人的社會處境。在很大程度上，西馬無異重視保守分子對工業社會的批判，只是其批判如今並非來自右派，而是左翼人士。盧卡奇在《歷史與階級意識》一書遭受官方共產黨批判之後，公開承認他犯了嚴重的錯誤，這種錯誤便是「浪漫主義式的反資本主義」，之所以沾染浪漫主義的幻想，在於他結合了布爾喬亞社會浪漫派分子之嚴肅反對科技和對工業文明的拒斥，後者立基於現代科技與進一步的分工之上。如果說盧氏真的「犯錯」，那麼幾乎所有西馬理論家都要遭受正統與官方的共黨之責罵、他們真的都要受到指摘了（Mequior, 1986: 10-11）。

（二）革命失敗的檢討和對布爾什維克化之抨擊

1. 德、匈、義革命的失敗

　　當盧卡奇與寇士不約而同的在1923年出版他們的著作時，西歐革命的熱潮不僅呈現減退，且已趨向低潮，政治失去它活躍與緊迫的特性。在共產黨統治的陣營中，政治上與策略上的衝突逐漸化解，可是做為政治衝突與策略爭執的哲學反思，反而轉趨激烈，這就是造成西方馬克思主義思潮湧現的因由之一。

　　1923年德國的十月革命失敗，為西歐進行無產階級革命敲下喪鐘。事實上西歐革命的功敗垂成早在1921年便可見端倪，在短暫二、三年間，西方馬克思主義的政治輪廓便逐漸浮現。

　　在1920年代中期至1950年代的三十幾年當中，俄國的革命與法西斯的興亡，固然造成非正統馬克思主義的省思，也迫使他們在閉門、囚禁、流亡當中，偷偷地提出異端的看法，或是被迫認同政治的壁壘。

列維　　　　　　　　　　盧森堡

　　在第一次世界大戰前後，盧森堡、列維與荷蘭的左翼共黨分子，曾試想把俄國的革命與列寧的模式應用到西歐的可能性。問題的關鍵為革命組織。誠如盧卡奇說：「組織是理論與實踐中介的方式」。但西方馬克思主義者認為造成俄國與西歐最大的不同之處，在於文化，特別是資產階級的文化，單求組織問

題的解決，而不設法改變資產階級的文化，是無濟於事。

正因爲講究文化之重要性，西方馬克思主義者，企圖爲馬克思主義恢復階級意識與無產階級的主體性。他們咸認階級意識並非是可任人指揮、擺布、變成熟知之物，而是必須靠階級來鑽營、爭取的東西。資產階級文化上的優勢，只有靠工人階級心智的發揮來加以對抗，一旦無產階級的主體性與階級意識合流，那麼資本主義及其同路人的崩潰便指日可待。

2. 列維與盧森堡反對蘇聯的布爾什維克革命

盧森堡對俄國革命的批評，由其繼承人即德共首領列維（1921年被開除黨籍）加以發揮，其影響及於歐洲馬克思主義。蘇共在1921年的「三月行動」中，指示德共起義，由於時機未成熟導致失敗。德共黨黨員由原來的四十五萬急降到十八萬名，列維在致列寧的信上指出這一錯誤的指令，使德共過去兩年的辛苦工作毀於一旦。

列維曾出席1921年位於義大利的李窩諾（Livorno）社會黨會議，該會議中義大利社會黨在第三國際操縱下宣告分裂，產生義共。義大利左派的分裂便宜了剛崛起的義大利法西斯，造成其後二十多年義大利左派勢力之一蹶不振的致命傷。列維自是對蘇共與第三國際極表不滿，他極力反對「機械性的分裂」，而主張「有機性地扶持與教育群眾」。在他眼中蘇聯的共黨由於是農業國家中非法的革命組織茁壯而成，因此無法理解西歐工人階級的革命傳統。

潘尼柯克　　　　　　　郭爾特

　　盧森堡不僅批評俄國革命與列寧的策略，也指責伯恩斯坦的修正主義對「社會主義轉變的主觀因素之壓制」。伯氏及其跟從者混淆了目的與手段，誤解工會為目的，而不曾視工會的意識為搞革命之手段。依她看來，無產階級獲致階級意識才會造成革命之心與靈。她也談及主體性的心理層面，構成其後西方馬克思主義者重視歷史的主體——普勞（無產）階級，及其階級意識。

3. 荷共極左派對蘇共之批評

　　依據寇士所述，1920年至1921年之間在潘尼柯克（Antonie Pannekoek 1873-1960）與郭爾特（Herman Gorter 1864-1927）領導下的荷共與俄國的布爾什維克派領導列寧意見不合。荷共亦即「左派」共產主義（或稱「荷蘭宗派」），強調荷蘭是整個歐洲乃至全球資產階級化最徹底、最嚴重的國家，也尊奉歷史唯物論為圭臬，荷蘭人所受資產階級文化的影響是其他西歐國家不可同日而語的。因之，它把精神、心智、文化、意識等全部熔冶於馬克思主義中，認為這類範疇早已灌輸到社會關係裡頭。欲求社會革命成功，不容輕視這些範疇。郭爾特在《歷史唯物論》一書中主張「精神」（Geist）已擴散至商品社會中，資產階級的權力不僅建立在軍事、政治武力之上，也深藏於精神層面。對於社會主義者而言，精神的宣傳是不可或缺的。他說「精神必須先革命」——革命首重革心。

　　在第一次世界大戰之前，荷蘭宗派不僅以激烈批評修正主義出名，也以攻擊蘇聯的馬克思主義而獨樹一幟。潘尼柯克在與荷蘭社會黨失和之後，一度在德國社民黨學校教授「歷史唯物論與社會理論」，其中一章專門討論「精神科學」（Geisteswissenschaft）。他解釋「清楚理解精神與精神性事物的角色與本質，是絕對必要的」。

荷蘭社會民主黨海報　　潘尼柯克　　　　德國的「精神科學」

　　潘氏曾提出一個問題：以工人數目之眾多、聚合的經濟力量之雄厚，何以仍受少數資產階級分子所控制，而無法奪權？用傳統的說法指出資產階級擁有政治與軍事力量是不足以解答上述的疑問。潘氏說在粗陋的經驗階層上，工人階級擁有較大的力量，但在文化優勢方面，資產階級足以補償其人數上的差額而有餘。換言之，居於少數派的資產階級分子控制文化與教育，把其階級的價值觀、人生觀大力傾銷和灌注給群眾，形成「對資產階級知識上的依賴關係，造成無產階級積弱之因由」，由是承認「精神力量是人文界最大的力量」。

4.「左翼」共產主義

　　列寧在〈左翼共產主義，一個幼稚病〉一文中指出：所謂的左翼共產主義只是名稱上屬於左派，而行動上並非站在官方共產黨之左邊。「左翼」共產主義只是一個理論上離經叛道而已，不過它卻在1919年至1920年之間，威脅到第三國際。原來第三國際在歐洲分設三個支部，分別為阿姆斯特丹、柏林與維也納三個秘書處。由於阿姆斯特丹支部受郭爾特、潘尼柯克之影響，批評第三國際愈趨激烈，遂為第三國際所關閉。而維也納支部則深受匈共流亡分子（包括盧卡奇）的影響，因此也難逃關門的厄運。

　　維也納支部的機關誌為《共產主義》（*Der Kommunismus*），在該刊上載有盧氏不少文章（後來集結出版為《歷史與階級意識》一書），也發表潘氏的作品。同樣的義大利的薄第嘉（Amadeo Bordiga）主編《蘇維埃》（*Il Soviet*），刊載盧卡奇與潘尼柯克的文章。英國潘克赫絲特（Sylvia Pankhurst 1882-1960）所編《工人戰艦》（*Workers Dreadnought*），發表盧卡奇、郭爾特、盧森堡等的文章，還包括後者對俄國革命之批評。

　　除此之外，「左翼」共產主義者痛恨權威主義與官僚化，他們讚美無產階級的自主與自治，由此種觀點出發，他們不僅批評資產階級議會制度，也反對列寧先鋒式的菁英黨。結果他們雖然不信任蘇維埃或議會，但比起一黨獨裁來，他們仍贊成工人議會、工廠議會與蘇維埃，蓋這些制度矗立於工人自主自決的基礎之上。

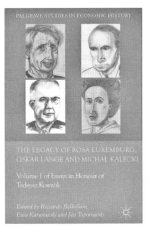

列寧斥責左翼共產主義　　　　盧森堡及其後繼者　　　　薄第嘉及其著作

　　因之，「左翼」共產主義是西方馬克思主義的政治表示。他們分屬德、義、荷三國，並沒有組織上的連繫，或使用同一哲學用語。但他們對議會與工會一向不信任，不認為議會與工會是革命的工具。列寧指定要利用議會與工會，他們卻認為這些是過氣的社會主義改良主義之制度，不值得加以利用。

三、西馬的三位奠基者

（一）概述

　　1924年6月在第三國際第五屆大會上，盧卡奇與寇士因為他們走「左翼」共產黨路線而受到公開譴責，此種公開斥責顯示他們的哲學作品具有重大的政治意涵。他們兩人的著作《歷史與階級意識》與《馬克思主義與哲學》不約而同地在1923年出版，這兩本書招來敵意的批評，但都是作者以往政治經驗的親自體會與深思熟慮的結晶。

　　蘇共哲學家德波林（Abram Deborin 1881-1963）對這兩本書的析評，顯示蘇共與歐共（西方馬克思主義）各崇奉一個特殊的黑格爾傳統。蘇共所崇奉的是「科學的」黑格爾；盧卡奇則傾向「歷史的」或「批判的」黑格爾。

《歷史與階級意識》　　　　《馬克思主義與哲學》　　　　　　德波林

　　寇士在其著作第一版後記中，申明對盧卡奇理論上的支持，但他們兩人理論上的相似只是虛幻不實的。他們兩人的觀點有交集之處，但也有分歧之處，各往不同的方向求取發展。盧卡奇由黑格爾化的馬克思主義與「左派」共產主義轉向哲學的正統思想與政治妥協。寇士則由傳統的哲學與馬克思主義轉向哲學與政治的異端（洪鎌德，2010a：20-21）。

（二）盧卡奇

　　盧卡奇思想的根源為哲學的唯心（觀念）論與文學的批評。在1918年加入匈共之前，他在一篇文章中指出政治的改變與人類的解放之關聯。他認為「客觀的關聯」並無法保證人的自由，特別是階級關係的改變或取消，並不意味獲得自由。為了要保證自由一定能夠實現，則有必要以主觀因素取代客觀關聯，亦即實現自由之前，必須首先掌握「意志」。

　　其後盧氏把這種倫理的要求改變為組織的要求：將解放注入客觀改變的結構裡頭。在他擔任匈牙利的蘇維埃共和國短期教育委員會委員長期間，他宣稱：「政治是手段，文化才是目的」。依他的看法，政治鬥爭與經濟重組並非人類生存之目的，提高文化、實現人的自由才是最終奮鬥的目標。馬克思主義

者參與鬥爭並非爲鬥爭之目的，而是爲重組社會，使未來社會中，政治因人之解放而不再發生作用，亦即政治之消亡，從政治消亡，走向文化提升。

盧氏認爲當人的意識不再受制於社會實存時，才是人解除物化之時，也是革命大躍進之時，黑格爾與馬克思交叉處就是肯定意識之優越角色。科學與實證的馬克思主義忘記了意識的重要，故遭盧氏指摘；黑格爾哲學遺產最可貴者爲人的心靈由「完全欠缺意識發展爲清晰的，不斷增長的自我意識」。至於馬克思，不但沒有以唯物論取代黑格爾的唯心論，反而藉在社會活生生的過程中促成意識的發展，來加深與豐富黑格爾學說的內容。

盧卡奇的《歷史與階級意識》

盧卡奇的石雕孤立在故鄉

（三）寇士

雖與盧卡奇同遭第三國際譴責，但寇士的命運則與盧氏大相徑庭。1926年他被德共開除黨籍，其後流亡美國。在美國流放期間，只有邊緣地而非核心地與法蘭克福社會研究所幾位理論家合作過。他1938年所撰的《卡爾‧馬克思》雖然精彩，但乏人問津。在他1961年逝世時，幾乎沒有多少人知道他擁有輝煌的政治經歷與深邃的理論著作。

寇士的作品《馬克思主義與哲學》，在份量上雖無法與盧卡奇《歷史與階級意識》相比，卻是西方馬克思主義重要的文獻，因爲它表達了普通的哲學論題之緣故。對於寇士而言，馬克思主義並不單單是政治經濟學，而是批判，批

判中包括對「社會的知識（意識形態）結構」之哲學上的抗衡。庸俗的馬克思主義者輕視哲學，以爲政治經濟學已超越哲學，可以把哲學廢除，寇士認爲這是錯誤的解釋。馬克思主義必須是多角度、多向度的，如同社會實在一般。

《馬克思主義與哲學》　　　　　　　寇士的《革命理論》

　　寇士在留英期間（1912-1914），曾參與費邊社的活動，這些寶貴的經驗提供他批評德國馬克思主義客觀的著力點。費邊社強調只有實踐的活動與倫理的理想主義才會達致社會主義的境界。這就是寇士所讚賞的「行動精神」（*Geist der Tat*）。此外，費邊社並沒有建黨，只有一個「精神中心」（*geistiges Zentrum*），這就是他後來倡說「實踐的社會主義」之原因。

　　藉著「實踐的社會主義」，寇士對抗正統的馬克思主義與科學的馬克思主義。後者預言社會主義的社會將成長在成熟的「資本主義樹」上，屆時必然瓜熟蒂落。實踐的社會主義認爲只有人創造的意志與行動的準備，才會實現此一理想。

　　在1923年與1924年之間，寇士捲入德共本身派系鬥爭，以及德共與第三國際之間的爭執漩渦中。寇士被視爲極左派，也被視爲知識分子、或學究，認爲其只能空談名詞，無補實際。1925年寇士不客氣地反擊第三國際對德共的內部干預，他直斥這是「紅色帝國主義」（洪鎌德，2010a：22-23）。

　　德共中的史達林分子諾以曼（Heinz Neumann 1902-1937）乘機打擊寇士，認爲後者以及德共極左派領導人對列寧主義的挑戰是「西歐離經叛道的一

群」、「他們遠離革命的馬克思主義，遠離列寧主義」。寇士其後的行徑，簡單地說是與共黨中的左翼結合成左派反對集團，指稱爲「堅決的左派」。他分析，蘇聯與第三國際犯了許多錯誤，蘇聯已不再是革命的，它在國家利益與國際革命運動之間騎牆搖擺。他在一篇文章中要求「發出諾言已久的黨內民主應該實現」，就在這篇文章發表不久，終遭開除黨籍的處分。在政治上，他先是在德國，後來改在美國保持與一系列的工人議會組織維持合作關係。他在1956年的一封信上表示對「另外一個夢想的忠誠，也就是理論上恢復『馬克思的理念』，這一理念不幸在今日似乎已被摧毀殆盡」。

Heinz Neumann was a German politician from the Communist Party (KPD) and a journalist. He was a member of the Comintern, editor in chief of the party newspaper Die Rote Fahne and a member of the Reichstag. He fell victim to the Great Purge and was arrested. He was sentenced to death on 26 November 1937 by the Military Collegium of the Supreme Court of the Soviet Union and shot the same day.

諾以曼爲德國共產黨員與國會議員，二戰中走避蘇聯，成爲史達林大整肅的犧牲者

（四）葛蘭西

　　葛蘭西早期的著作顯示對馬克思主義進化論或純經濟式之解釋的排斥，而接受了歷史的、人本的，與自動自發的馬克思主義。對他而言，馬克思主義爲一種世界觀，具有吸引群眾的理性力量，也具有創造新的社會共識之吸引力。其任務在爲社會締造一個「知識上與道德上的改革」。黑格爾的唯心主義爲馬克思主義的活頭泉水。「集體意志」產生集體的政治實踐，集體的政治實踐建立了歷史的實在。實踐以辯證的方式與文化以及與理念相結合才會導致社會的改變，而走向社會主義。

　　在早期著作中葛蘭西也論及無產階級國家這一概念。無產階級的國家之建立乃是「經濟」階級逐步轉變爲「歷史」階級的結果。此一轉變係由於群眾與知識分子的辯證關係演展而成，其基礎爲「無產階級民主」——群眾自主地

掌握權力，並善用此一權力，共黨必須聽命隸屬於群眾的自動自發與指揮。要之，在葛氏入獄之前的作品強調社會主義的文化與理論方面，他所堅持的是對普勞階級進行啓蒙教育。

葛蘭西及其文化霸權論

在1922年法西斯勢力高漲以後，共黨與社會黨遭受迫害時期，葛氏著作中出現新的概念，即黨的中心主義。不過黨的中心主義並非與群眾脫節；相反地，群眾的自主組織才是黨成立的基礎，黨並非群眾的部分而爲群眾的機關。黨雖具有工具性功能，但不能代替群眾活動，由是可知組織群眾的重要。也就是顯示此時（1920-1926）的葛氏深受列寧專業革命黨論的影響（洪鎌德，2010a：168-169）。

在其生涯的後期（1926-1937），葛氏在獄中思考社會主義革命的失敗，研究在法西斯國家重組社會主義力量的方案。他分析義大利的歷史、社會制度及其主宰的意識形態的體系，並研究何以在數個歐陸國家中，資產階級取得主宰與排除政經社會各種危機的緣由。其結論爲在資產階級的優勢業已奠立之處，社會主義革命難以自動爆發，只有當社會主義的文化與政治優勢凌駕於資產階級之時，無產階級的革命才有馬到成功的可能，至此他賦予上層建築的活動——「政治實踐」優先的地位。

他仿效列寧強調政治實踐爲當務之急。而列寧只重實務不曾分心研究理論；葛氏則闡述馬克思主義的政治理論。此爲葛氏更爲廣包、更爲壯觀的大計畫之一，他企圖把馬克思主義理論系統化、組織化，融會與統合爲一套統一的、自主的、寰宇的世界觀，其中所討論的爲文化、科學、語言、藝術、文

學、哲學、教育等。這些範疇或條目將圍繞在他的理念——「霸權（優勢）與政治實踐」之上打轉。假使革命可以產生重大的上層建築之改變，以及產生人的意識之改善，那麼我們不難理解他所說革命並非企望之事，而是權力實際的征服。政治實踐使下層階級變成優勢，亦即使它在意識形態上、文化上與政治上擁有優越的地位。使它變成新的世界觀之創造者，然後滲透入全社會，最終締造了新的社會秩序（洪鎌德，2010a：189）。

從馬克思至葛蘭西：上層建築與文化霸權　　　　　葛蘭西與墨索里尼

（五）蘇共的反駁

蘇共頭號哲學家德波林認為盧卡奇有其「黨徒」，因此領導「整個趨勢」反對第三國際，所謂的「整個趨勢」還包括寇士在內。德氏的跟從者史特恩（Jan Sten）則指摘盧氏哲學上代表「唯心論的歪曲」，是重新投入「古老黑格爾唯心論」的病態去進行政治性的實踐。

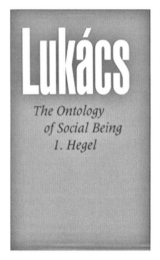

布哈林與德波林爭論唯物主義　　　　　　　盧卡奇論黑格爾社會存有

　　德波林派在秉持科學的黑格爾主義時，大談辯證法之普遍性、寰宇性，這是引起盧氏不滿之處，遂加以反駁。對盧卡奇及其他歷史派黑格爾信徒而言，社會與歷史乃爲辯證法應用的極限。在這些疆界之內，意識與主體性是屬於辯證法內生的、固有的事物，這點異於純粹的自然與物質。可是對德波林及其黨羽而言，主體性與意識將在普遍與客觀的發展律之前消失。辯證法不僅包含歷史，也包含自然。這點正是盧卡奇對恩格斯的批評。「追隨黑格爾錯誤的引導」，恩格斯把辯證法延伸到自然之上，因而失去了主體與客體之間批評的關係。

　　在批評盧卡奇時，德波林再度申言正統馬克思主義的主要原則。他把馬克思主義解說爲一個整體的系統，一個「統一的、封閉的世界觀」用以規範實在的整體。「辯證法的形式包含實在的整體，由於辯證法指明運動律與所有事物運動形成的普遍啓示，自然科學必須也被它（辯證法）所侵入滲透」。純粹的自然並不是立於辯證法之外，相反地它本身是辯證的。辯證法合併成爲法則客觀的發展之理論。他認爲馬克思與恩格斯對辯證法的見解一致，因此不是恩格斯，而是盧卡奇扭曲了馬克思的訓示。

　　德波林派只風光一時（1928-1931），不久便失歡於史達林，因此也被蘇共斥責爲黑格爾化的馬克思主義者，同遭整肅。正因爲此派對黑格爾評價很高，甚至把哲學高估，置於黨的命令之上，被史達林指責爲「孟什維克化唯心論的餘孽」。

在蘇聯，馬克思主義已演變為一連串大膽的宣言與原則，歐洲革命的屢遭失敗加強了正統教條的權威。西方馬克思主義對政治經濟與革命策略已少有置喙餘地。因之退屈轉向於美學、哲學、精神分析的領域作另一番的探索（前揭書，23-24頁）。

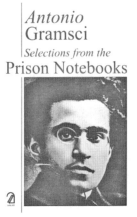

葛蘭西《獄中札記選集》　　葛蘭西與盧卡奇論美學　　克羅齊和葛蘭西論美學與政治

四、西方馬克思主義的發展

（一）概觀

在1920年代中期，以盧卡奇、寇士、葛蘭西為主的西方馬克思主義者，曾在政治上與理論上有引人矚目的表現。可是其後隨著史達林主義對整個世界共產主義運動的控制；隨著法西斯、納粹等暴政的興起；隨著第二次世界大戰之爆發；隨著戰後新冷戰局面的出現，在在使非正統的馬克思主義陷於孤立無援、支離破碎當中。西方馬克思主義在經歷連串打擊之後，雖然未銷聲匿跡，但已成強弩之末、欲振乏力。直到1950年後期似乎有曇花再現的跡象，不過其散布與分化於歐洲各國乃至北美，乃為時勢所趨，也是由西馬轉變為新馬之始（洪鎌德，1995）。

（二）義大利的馬克思主義

在西方馬克思主義各種思潮與學派當中，以義大利的葛蘭西的思想較爲特殊，其原因爲，他的學說是唯一能夠列入當代馬克思主義主流派，而未受教條的馬克思—列寧主義所打壓。這固然與他個人的長期囚禁有關，也與義共的左右逢源避免觸怒蘇共，而對葛氏學說做最有利、最富彈性的解釋有關。

葛蘭西思想的根源爲義大利的黑格爾主義，他主張工廠議會、他分析知識分子與文化，他批評了機械化的馬克思主義，這一切說明他是道地的西方馬克思主義者。他與盧卡奇都曾剖析與批評過當做蘇聯馬克思主義教科書之《歷史唯物論》（布哈林所著）。但葛氏未被開除黨籍，亦未被責備爲異端。反之，他卻成爲義共實質而有效的領導人，也是共產國際的反對者，儘管列寧一度指名斥責他爲「左翼」共產黨人。

有關義大利的馬克思主義和社會主義之歷史的譯本及義文版。它們指出：義大利的左派思想富彈性、非教條，以避免與蘇共產生意識形態的爭執

葛氏認爲議會政治帶有改良主義與機會主義的意味，故予以激烈反對。爲此他在其主編的《蘇維埃》雜誌上刊載了盧卡奇〈議會主義的疑問〉一文的翻譯，而引起列寧的不快。但他卻擁護強而有力黨中央的領導，亦即列寧菁英式的革命黨，而後還反對工廠議會制，認爲這是把政治鬥爭轉移到經濟利益之爭，這點便與他早期的主張直接衝突，產生前後的矛盾。

《蘇維埃》　　　　　葛蘭西主編《新秩序》　《新秩序》：知識的悲觀與意志的堅定

　　不過，葛氏曾公開向蘇聯的馬克思主義挑戰。在1926年共產國際擴大執委會上，葛氏宣稱俄國革命裡頭存有「危機」，以及「內部工作方式的基本缺失」。不過葛氏拒絕布爾什維克化，這代表「俄羅斯黨之特殊的方式，人工化與機械化移植到西歐各政黨之上。藉布爾什維克化〔人們〕企圖把組織性格的公式硬套在政治問題之上，冀求解決」。他在擴大會議上，要求共產國際停止使用恐怖的手段來對付異己，他說：「自我毀滅的瘋狂應該終止吧！」（洪鎌德，2010a：28-29）。

（三）法國的馬克思主義

　　法國的西方馬克思主義起步較晚，故遲至第二次世界大戰結束之後才發展起來，這與法國本土的黑格爾學說之倡導與落實較遲有關。梅樓・蓬第的《感覺與非感覺》（1948）、《辯證法的探索》（1955）；沙特的〈唯物論與革命〉（1946）、《實在與虛無》（1943），以及《現代》（*Les Temp modernes*）刊物等標誌著法國西方馬克思主義的蓬勃發展。

梅樓・蓬第　　　　　　　沙特　　　　　　　阿圖舍

　　上面是法國西方馬克思主義的主流，其支流則為《社會主義或野蠻》（*Socialisme o barbarie*, 1949-1965）及《論證》（*Arguments*, 1956-1962）等期刊。前者為列福（Claude Lefort 1924-）以及卡士托里狄（Cornelius Castoriadis 1922-1997）主要作品發表場地；後者則為列費布勒的意見發表處。《論證》還譯介盧卡奇與寇士的作品。列福的生涯可以縱覽西方馬克思主義在法國之發展。

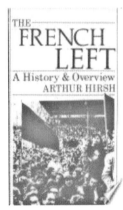

法國左派雜誌《當代》和《社會主義或野蠻》

　　列費布勒是1956年脫離法共的，在此之前其活動與作品完全屬於非正統、非教條式的馬克思主義。他也屬於「哲學派」之一員，該派（1925-1926）與超現實主義形成聯盟。他與居德曼（Norbert Guterman 1900-1984）合譯黑格爾的作品，也譯過列寧有關黑格爾的筆記，以及馬克思早期的著作。他也與居氏

合撰《神秘意識》（*La Conscience mystifiée*），成為法國西方馬克思主要作品之一。

　　該書發表於1936年，其書目與盧氏的《歷史與階級意識》有關，其內容也無異為盧氏書的法國版，只是反映了法國人在對抗法西斯情境下奮鬥的情形。書中隻字不提盧卡奇，據列氏後來的解說是怕牽涉到盧氏而被指斥為異端的爭論之緣故。

列費布勒　　　　　　　居德曼　　　　　　　羅文塔

　　至於居德曼不欲揚名顯世，卻是西方馬克思主義者當中具有國際性的代表人物。他在法國與列氏合作寫書、翻譯，其後在美國與法蘭克福學派合作，他與羅文塔（Leo Löwenthal 1900-1993）合撰《欺騙與先知》（1949）一書，當成霍克海默主編的系列著作之一（洪鎌德，2010a：29-30）。

（四）法蘭克福學派

　　如言其影響、著作豐富與創意，則法蘭克福學派的霍克海默（Max Hork-heimer 1895-1973）、阿多諾（Theodor Adorno 1903-1969）、馬孤哲（Herbert Marcuse 1898-1979）屬於西方馬克思主義的佼佼者。

　　法蘭克福學派主要發源於社會研究所，該所名義上隸屬於法蘭克福大學，實為一獨立的研究機構，後受納粹的逼迫，一再西遷。在流亡與播遷過程中，自無法多談政治，一直遲到1960年代馬孤哲才以政治思想家的面目出現。霍克海默的政治觀點散見於用佚名或筆名發表的殘簡短篇。像1934年的《黎明》（*Dämerrung*）便是一例。他說：「像社民黨文化政策，同情革命的資產階級

文學，馬克思主義當成學府的題材等等問題，隨著談這些問題的知識界之消失，而無人再提出同類的問題」。

　　霍克海默　　　　　　　　阿多諾　　　　　　　　馬孤哲

霍克海默所著《黎明》　　　　霍克海默1950至1969年的筆記

　　在此書中，霍氏嚴厲地攻擊資產階級的知識分子與社會主義的同情者，指他們雖贊成革命，但不知革命的時機，須知革命的時機依賴人的意志。他書中有多處替共黨辯護，如：革命領導即便是有缺失，但它「仍舊是鬥爭的頭」、

「資產階級對無產階級鬥爭的批評是邏輯上不可能、不被允許的」。他又指出對唯物論的忠心耿耿使人成爲毫無思想、只會從事文字與人物的崇拜。但另一方面唯物論的內容，是對眞正世界的知識而言，可是擁有這種知識的人，對馬克思主義未必懷忠，其結果連帶把這些知識也喪失了。

霍氏此書等於爲法蘭克福學派其後數十年的發展拍板定調。他們成爲沒有政黨的馬克思主義者，或是面對黨但卻沒有馬克思主義的無產階級。顯然要擁有馬克思主義的眞知灼見，同時又擁有黨的權威畢竟是一種兩難之事，要打破這種兩難之局，既不能訴諸意志的堅決，也不能期待理論的精當。

在《威權國家》一書中，霍克海默表示他對工人議會傳統的信服，他認爲工人議會是由實踐產生的，其根源可回溯到1871年的巴黎公社。此書雖是爲普勞（無產）階級而寫，但缺乏西方馬克思主義與「左派」共產主義的精神。霍氏把黨當作僵化的官僚組織，認爲黨完全模仿國家，使用威逼利誘的手段來消滅內部的反對。黨猶如國家強加嚴格的紀律於群眾身上，它不求「工人議會的民主」，反而要求「工作」、「紀律」與「秩序」。

就像盧卡奇一樣，霍氏批評社會主義進化的解釋，指出資本主義的法則並不保證社會主義與自由的獲致。馬克思主義者所稱：革命在於扮演助產婦幫助歷史提早演進，這種說法是貶損革命，把革命當成現存社會的「進步」看待，而歷史的突破須借助於主體的行動。霍氏相當悲觀，認爲未來不僅可能是自由的出現，也可能是新的壓榨形式之出現，即「威權國家的永久體系，儘管充滿威脅性，不會較市場經濟的永久和諧少眞實」。

馬孤哲企圖在其著作中證明黑格爾的理念是與法西斯主義敵對的。在1950年代，他的看法已有所修改，他說：「法西斯主義與納粹主義的敗滅並沒有阻斷邁向極權主義的趨勢，自由正在倒退中」。隨著原子彈毀滅的威脅、資源浪費的浩劫、人類心智的貧窮，暴力出現於言行之間，種種令人驚心動魄的禍害竟然排山倒海而來，爲對抗此一惡劣的潮流，辯證思想顯得更迫切重要。

 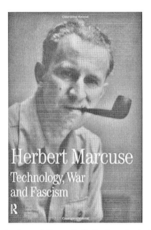

馬孤哲的《理性與革命》談黑格爾　　　他亦談及科技、戰爭與法西斯主義

　　對正統馬克思主義者而言，法蘭克福學派的言行無異是一樁不名譽之醜聞。它從來不與德國唯心論或歷史主義絕裂，它只批評對科學的崇拜；它與無產階級組織不發生關聯；它只沉醉於文化、精神分析、主體等題目之上；它欠缺革命實踐成功的紀錄，卻對前途充滿悲觀與絕望。

　　盧卡奇在其晚年，也攻擊阿多諾及其他法蘭克福學派人士，不滿意他們的悲觀，以及置己身於革命的組織之外，他指控他們置身於一懸崖的豪華旅館，雖然住客享盡食宿的奢侈，卻擔心臨深履薄，旅社將有傾覆的危機（洪鎌德，2010a：30-32）。

五、西方馬克思主義的分歧

（一）西馬中的兩種馬克思主義

　　當代西方世界馬克思主義者，曾以馬克思的原著為基礎加以析述，而提出「批判性的馬克思」來對照「實證的馬克思」這兩個傳統，並以「青年馬克思」與「成年馬克思」作為這兩個傳統的象徵。

　　美國社會學家古德涅（Alvin W. Gouldner 1921-1980）則區分「科學的馬克思主義」與「批判的馬克思主義」。前者為結構主義的，視人為「立基於他物」（other-grounded）之上，為社會的產品，為社會的結構的矛盾之

產品，爲有目的法則之產品。科學馬克思主義與現代人對科技之崇拜有密切
的關聯；後者批判的馬克思主義，則強調人不但是能做、能爲的動物，還是
生產者。其重點爲人的「立基於自我」（the self-groundedness）。它與文化
的再生運動有關，是「浪漫化」的反對運動，反對現代世界的「機械化」
（mechannization），俾提升精神的因素（Gouldner, 1980: 158）。由是可知西
方馬克思主義應是批判的馬克思主義之化身。雖然實證的或科學的馬克思主義
也出現在結構主義裡頭。事實上，我們也把結構主義當成西方馬克思主義思潮
的一個分支或逆流來看待（洪鎌德，2010a：32-33）。

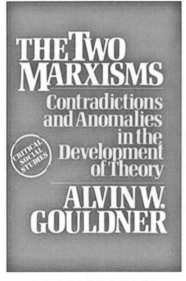

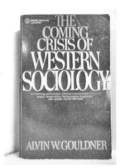

古德涅《兩種馬克思主義》　　　　古德涅　　　　《西方社會學迫近危機》

（二）黑格爾式的西方馬克思主義

　　賈伊（Martin Jay 1944-）則指出：由於盧卡奇、葛蘭西、卜洛赫等西方馬
克思主義者一再堅持馬克思受黑格爾影響重大，因此有人把西方馬克思主義視
同爲黑格爾式的馬克思主義。這由早期馬克思遺稿之陸續發現、刊載，以及
《政治經濟學批判綱要》（Grundrisse，簡稱《綱要》）之刊行獲得證實。由
於馬氏一度爲激烈派的黑格爾門徒，因此異化、物化、仲介、客體化、對象
化，也成了西方馬克思主義者的口頭禪。

　　在這一意義下，賈伊認爲西方馬克思主義乃是一群組織鬆散的理論家所
創造的。他們由盧卡奇、葛蘭西、寇士與卜洛赫等開創者那兒攫取一點示意，
而大加發揮。這些人包括法蘭克福學派的霍克海默、阿多諾、馬孤哲、羅文
塔、卞雅敏（Walter Benjamin 1892-1940）；法國黑格爾主義者列費布勒、郭
德曼（Lucien Goldmann 1913-1970）；存在主義者沙特、梅樓・蓬第；其他
可列入的有布列希特（Bertolt Brecht 1898-1956）、賴希（Wilhelm Reich 1897-
1957）、符洛姆；荷蘭的工人議會共產黨；法國《論證派》以及法蘭克福
第二代的哈伯瑪斯與施密特（Alfred Schmidt 1931-2012）。其他尚有宋列特
（Alfred Sohn-Rethel 1899-1960）、寇夫勒（Leo Kofler 1907-1995）、雅庫博
夫斯基（Franz Jakubowski 1912-1970）、列福與卡斯托里狄等人，勉強可列入
候選人名單當中。

賈伊　　　　　　卜洛赫　　　　　　卞雅敏　　　　　　符洛姆

施密特　　　　　宋列特　　　　　　寇夫勒　　　　雅庫博夫斯基及其作品

（三）綜合性的西馬

安德遜（Perry Anderson）則把擁護與反對黑格爾哲學的思想家也列入西方馬克思主義陣營內，這包括阿圖舍與歐爾培。他辯稱批判的與科學的馬克思主義者雖屬兩個陣營，但兩者仍有其共通之屬性。

歐爾培　　　　　郭德曼　　　　　布列希特　　　　　賴希

對於何者應列入或不應列入西方馬克思主義的名單中，是見仁見智之事。吾人不妨採取維根斯坦（Ludwig Wittgenstein 1889-1951）「家族同貌」（family resemblances）的說法，把親黑格爾派與反黑格爾派（兩派爭論馬克思是否受黑格爾之影響）通通列入，他們縱然不算是兄弟姊妹，但可列入堂親或表親之屬。

西方馬克思主義共通之處，為出生於歐洲西部／中部、或分享知識傳統的理論之士。這可以把他們從第一次世界大戰之前業已成熟或成名的馬克思主義者（像列寧、盧森堡、布哈林、托洛茨基等）分開來。其中有兩個例外，一為出生於匈牙利（東歐）的盧卡奇，一為出生於羅馬尼亞（東歐）的郭德曼。不過前者浸濡於德國文化中；後者則深受法國文化的薰陶，都不能視為東歐文化的產品。阿圖舍出生於阿爾及利亞，本來也可視為一個例外，但他一直在馬賽與巴黎接受教育，因此其文化背景仍是西歐的（洪鎌德，2010a：33-34）。

（四）西馬對資本主義的拒絕絕與否認

總之，西馬是從俄、德、匈、義、荷等國革命成功與失敗的精神下誕生出來的哲學思潮。為了啟發群眾、喚醒群眾、散播群眾革命意識，對西馬人士

而言反而成為急迫的、可行的革命前之宣傳工作、教育工作。是故工廠議會、工人議會成為普勞革命的工具、手段。文化解放成為人解放的初階,而文化解放不能由上而下的垂直式灌輸,而是設法從民眾、勞工的基層主動地發起,而配合客觀的形式,導致主體與客體的合一,這也符合黑格爾從意識到主體互動的自我意識發展之說法。這種說法可以說是荷共、盧森堡的主張與盧卡奇、寇士、葛蘭西觀念匯合凝聚的原因。

　　批評者指摘西馬放棄經典馬克思主義的教示,因為忽視政經批判和唯物主義,也批評他們過度耽溺於唯心主義(觀念論),以致疏遠實際政治,離開共黨的活動。但不要忘記,馬克思本人並沒有終身沉浸於政治活動中,他常對政治現實保持遠觀、疏離的態度。因之,沒有必要抨擊西馬和馬克思之間有太多的差距。再說,史達林的暴政與法西斯的猖狂導致非教條的西馬思想家遠離家園,無法參與本國政治活動,也是歷史的宿命。要之,西馬產生大量的作品,大多被忽視的學問領域,這是經典的馬克思主義傳統引發的,儘管他們放棄這一傳統,而受到正統馬克思主義者的汙衊、控訴(Jacoby, 1991: 581-584)。

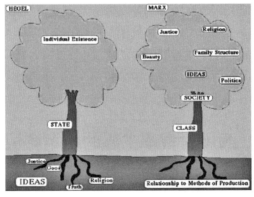

黑格爾與馬克思的異同與理念的傳承

第七章

新馬克思主義的形形色色

第七章　新馬克思主義的形形色色

一、新馬與西馬的異同

二、新馬的界定與範疇

三、新馬的流派與分類

四、帝國主義、殖民主義、資本主義和倚賴理論

五、現代世界體系理論

六、新馬政治經濟學的要旨

七、新馬流派中的解析馬克思主義

八、新馬關懷環保和生態永續經營的理論

八、結論

一、新馬與西馬的異同

新馬克思主義（Neo-Marxism），簡稱新馬，常與西方馬克思主義（西馬）混為一談。其實兩者除了共同反對與批判蘇維埃官方的馬克思主義之外，彼此也有所區別。1.在時間上西馬崛起於一戰前後的1920年代，延續到二戰後1950年代底；新馬則出現在1960年代初延展至今。2.地理分布方面，西馬主要出現在匈、德、意、法歐洲大陸；新馬則由歐陸擴散英倫、北美、東歐、拉美、北非、澳紐，而及於世界其他範圍。3.討論的對象：西馬質疑馬克思唯物史觀中社會的基礎制約上層建築，以致重視資本主義經濟領域內的生產活動。反之，西馬的理論家則注重文化和意識形態對個人行為與社會運作的影響，而視上下建築處於辯證互動的關係中。其重點仍在社會的上層建築；新馬反過頭來，不但探究文化現象，卻也討論老馬關懷的經濟問題，特別是資本主義的轉型與擴張，尤其是配合對帝國主義的抨擊，而發展所謂的倚賴理論和世界體系理論，這等於恢復馬克思上下層建築兼顧的社會總體觀。4.在研究的取徑與方法方面，西馬傾向於辯證法、歷史法、哲學乃至心理學（心理分析）、現象學、詮釋學之應用；反之，新馬則採用社會科學（包括實證的、經驗的、數理的、統計的「科學」）的方法（洪鎌德，1995：11n）。

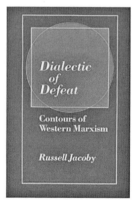

西馬作品　　　　　　　　　　新馬著作

二、新馬的界定與範疇

　　依據統一前西德學者馮外士（Andreas von Weiss）的說法，所謂的新馬克思主義，乃是第二次世界大學結束後流行於西方世界的「後繼馬克思主義」（*Nachfolgermarxismus*）。所謂的「後繼馬克思主義」是指繼承馬克思和恩格斯的學說，並加以修正、發揮、擴大各種馬派信徒和理論家之綜合。它廣義上包括普列漢諾夫所倡導的歷史唯物主義、考茨基的辯證唯物主義，以及伯恩斯坦推行的修正主義。此外，還包括奧地利馬克思主義（Austro-Marxism，簡稱奧馬）、托洛茨基主義、列寧主義、史達林主義、盧森堡主義、荷共委員會共產主義、西方馬克思主義和新馬克思主義等等。

　　事實上，新馬可以界定為，不以黨派（特別是執政當權的共產黨）為靠山，不以組織（少年團、先鋒隊、共產黨等）為本錢、不遵守教條（馬、列、史、毛之說詞）的指示、不接受秩序（黨訓、組織規矩）的束縛，捨開集團單打獨鬥的「自由馬克思主義者」（*Freie Marxisten*）所倡導的思想體系。這些自由馬克思主義者絕大多數任教於學院，或為文化評論者、媒體工作者。新馬構成當代文化與社會理論的一環，也是效法馬克思追求人類解放的知識界先驅（Von Weiss, 1970: 11-12）。

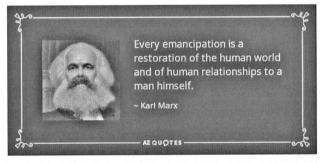

馬克思說：每種解放旨在重現人的世界，恢復人與自己本身的關係（自我實現）

　　美國學者郭曼（Robert A. Gorman）把新馬看做當代激（基）進的思想之一，它在矯正馬、恩思想缺乏圓融、連貫之餘，仍不放棄社會主義革命性的追求。由是可知，在新馬名義下，擁有各種學派、流派，他們藉各種方式，企圖與政治策略相結合。由於各學派、流派認知的紛歧、策略的懸殊、方法的不

同，造成新馬派別林立、訴求迥異，呈現百家爭鳴、百花齊放、相互競爭的盛況（Gorman, 1982: 15-16）。

三、新馬的流派與分類

既然我們以第二次世界大戰結束後十多年的時期，作爲新馬肇始的年代，那麼新馬必然有一部分和西馬重疊，特別是涉及法蘭克福學派的三代人物及其學術主張。第一代有葛倫貝（Carl Grünberg 1861-1940）、霍克海默、阿多諾、馬弧哲、符洛姆等；第二代有哈伯瑪斯、施密特（Alfred Schmidt 1931-2012）、韋爾默（Albrecht Wellmer 1933-）。

洪鎌德所著《人的解放》（2000年揚智版），討論的主題是馬克思的人本主義、人文思想、人道精神，也涉及到他對人的個體性和社群性的檢討和關懷。此書已絕版，改以《個人與社會：馬克思的個人論和社群觀之析評》（2014年五南版）加以申述和擴大。

第三代有歐斐（Claus Offe 1940-）與艾德（Klaus Eder 1937-）。此外，法國存在主義沙特、現象學的梅樓‧蓬第、結構主義的阿圖舍、日常生活的批判理論之列費布勒、基因結構主義的郭德曼。新馬與西馬交會的人物還包括義大利新實證主義的歐爾培和批判黑格爾式的馬克思主義的柯列悌（洪鎌德，2010a：217-294）。

施密特

韋爾默

歐斐

艾德

克羅齊

歐爾培

柯列悌

　　不屬於新馬範圍，但被認爲是當代左翼文人、社會主義思想家，或左派激（基）進分子，是圍繞在*New Left Review*、*Socialist Register*、*Radical Philosophy*等左翼學報、雜誌的編輯、投稿人。這些英、美左派理論家係繼承羅賓蓀女士（Joan Robinson 1903-1983）、史拉發（Piero Sraffa 1898-1983）和鐸布（Maurice Dobb 1900-1976）等劍橋學人之路徑，對馬派政治經濟學進行批判與修正，並擴大至對西方社會、政經與文化的解析和抨擊之上。由於二戰之後英、美、加、澳、紐各大學的政治學、社會學、經濟學、社會心理學、文化人類學、哲學、文化研究、文藝批評等吸引大批學生選修，配合馬克思學說瀰漫校園，加上反戰、反核、反失業、反種族、反女性之歧視與反生態破壞之學潮洶湧而至。學生組織的強大、活動的激烈、串聯的迅速，使北美的反越戰示威，一下子釀成巴黎1968年的五月風暴，以及德、法、比、荷、義和英國主要大學的學生暴動。這時刻新馬的部分理論終於形成革命的行動，形成理論與實踐的結合。

羅賓蓀　　　　　史拉發　　　　　鐸布

　　法國新馬理論家中比較有成就的人物是應用馬克思1858年手稿（亦即《資本論》卷一〔1867〕之前身）《政治經濟學批判綱要》（*Grundrisse der politische Ökonomie*，簡稱《綱要》〔*Grundrisse*〕）於人類學的研究之上。也就是對資本主義形成前的早期社會做分析與描述，這無異是對早期社會做出民俗學上的詮釋。從而創立了「新馬的人類學」。其代表性的人類學者有葛德利爾（Maurice Godelier 1934-）、梅拉索（Claude Meillassoux 1925-2005）和戴雷（Emmanuel Terray 1935-）（洪鎌德，1995：148-157）。

葛德利爾　　　　　　梅拉索　　　　　戴雷

　　至第二次世界大戰之後，受美國社會學者米爾士（C. Wright Mills 1916-1962）有關權力菁英、社會層化、文化與人格關聯的分析等所影響之美國左翼理論家，多活躍在下列期刊和雜誌之上，這些刊物包括*Dissent*、*Transaction*、*Monthly Review*、*Telos*、*Thesis Eleven*、*New German Critique*、*Science & Society*以及*Politics & Society*等等。加上執教於大學和專科學院左派學者及各大報評論員的鼓吹，儼然形成了「學院式的馬克思主義」，美國成為當代新馬克思主義的重鎮。

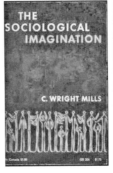

米爾士及其著作　　　《社會學的創思》　　　《馬克思主義者》　　　《權力菁英》

　　前面提起的郭曼曾嘗試為新馬們的流派分門別類，他將各派學說歸類為三大範疇（Gorman, 1992: 16），計為先驗的、經驗的與實驗的三大系統。先驗的新馬克思主義包括正統唯物史觀和觀念論（唯心主義），特別是黑格爾式的精神（心靈）哲學、佛洛伊德式的新馬克思主義、結構主義的新馬克思主義，以及卜洛赫（Ernst Bloch 1885-1977）帶有神秘色彩的馬克思主義（洪鎌德，2010a：88-119、259-294）；屬於經驗系統的新馬有早期伯恩斯坦的修正主義、奧地利馬克思主義和當今義大利的歐爾培與柯列悌為代表的新實證馬克思主義；至於第三個系統，屬於實驗主義的範疇下的新馬克思主義，包括自胡塞爾（Edmund Husserl 1859-1938）和海德格（Martin Heidegger 1889-1976）以後的現象論，兼及馬孤哲、帕齊（Enzo Paci 1911-1976）、沙特、梅樓‧蓬第等的存在主義、現象論等（洪鎌德，2010a：248-259）。

卜洛赫　　　　　胡塞爾　　　　　海德格　　　　　帕齊

四、帝國主義、殖民主義、資本主義和倚賴理論

　　當二十世紀初帝國主義的理論自希爾弗定、盧森堡、列寧提出時，其主要的用意在於解釋何以馬克思所做歐洲發達之資本主義終必崩潰的預言，遲遲未能兌現。其原因是資本主義國家輸出資本、奴役殖民地人民而使本來趨向分崩離析的資本主義得以苟延殘喘。其後壟斷的資本主義崛起，帝國主義理論在於解釋資本主義國家掠奪殖民地，引發列強衝突和國際戰爭的因由。第二次世界大戰結束後，殖民地紛紛獨立成為新興的國家。但新興國家的政治不穩，經濟貧困、社會動盪、文化失衡且科技落後，又引發自由派學者一窩蜂鑽研和闡發所謂現代化理論（徹底的西化說或現代化學說）和發展理論，部分激進派則逐漸由帝國主義和殖民主義的理論轉向所謂的倚賴理論。

帝國主義

殖民主義

　　倚賴理論指出第三世界所以貧窮落後，不僅是由於欠缺菁英分子，或人民的愚昧無知、政府的貪汙無能等表面現象所造成的，而是根植於西方工業國家與新興國家的歷史糾葛之上。況且第三世界諸國的問題，並不是態度的、心理因素的，或是文化的（肯不肯「中體西用」、西化，或現代化）問題，在根本上是結構的問題，也就是經濟的問題。所謂的倚賴理論是指新興的國家無法推行獨立自主、自我維持的經濟發展，反之，是過度倚賴或牽連到工業化資本主義國家的扶持和奧援。造成新興國家這種倚賴性格乃是其經濟、特別是外貿的結構有以致之，這些國家大部分是原產品的輸出國，原產品的價格卻受世界市場的波動所左右。新興國家經濟大多未多樣化、多角化，本國有限的市場迄未充分發展，且其精英分子輸入的奢侈品，貴重品不是一般貧苦大眾所能購買與消費的。在投資方面，它們仰賴西方工業先進國家或國際金融貸款組織，而這

些輸入的資本又非第三世界國家的政府所能控制和應用。要之，新興國家倚賴
外國的商務、資本、產品、人才、技術等等，又因負債過鉅，造成償付無方的
危機。

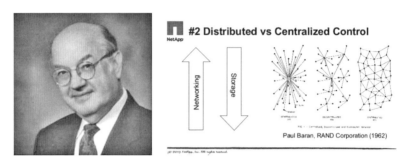

巴藍及其分配的和中央控制的方式

　　巴藍（Paul A. Baran 1909-1964）首先在《成長的政治經濟學》（1957）
一書中提出他的經濟倚賴論。該書後半部提及發達的西方資本主義與落後國家
的關係，因而修正馬克思所說的落後國家以先進國家為借鑑，企圖在未來達致
先進國家目前的水平。依巴氏說法，西歐先進國家將世界其餘國家拋在腦後，
並非是偶然的事，而是由於西歐發展的性質造成的。換句話說，歐美的進步
和第三世界的落後是一體的兩面，而不是先後發展時期的不同（Baran, 1957:
140）。

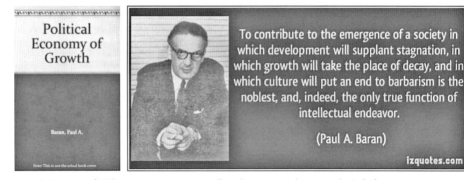

《成長的政治經濟學》　　　　巴藍認為知識分子應致力社會的發展

　　巴氏指出三個過程造成第三世界的貧窮落後，也造成帝國主義的富裕進
步。第一，被殖民過的國家農業的重加結構，造成自給自足的糧食生產轉變為

商品性的（可換取現金的）農產品之生產，其結果是新興國家變成新農產品輸出國；第二，新興國家的前身多為殖民地，但殖民地的財富卻被當年的殖民母國家所榨取，亦即通過稅收和廉價勞工而使殖民地的財富流入殖民母國；第三，帝國主義的統治，破壞殖民地本土的製造業，殖民母國的工商成品輸往殖民地，其結果為殖民母國經濟發達、人民富裕，殖民地本土工業卻遭破壞無遺。

巴氏還引進了「實際的經濟剩餘」和「潛在的經濟剩餘」兩詞來說明第三世界地區，這兩種剩餘的差距之擴大，標誌著帝國主義和新殖民主義如何榨取第三世界的資源。

聯合國拉丁美洲經濟委員會（The United Nations Economic Commission for Latin America，簡稱ECLA）在1940年代後期即進行一連串有關拉美經濟落後國家的研究，其研究者多數不是馬克思主義的經濟學家，不過帝國主義在拉美的榨取有詳盡的描述和分析，其統計資料成為其後倚賴理論立論的基礎。

1960年代初期，一批馬克思主義的激進學者開始為倚賴理論提供新的面貌，符蘭克（Andre Gunder Frank 1929-2005）是其中的翹楚。他為德國移民，出身芝加哥大學，研究拉美經濟事務，曾在智利和巴西進行實地考察。他反對拉美本土經濟的落後，是由於封建殘餘的大地主對抗進步的有產階級資本家所造成的，亦即拉美的經濟是封建的農業和現代的工商業兩元的對立和並存。符蘭克反對這種兩元論兼封建論的說法，他也駁斥西方發展社會學（sociology of development）的擴散論（diffusionism）。蓋擴散論者誤認新興國家低度發展（落後）是一種原始的狀態（傳統主義），可藉西方資本主義的侵入、擴散而改善。在符氏眼中，兩元論和擴散論相輔相成，兩者都認為落後國家為前資本主義，落後國家的進步有待資本主義（現代化）的入侵和擴散（洪鎌德，2011：401-405）。

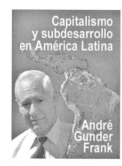

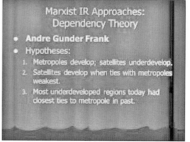

符蘭克　　　《歐洲的挑戰》　　都會在發展，衛星國卻裹足不前

　　符氏持相反的看法，他認為第三世界之所以落後是由於數百年來和西方接觸頻繁，早就變成資本主義化，第三世界欲擺脫倚賴和不獨立的困境，只有靠排除資本主義國家的介入一途。在其著作中（Frank, 1967; 1971; 1975），他不認為拉美國家有所謂封建主義的存在，就是其鄉村經濟也不是封建式的，而自具特質。他又將一般所說拉美的經濟和社會是兩元論加以駁斥，指出拉美經濟最發達的時期正是帝國主義在中南美勢力最衰微之時。反之，拉美的落後和經濟衰歇卻是殖民母國和衛星國互動（metropotian-satellite interaction）時期。這裡他以殖民母國（metropol）與衛星國（satellite）來代替ECLA所倡說的中心（center）與邊陲（periphery）的提法，從而他也抨擊了擴散論。

　　至於拉美任何一國之內的經濟發展有部分（或地區）較為發達，其他部分則較為落後，這點他的解釋是把殖民母國和衛星國互動的模式由國際搬運和應用到國內之上。亦即在一國之內這兩個部分（或區域）是通過壓榨的過程形成一個進步，另一個落後的情形。通常在拉美某一國度裡，一個階級或一群菁英控制著這個壓榨的過程，它的收入全由社會各部分所供應的，在此情形下，這一階級（或菁英集團）究為資產階級，抑為封建主義是難以一概而論的。這一解釋的兩項政治涵義為：第一，拉美共產黨在受到國際共黨的鼓舞下，進行聯合陣線的策略。不過聯合的對象，如只限於所謂的「進步的」資產階級，用來對抗封建勢力的話，則這種聯合註定要失敗，原因是在拉美國家無所謂的資產階級與封建之分；第二，通常革命階段說指明社會主義的革命是在資產階級民主革命之後實行的。但符氏的這一分析，兩階段說似乎無法應用於拉美國家的革命運動之上。反之，像古巴的卡斯特羅一樣，不經資本主義的成熟發展，即刻推展社會主義的革命，則其成功的機會自然較大。

資本家榨取工人的剩餘價值　　　　《襤褸布爾喬亞造成襤褸的發展》

　　既然符蘭克駁斥了封建主義說、經濟兩元論、社會擴散說，那麼他所謂的倚賴論的立論基礎在哪裡？首先他接受巴藍有關剩餘概念和潛在剩餘的概念。他認為壓榨是雙重的過程，第一，為外國的企業組織將第三世界可資再投資的剩餘儘量榨取吸回其母國；第二，拉美國家的社會階級結構便利了國內非理性和浪費性濫用剩下的資源。在此情形下，潛在的剩餘逐漸消失了，這是由於無法更新的資源（例如礦產和土地）之濫用和統治階級（以及菁英集團）浪費的緣故。此外，第三世界集中於生產與輸出某些原料的經濟結構，也使它的國際支付日趨不利，財富遂由邊陲國家移向核心國家。另外，核心國家對邊陲國家原料價格的壟斷性控制，或第三世界國家通過國際商團購入的昂貴產品，也是造成拉美國家貧窮落後的主因。

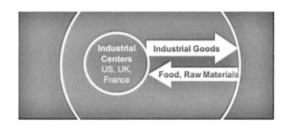

　　其中符氏有關帝國主義率直的分析，揭露帝國主義對第三世界內在的破壞作用。其立論的主旨不在指出第三世界鄉村的落後和貧窮是由於該等經濟部分與資本主義脫離的緣故，剛好相反，文中認為正是由於這些經濟部分被資本主義統合才會導致低度開發和窮困。由於他對拉美國家受到帝國主義進侵的歷史分期與眾不同，以及強調這些國家與資本主義國家的長期接觸早已資本主義化，因之這些論點遭受了相當的批評，以致他否認他本人為馬克思主義者，不過我們若視他為激（基）進的經濟理論家，則是恰當不過的。

Frank presents the idea of "Dependency Theory," a concept based on the global relation of economic domination and exploitation by the more economically powerful countries over the less economically powerful countries. As a result of the unequal distribution of power and resources, some countries have developed at a faster pace than others. Frank further argues that we cannot formulate adequate development policy for a majority of the world's population without knowing how their past economic and social history influenced their current underdevelopment. Additionally, he states that we tend to believe that their history tends to resemble the history of the more developed countries and that such assumptions lead to misconceptions about contemporary development and under-development.

符蘭克認為經濟強勢對弱勢國家的剝削造成後者對前者的倚賴和不自主

　　在倚賴理論發表不久，在法語系的國家又出現了新的帝國主義理論。其代表人物爲執教於巴黎索邦大學的希裔學者艾馬紐（Arghiri Emmanuel 1911-2001）以及旅居巴黎的埃及學者阿敏（Samir Amin 1931-）。他們企圖闡釋馬克思有關帝國主義的理論，並強調其批判的成分。他倆先批評馬克思主義者的經濟理論：艾馬紐攻擊先進資本主義國家和第三世界國家攜手合作，雙方都會有比較利益之理論；阿敏則批評發展理論中聲稱的第三世界國家，充分西化便可進入發展的「起飛」階段。

　　艾馬紐利用馬克思的勞動價值說，展示國際貿易牽涉到殖民母國對邊陲國家的過度壓榨，原因是雙方的交易是不平等的。不平等的交易顯示在落後國家一小時的工作時間之產品所換得的是先進國家少於一個鐘頭勞動的商品，長期來看，這種不平等的交易會導致落後國家價值的流失，亦即流向先進的工業國家，一方付出太多，另一方則付出太少（Emmanuel, 1972; Amin, 1974; 1976; 1978）。

 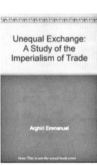 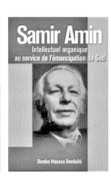 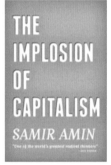

艾馬紐　　　　《商貿的帝國主義》　　　阿敏　　　　《資本主義的內爆》

　　英美的激進派經濟學家在1970年代初期繼續檢討倚賴理論、不平等交易理論及其他帝國主義理論。齊曼斯基（Albert Szymanski 1941-1985）考察美國與第三世界之間資本的流動，他發現淨資本的流動方向是由美國流向邊陲國家，從而證實列寧的帝國主義說，也間接駁斥倚賴理論所指資本由邊陲湧入核心的說法（Szymanski, 1974: 20-40; 1976: 403-414; 1977: 35-53; 1978: 776-782）。

齊曼斯基

與友人合影

《帝國主義的邏輯》

五、現代世界體系理論

　　英美學者除了以數據資料來檢驗資本主義理論之外，尚有正統派馬克思主義者對倚賴理論和不平等交易理論進行批評，但所有激進的理論卻因爲華勒斯坦（Immanuel Wallerstein 1930-）的現代世界體系理論而顯得失色。華氏的著作《現代世界體系》（1974）的出版標誌著新馬克思主義政治經濟學的里程碑（Wallerstein, 1974: 243），華氏的書融合了馬克思主義學術研究的兩大主題：其一，自巴藍、符蘭克等人的學說，華氏吸取這一觀念，即歐洲的發展和第三世界的落後是一體的兩面；其二，他應用這個理論架構於至今爲止少有關聯的題目之上，亦即論歐洲由封建主義轉化爲資本主義，特別是十六世紀歐洲資本主義農業和重商主義的崛起。

　　華勒斯坦的理論模型是熔冶倚賴理論、馬克思主義和歷史社會學於一爐。他分析十六世紀形將構成一個「世界體系」的歐洲諸國之實力。所謂世界體系乃是建立在資本主義的商業和專供銷售用的商品之生產爲基礎所形成的國際經濟體系，這個單一性的世界體系是由三個部門合組而成的：核心、半邊陲以及邊陲。儘管這三個部門都受到國際貿易和其後的殖民主義底影響，但它們的經濟活動是有所專門與有所分別，核心發展工業和商業，邊陲則發展農業和礦業，亦即單種的穀物之農業經營或是出口的礦業（Wallerstein, 1974: 243），當上述各業逐漸分別發展自成專門化之後，歐洲各國的國力也隨之有強弱之分。強國能夠承受貿易失衡所引起的經濟壓力，於是剩餘的財富開始流向核心區域，而使核心國家更形富強；反之，財富的流出，使邊陲國家更爲貧弱，並且

滅少它們的發展，最後造成這些國家在政治上和經濟上成爲倚賴性的國家。

華勒斯坦

《現代世界體系》

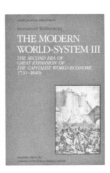
卷一與卷三

《不再想社會科學》

　　至此，華氏的理論模型和早期的倚賴理論並不相遠，卻是相互契合。他與倚賴理論者都相信核心的發展會導致邊陲的落後，他也提及剩餘的轉換（像不平等的交易、壟斷性的價格，外國對資本的擁有等）的問題。他原創性的貢獻在於指明經濟的專門化會影響世界體系中諸國的階級結構，以及影響了勞力控制的制度。他說：核心國家的統治階級採用自由工資的勞動作爲勞力控制的體系；反之，邊陲國家的統治階級卻採用農奴或強迫性勞工（農工或礦工）。以上是他有異於倚賴論的所在。此外，他與倚賴理論者不同處爲強調國力的大小不同，這些是涉及一個政府機構政治的、軍事的和行政的能力而言。

World Systems Theory focuses on a larger division of labor that takes places nationally, regionally and internationally with countries occupying a "core," "periphery role" or a middle ground semi-periphery. These roles can be mutual beneficial and the roles of a specific state can change over time. Whereas Dependency Theory says the poor periphery countries are exploited for the benefit of enriching core countries.

世界體系理論檢討核心或半核心國家之間的分工角色，這些角色在時間過程中有所更迭。反之，倚賴理論強調邊陲國家的落後貧窮導因於核心國家的發展富強。

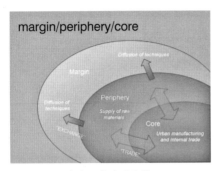

邊陲、半邊陲和核心

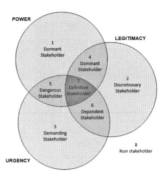

權力、正當性和急迫性

　　華氏理論模型中言及的核心和邊陲的部分是清楚明白的，可是他說界於核心和邊陲之間的半邊陲，則有點模糊不清。大概是以工業發展和國力的大小來指陳他們界於核心和邊陲之間而言的，它們等於核心和邊陲之間的緩衝地帶。以今日的國度來衡量，半邊陲國家應包括巴西、阿根廷、南韓、台灣在內。這些半邊陲的國家採用雙重經濟輸給核心以原料，但輸出給邊陲國家卻是製成品，它們擁有熟練卻低工資的工人，因此可以直接收受核心地區某些轉移的職務，藉此來促使經濟的成長。它們也有能力統合於核心國家裡，不過關於此點華氏未曾詳論。核心國家也有降為半邊陲，或者邊陲國家也有升級為半邊陲的可能性。

　　表面上，華氏的論調和正統派馬克思主義的觀點不謀而合，因為他使用很多正統派的術語（像資本的流動、生產方式、階級衝突、國家、國際分工和專門化等）。但正統派馬克思主義者卻指陳其錯誤百出，這是因為他們不同意他把這些概念組合的方式。

　　批評華氏學說最厲害的莫過於布勒涅（Robert Brenner 1943-）。布氏和其他正統派馬克思主義者指出：由於階級的結構，特別是資本家的出現，顯示資本家在追求利潤才會尋求技術的突破和更新。由於技術的更新、科學的進步、財富的累積才會形成強國，強國再加上對外貿易於是產生了帝國主義。如今華氏卻反其道而行。他立論的次序是資本主義是和十六世紀的大發現、大航行相隨而生。由於「天然」因素造成了產品的不同，產品的不同造成貿易的專門化過程，不同的貿易專門化角色造成不同的階級結構（貿易會改變階級結構），不同的階級結構造成不同的政治。核心國家的力量使他們能夠自邊陲弱國榨取剩餘，剩餘即構成了核心國家經濟起飛的能力（Brenner, 1977: 25, 93）。

布勒涅及其著作《全球麻煩的經濟學》　　　　　在《新左評》文章

　　布氏反駁上述論點，指出在東歐各國對外通商，不但沒有改變階級結構，反而強化了封建主義的上下隸屬關係。再說勞力控制的體系也不是由統治階級所選擇、所決定的，而是因為它本國國內的階級結構已發生變化，而啓開了新的技術活潑的時代。

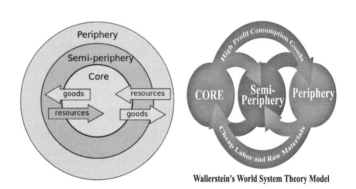

Wallerstein's World System Theory Model

　　不過平心而論，華勒斯坦的理論，在於強調世界體系，而不是像以往只斤斤計較個別國家單一的歷史研究。他學說的核心是在寰球的脈絡上，研究國家經濟發展和政治發展與其外在活動的關聯。他對國家角色和力量的重視，可以補救倚賴論只看重資本流動的偏頗，特別是他注意到國家之內的制度性結構（國家、階級、經濟組織）和他們互動的關係，可以說是慧眼獨具，極富創思，它對當代美國社會科學，特別是左派理論的影響歷久不衰。

六、新馬政治經濟學的要旨

新馬克思主義的經濟學者對資本主義的看法，我們可以大約歸納爲下列幾個主要的項目：

（一）認爲美國的資本主義已發展到先進的階段，整個經濟已受到壟斷性國際大公司行號（giant corporations）、跨國公司財團（multi-corporations）所主宰，亦即形成財團（組合）資本主義（corporate capitalism），這異於之前馬克思所說競爭的（competitive）或壟斷的資本主義（monopoly capitalism）。在美國爲數兩百多的公司與財團常爲跨國性企業組織，它們分布於工業、商業與金融等部門，控制著貨品的產量、價格、技術及其更新，甚至操縱消費者的慾望與需求，在取得高利潤之外，它們還將風險和社會代價推卸給公家部門、消費大眾、納稅人和無權無勢的人民去負擔、去承受。

 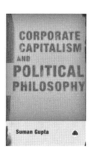 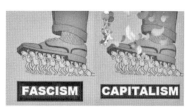

跨國公司　　　　　　財團資本主義　　　　法西斯主義無異是資本主義

（二）國家成爲財團資本主義的幫兇：大公司行號以各種方式手段影響了國家的大政方針，控制了公共部門的運作。它們和政府之間存有唇齒相依的相互依存關係，政黨的得勢掌權是依賴大公司的財政支援的。政府的規定很少在保護消費者免被欺騙濫用，反而在掩蓋生產者的無能和失效。國家的稅收用來補助大公司行號的虧損。此外，國家還提供財團以廣大的市場。

（三）資本主義膨脹的動力導致危機，儘管壟斷資本家和國家的關係密切，但資本主義的膨脹擴大卻爲大公司行號帶來嚴重的後果。資本家之間的競爭迫使他們要設法生產更多產品、累積更多資本、賺取更大利潤。其結果造成資本主義體系更多的罪惡、更多的非理性。資本主義的擴張遂仰賴不斷膨脹的市場，也對工人進行更大的壓榨，形成收入的不均，以及嚴重的異化，甚至把社會推向窮兵黷武和帝國主義擴張的深淵邊緣。

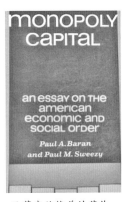

巴藍與施維慈的著作　　　　資本家吹捧帝國主義　　　　國家與資本主義狼狽爲奸

　　（四）剝削、壓榨的變本加厲：正統派經濟學者以邊際生產力來解釋一般人的收入，認爲工資率接近產品的邊際收益，這點受到激進派經濟學家猛烈的抨擊。原因是不論是勞動市場也罷，產品市場也罷，都沒有完全和公平的競爭可言；其次，工作機會並不平等，更何況激進經濟學者否認資本本身具有生產能力。他們承認「機器能夠增加生產，工人也需要機器，因爲機器增加工人的生產力。不過能夠生產的是這種物理的資本（與工人聯合的機器），而非資本家。資本家只擁有資本，他本身不是機器，機器在工作（機器與工人一起工作），資本家卻賺取利潤」（Hunt and Sherman, 1972: 226）。換句話說，單單擁有資本並不是生產的活動，資本家的收入是不當得利，也是無法正當化的。

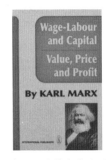

馬克思認爲勞動產生利潤　　人開物成務、利用厚生　　　非馬派的生產四因素

（五）收入不均是由於資本主義的制度所造成的，私產的存在就是收入不均的源泉，財富的分配比收入的分配更爲不均，因爲前者高度集中於少數人的手裡之故。激進經濟學者指出軟弱無力的遺產稅造成經濟不均的持續，加上擁有權力的群體（公司行號）挾國家以自重，使政府的財政政策、稅捐政策、貿易政策完全以財團馬首是瞻，社會的不公平更形擴大。其中勞動市場的雙重化，或分區化成爲激進派立論的焦點。

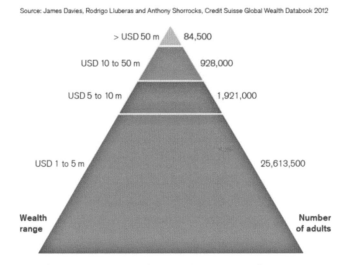

Source: James Davies, Rodrigo Lluberas and Anthony Shorrocks, Credit Suisse Global Wealth Databook 2012

> USD 50 m　84,500

USD 10 to 50 m　928,000

USD 5 to 10 m　1,921,000

USD 1 to 5 m　25,613,500

Wealth range　Number of adults

全球收入與財富不平均的趨勢嚴重且不容忽視（瑞士貸款銀行2012評估）

（六）異化的源泉來自資本主義的體制及其運作：在財團資本主義制度下，個人愈來愈無法控制其生活和活動，群眾愈來愈脫離有關他們生活素質和生活特質的決定過程，任何的決定都與民眾的利益無關，而且這些決斷的結果也與民眾的需要背道而馳。造成異化的原因和形式是多種的：第一，財團的統治剝奪個人事業發展的機會，也阻止個人的自主和獨立的發展；第二，公司行號龐大的組織使個別工人顯得渺小無助，不論藍領或白領的工作人員都發現其職務完全置於權威性指揮監督之下，受到硬性的規矩和程序的束縛；第三，個人「自我實現」以及創造發明的意願卻與科技進步所帶來的嚴密苛細的分工，相互牴觸形成矛盾。公司行號在追求利潤中完全拋棄員工自我實現和參與的願望。資本主義的彈性、動力產生大量生產的科技，也造成令人心煩意亂的職務以及高度壓迫性的工作環境。

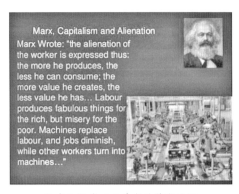

馬克思論資本主義中的勞動異化　　　　　大量生產下勞動（心與力）者身心的壓力

（七）非理性的社會之出現──爲浪費而生產：正統的經濟學家讚美資本主義的優點爲市場體系具有能力高效率進行生產與支配資源，但激進學者卻反駁此一論點，指出資本主義對資源常常非理性地濫用，這種浪費性的生產係植根於資本主義的制度裡，特別是價格制度，在美國單單一年便浪費高達600億美元於無用的廣告之上；當美國城市漸趨頹廢，大眾運輸日形不便，社會服務每況愈下之際，政府每年卻花費高達2,000億美元於軍備競賽和海外駐軍的開銷之上，這些瘋狂的經濟表現導源於利潤的誘因，和高度不均的收入和財富。蓋利潤的追求與累積的希冀導致生產的擴大，最後變成爲生產而生產，或是爲浪費而生產，生產盲目的擴大會造成資源的枯竭、環境的汙染和生態的失衡。

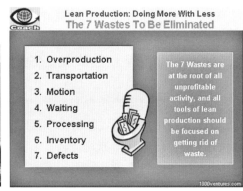

盲目地增產製造垃圾成山　　　　　　美國社會顯見的七大浪費

　　（八）民族主義的新解釋：民族主義向來被視爲政治學者、或歷史學者研究的對象，而不是經濟學家的興趣之所在。在馬克思主義的傳統中，也只有奧地利馬克思主義者才討論奧匈多元種族和民族主義的問題。可是在研究資本主義的擴張時，少數激進的學者開始留意到地方的資本勢力本土的資產階級，有對抗資本主義蔓延的企圖，以及擔心資本主義發展不均造成的惡果。爲此，英國學者奈恩（Tom Nairn）便嘗試給民族主義一個新的解釋。他認爲新興的力量尚屬薄弱之落後地區的資產階級爲了妥善利用本國的資源，不惜鼓動人民（也就是唯一的資源）來反對外力的侵入。因之，民族主義即爲排外運動的表示，也是本土資本家反對國際資產階級奴化、壓榨的本土性反抗運動。由是民族主義和群衆主義（民粹主義，populism）成爲反對殖民主義和帝國主義的利器。大英帝國的解體便與蘇格蘭（以及其他地區）民族主義的興起有關（Nairn, 1977）。

川普：朝全球化民粹的國族主義邁進　　　　民粹主義和國族主義皆非解開問題的答案

　　（九）窮兵黷武和帝國主義的形成：由於資本主義的動力特別強，壟斷性資本主義早晚必跨越國界去控制和壓榨落後的地區，這就會造成「資本主義的國際化」，也就是帝國主義。發展中國家的落後，不能像正統經濟理論者所稱歸因於人口過多，資源過少。因之，薛爾曼（Howard J. Sherman 1931-）指出：在激進派眼中，阻止發展的主力並非內存於落後國家本身的自然因素和生物因素，更不是〔這些國家的人民的〕性慾、繁殖、懶惰、愚昧或缺乏資源，阻力乃是人與人的社會關係。事實上農人和工人所有直接消費之外的剩餘，都被地主、高利貸者、稅吏、外國公司等等榨取一空（Sherman, 1972: 151, 152）。帝國主義資本家對落後地區的援助只在幫助反動的統治階級剝削其農工的經濟剩餘。美國及其他帝國主義國家不但沒有把財富輸往落後地區，剛好

相反，財富、資本反而輸往自己的國度，亦即在這些先進國家不斷累積（先進國家在落後國家的利潤大於其投資的價值）。先進國家與落後國家之間的貿易只有前者蒙受其利，後者只有更形落後，甚至喪失獨立自主。

薛爾曼及其著作：《激進政經學之基礎》、《馬克思再生說》和《巨視經濟學》

　　（十）激進派經濟學家對社會主義的展望：每一個激進的經濟學家都有他心目中理想的社會主義。一般來說都同意廢棄私人的牟利，採用文雅而又人道的生活方式，強調以民主的程序解決眾人之事。過去有人對蘇聯模式懷有幻想，但如今大多數棄之如敝屣，也有人贊成市場的社會主義，即公家擁有某些財產，但卻保留價格制度；少數人則主張無政府主義採放任無為的政策；有些人主張採用合作社的制度，甚至取法中國大陸一度風行的公社，也就是所謂的參與的社會主義，是一種民主的、分權的社會主義。它允許個人有參與的控制權，亦即涉及其個人生活的任何決定，有權發言並參與決定。它的先決條件為在私產廢除和財富重新分配的基礎上，容許大家都有獲取物質資料和文化資料的同等機會。這種社會主義並要求「男女消除生產、消費、教育、社會關係中異化和破壞的方式。參與的社會主義要求取消官僚的、上下層級的形式，其取代的方式不是新的國家官僚或黨的官僚，而是自我統治和自我管理的人民。這些人民可真正選舉和罷免其代表。參與的社會主義產生平等合作、大家團結一致的感受，同時它尊重個人與群體的歧異，保障個人的權利，提供所有的個人行使人權和民權的自由」（Edwards, Reich and Weisskopf, 1972: 520）。由此可見新馬克思主義的經濟學者，除了正義感之外，有其浪漫性的憧憬——新烏托邦的期待。

七、新馬流派中的解析馬克思主義

（一）定義和人物

解析馬克思主義（Analytical Marxism，又譯分析的馬克思主義）係流行於1980年代英國與北美的新馬學說，係應用分析哲學的方式來解讀馬、恩的文本，並賦予新義。這派的說詞與「九月論壇」（September Movements）名義下，英、美、加、澳哲學家、歷史學者和社會學家每兩年集會一次的討論有關。參與討論者自命嚴肅研討，「不談無稽廢話」（Non-Bullshit）、「以清晰和嚴謹的想法來檢討同值的意識形態包裹下之各種問題」，這派人士最著名者，包括G. A. Cohen、John Roemer、Jon Elster、Adam Przeworski、Erik Olin Wright、Hillel Steiner與Philippe van Parijs等人。

使用英文寫作的新馬理論家自1978年陸續出版解析性馬克思主義之作品

（二）柯亨辯解馬克思的唯物史觀

牛津大學歷史學者柯亨撰有《馬克思的歷史理論》（1978），標誌著解析馬克思主義的肇始。在書中作者嘗試使用邏輯和語文分析來替馬克思的唯物史觀加以辯護，他仔細閱讀馬氏文本，目的在為歷史唯物主義找到圓融與精簡的說法，對柯亨而言，馬克思的唯物史觀，乃是一種科技（不只是經濟）決定論。其中經濟方面所言的生產關係要靠物質的生產力做出功能上的解釋；而法政等上層建築在功能方面要靠經濟基礎來說明，每種不同生產方式的轉換有賴生產力（科技與經濟的結合）的推動而演展的。之所以如此，是由於人為理

性動物之故，人們以理性採用進步的技術、減低人力的耗損，進而謀求物質生活的改善，是故，整部人類史乃是技術生產力抬高的進步史，這是他的技術「發展說」（Development Thesis）；另外他又指出馬克思還有「首要說」（Primacy Thesis），這是指生存資料的缺乏，逼迫有智性的人群如何去尋找優先順序，不斷創新技術來克服匱乏的毛病。就算不同地區在不同時期有其不同的生產關係，但在生存的優先考慮下，也會產生有差別的生產力之本事（Cohen, 1978: 278）。

　　依柯亨對馬克思史觀的解釋：一部人類的歷史乃是人怎樣改善生產力來克服匱乏的紀錄。馬克思的唯物史觀在討論歷史上幾個重要階段中，人類生產方式的起落，由原始、中古而現代，每一個後來取代前期的生產方式都代表了人類生產力的步步高升。透過生產力的提升來對付匱乏，才是人類自我實現之途，但匱乏的存在卻經常挫敗人自我實現的努力。當有朝一日富裕取代匱乏（亦即馬氏預言共產主義社會的降臨），人對改善環境、改造社會的生產力抬高興趣，會轉向本身的發展，消除阻卻個人發展的障礙。為何普勞階級最終欲推翻資本主義制度，就是由於資本主義已到達後期的發展階段，只關心其公司、行號、財團、階級的利益，而無視於個人求取自我發展、自我實現的關懷之故（Cohen, 1978: 302-307）。

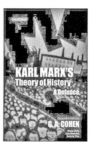

　　此外，柯亨還指出：馬克思所理解的整部人類歷史，乃是「辯證的過程」。他把馬克思的歷史觀作出簡單的三分法：前資本主義時代、資本主義時代和後資本主義時代。在前資本主義社會中，人處於「不分別的統一〔團結〕」（undifferentiated unity）之階段；在現時資本主義社會中，人處於「不分別的不統一〔不團結〕」（differentiated disunity）的階段；在未來共產主義的社會中，則處於「分別的統一〔團結〕」（此為席勒最早的說法）之階段。換言之，人類的勞動就經歷了「不分別的統一」、「分別的不統一」和「分別的統一」的三階段（Cohen, 1974-1975: 26, 27, 29, 235-261；洪鎌德，2010b：250-251）。

（三）羅默對馬克思經濟思想的辯護和批評

美國的經濟學者與政治學家羅默（John E. Roemer 1945-）採用新經典經濟學取徑討論壟斷性而非競爭性物資本主義。他替馬克思的剝削說與階級說辯護，但批評馬氏的利潤遞減律，尤其是在競爭資本主義下，更新技術只會帶來節節高升的利潤（Roemer, 1981: 12）。

雖是替剝削論與階級說辯護，卻不同意馬克思勞動產生價值說。換言之，使用理性選擇論和博奕論，羅默排斥剝削是從階級關係和生產活動中產生出來；反之，剝削出現在勞動市場僱傭的動作上。易言之，階級關係也好，剝削壓榨也好都不出現在生產氛圍裡，而在勞動市場交易之上（Roemer, 1982）。

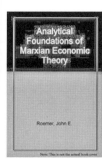

羅默及其新馬有關經濟及社會主義的著作

（四）艾爾斯特給馬克思主義一個博奕論的基礎

挪威社會哲學家和政治學家艾爾斯特（Jon Elster 1940-）一度加入九月論壇，為知名的解析馬克思主義理論家之一，曾在法國阿宏（Raymond Aron 1905-1983）指導下以一篇有關馬克思的論文取得巴黎大學（索邦）博士學位。1985年以英文出版《把馬克思〔學說〕搞得人人可懂》，也是採用個人主義的方法學，在微觀基礎（microfoundation）上，以理性（合理）選擇的途徑探討人的行為，而不作大規模的、天馬行空式的總體社會或歷史變遷之大敘述。他批評馬克思及其信徒採用功能論（認為社會是藉由群眾各盡其功能而產

生的集體）與整合論（集體爲成員們的互動的結果，其整合的效果產生了比諸個人累積之努力還大的成就）。取而代之，給馬克思主義一個博奕論的基礎，亦即採用經濟學中計算利害得失的選擇行徑。他解釋理性選擇理論不僅是技術性的手段，也是凡人都該處世爲人之道（Elster, 1993: 179-189）。對他而言，理性的選擇就是個人的行爲，社會現象的理解和解釋，離不開個人們的思言云爲。有異於柯亨，艾爾斯特不討論馬克思的歷史觀，對生產力技術改進不感興趣，可是與羅默相似，他也不同意價值由勞動一項所創造的。至於所謂的「辯證的」方法，無非是黑格爾的蒙昧想法（obscurantism）。馬氏意識形態說與革命論，如果拋棄其中的功能論或整體論的話或許仍有其用處。換言之，要談意識形態或革命，就要從個人主義的方法論出發，以因果論和企圖論去加以說明，而非採取集體主義的方法論（如涂爾幹之作法）。

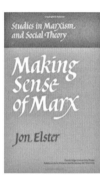

艾爾斯特及其解析性的馬克思主義

（五）裴澤沃斯基以經濟理性的理論探討政治行爲

波蘭華沙大學政治學教授裴澤沃斯基（Adam Przeworski 1940 -）對民主社會、民主政治和政治經濟學進行分析。他批評二十世紀末社會主義者採用的革命策略註定要失敗，原因是世紀末革命主力的勞工群眾，並不以打倒資本主義爲職責，反而透過工會與雇主的協商，求改善其勞動條件爲急務，換言之，以改革資本主義爲其增大利益的合乎理性之訴求。在現代勞工群眾們的合理計算下，革命內的倡導和推行冒險大，成果難料。

裴氏的著作顯然受到但恩士（Anthony Downs 1930-）的《民主之經濟學

理論》（1957）（*An Economic Theory of Democracy*）和歐爾森（Mancur Olson 1932-1998）的《集體行動邏輯》（1965）（*The Logic of Collective Action*）新型政治經濟學的影響，亦即既談公共選擇，也論集體行動（洪鎌德，1999：231-233）。

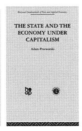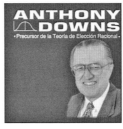

裴澤沃斯基及其解析馬克思主義的作品　　　　　　　但恩士　　　　　歐爾森

（六）賴特深化與精化馬克思的「階級」概念

　　出生於加州柏克萊的賴特（Erik Olin Wright 1947-）被視為頗具影響力的左翼理論家，其研究主旨為擴大與深化馬克思對社會階級的概念。不論是馬派或傳統派的社會學者都使用階級的概念，探討人群追求物質的利益、解釋生活經驗、現實的生活條件、收入多寡、參與公共事務的組織能力和介入深淺的意願。換言之，階級地位的定性和定位影響了個人與團體的人生觀和世界觀，形塑了集體意識和階級的意識形態。他企圖為現代（特別是資本主義的社會）與未來（後資本主義放的社會）之各種各樣的階級重加分類與預測，便利其他學者的比較和研討。

　　在討論現代資本主義社會階級如何形成時，賴特摒棄馬克思素樸的說法，以分工之貴賤與私產之有無，把社會簡化為有產與無產兩大階級，並承認兩大陣營的敵恃、對抗、鬥爭。反之，影響階級形成的重大因素，包括：1.對經濟的／生產的資源能否接近與掌控，或是排除於資源的利用之外；2.在生產關係和過程中之階級成員的身分和地位；3.在交易關係上人群如何運作市場機制的能力顯然有大有小；4.由於生產資源之開發利用，人人獲取不同的回報與收入；5.採用韋伯的階級分析方式，對勞動的作法有不同的控制，從而定義「階級」，亦即工人不限於藍領，還包括專家、經理、工頭等等。

　　賴特認為由於資源缺乏或人為限制（證照、進修、再訓的機會），使某些擁有特殊技能的工人在「剝削關係中取得特權（優勢）之位置」，他們並非資本家，無法從雇主那裡取得更多的特權，但比起粗工來待遇更佳，只是其勞動價值更難估量。他們的雇主，亦即生產資料的擁有者，付給他們的不是普通的薪資，而是「匱乏」的租（代）金，或稱做「技術／證照」租金，這種報酬顯然高過其生產或再生產的成本。雇主為了贏取特殊技工的忠心，特別給予股權、利益、監督下屬等權力，或讓他們更能自主地發揮其才能。至於專家、經理人員多少接近「老板」的想法和利益。

　　賴特曾對美、加、挪威、瑞典等工業化前端發展的國家進行社會階級調查和分析，而撰成《階級算數：階級分析之比較研究》（1997）。

賴特及其著作

Wright's Class Map

除了馬克思所強調的布爾喬亞剝削普勞階級之外，小布爾喬亞扮演中產階級的角色，由它分出的獨立自主的工人和小企業主，也如同經理人員屬於賴特所言，擁有矛盾的階級位置，亦即與其上司、下屬、同僚處於競合和衝突的地位

八、新馬關懷環保和生態永續經營的理論

（一）馬克思代謝斷裂說

新馬一反普遍性的誤解，把馬克思當作唯生產主義者（productionist）看待，認爲其一味主張工業化、科技化、激增生產力，而無視科技文明對自然的消耗、踐踏、破壞，乃至竭澤而漁，這種誤會產自青年馬克思被其同儕讚爲當代普羅米修斯。原來這位古希臘神話人物，係自天庭盜取火種造福人間，被上天綑綁在大石之上，放縱巨鷹啄食其肝臟，作爲懲罰。其實馬克思所理解的火種，不僅是烹食取暖的物質開發與民生樂利，亦毋寧爲驅逐黑暗蒙昧的光明、啓蒙的知識，是故，又稱他是普羅米修斯（救星）與盧棄福（撒旦）的合體與化身。在其博士論文中，馬氏讚揚伊比鳩魯的睿智，也肯定普羅米修斯面向現世，從此處就可看出他不是主張人駕馭大自然、征服大自然的優勝劣敗者（洪鎌德，1986：44-47）。

馬克思認爲資本主義的生產造成「社會新陳代謝、相互依存的程序無可復原的斷裂」（Marx, 1981: 949）。換言之，社會是人際關係代代相傳形成的有機體，這在遠古（希臘羅馬）的奴隸社會和中古（歐洲）封建主義下的社會中都可以看到人人相互依存的生活方式。但近世資本主義出現，新陳代謝的社群之共生共榮發生斷裂現象。這便成爲當代新馬生態學家福士特（John Bellamy Foster 1953-）所稱呼的馬克思之「代謝斷裂」（metabolic rift）理論（*The American Journal of Sociology*, 105 (2): 381）。馬氏認爲在資本主義盛行下，受到資本主義生產方式的激發，人類及自然界的其他事物之新陳代謝的互動出現裂痕，也導致城鄉的分裂和對立（黃之棟、黃瑞祺，2007；2013）。

普羅米修斯對抗兀鷹啄肝　　　馬克思被綁在印刷機上　　成爲鋒火連天的盧棄福

在《經濟哲學手稿》（1844）中，青年馬克思在析述「種類」（*Gattung*; species）時，談到人與自然的關係。這是馬克思對自然之異化「成熟的分析」（Foster, 2000: ix）。原因在提供堅實與科學的方法描述「由於人的勞動所產生人與自然之間複雜的、靈活的互動情形」（Foster, 1999: 105 (2): 381）。過去及目前奉馬克思學說爲圭臬的共黨統治國家，不惜破壞大自然，一味瘋狂地舉行大規模的開發和建設，導致人們誤會馬克思不關心環保、不珍惜自然。對此福士特加以澄清，以「代謝斷裂」的理論來證實馬克思開放的生態觀。福氏說「代謝斷裂理論使馬克思能夠發展對環境低劣的批判，而爲今日關懷生態預作安排」（Foster, 2000: 142）。

馬克思對社會和生態的新陳代謝觀係根源於德國農業和生物化學家，也是有機化學創設者的李比希（Justus Freiherr von Liebig 1803-1873），他把李氏對土地施肥便利農作物的成長，連繫到人類的勞動過程之上。自有歷史以來人類靠勞動和掠取自然，來滿足其求生的各種需要（Foster, 2000: 141），是故，社會與自然多的互動、代謝作用既是普遍的，也是永久的。

李比希及其紀念郵票　　　　　李比希成立之公司推行的保健食品大受歡迎

在《資本論》中，馬克思把他的自然物質觀融合於他的唯物史觀中，認爲土地並非本質上就是肥沃的，而是與時間的經過和人爲的改良有所關聯。對物質互換和管理施爲之複雜的和互存的過程有所理解，也就是把人爲的社會與非人的自然化做「代謝關係」之後，馬克思視這些過程爲「自然賦予的條件」（nature-imposed conditions）與人群協力的操作（subject to human agency）（Foster, 2000: 141）之結果。可是有一項因素沒加上去，那就是把生態的問題化爲價值的問題，換言之，破壞生態平衡是傷害大自然養護人類的價值，雖然可以增大資本家的剩餘價值（Foster, 2000: 11）。

（二）福士特的新馬生態觀

現任美國奧勒岡大學社會學教授福士特，為著名的左翼期刊《每月評論》之主編。他最先研究馬克思的政治經濟學和資本主義經濟發展，自1980年代後期把注意力放在生態問題之上，聚焦於全球生態危機與資本主義的危機之關係上，提出馬克思的「新陳代謝斷裂說」，受到學界和文化界矚目。

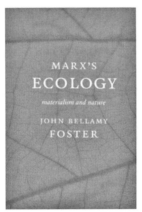

福士特　　　　　　《新陳代謝斷裂說》　　　馬克思生態說立基於李比希

在2016與蒲克特（John Burkett）合寫的《馬克思與地土》以及〈馬克思泛宇的代謝說與左派〉長文都在討論馬氏生態理論，後者則在批評法蘭克福學派第二代學人施密特（Alfred Schmidt 1931-2012）把馬克思的自然觀當成人對自然的宰制之不當。早期重視環保的社會主義者卞敦（Ted Benton 1942-）和郭茲（André Gorz 1923-2007）都指出馬、恩不同意馬爾薩斯自然有限論，導致後人不信馬克思擁有正確的生態觀。

蒲克特　　　施密特　　　　　卞敦　　　　　　　　郭茲

（三）蒲克特論馬克思與自然

　　現執教於羅德島大學環境與自然資源經濟系的社會學家兼經濟學者蒲克特，在1999出版《馬克思與自然》一書，澄清了包括左翼環保人士對馬克思的誤解，亦即誤解馬氏：1.為唯生產主義者或是普羅米修斯的現代化身，相信資本主義發展生產力有必要大力宰制自然。連共產主義也視同資本主義的延伸，擴大對自然的開發，其結果為共產主義與資本主義都拚命在製造人與自然的對抗；2.馬克思對資本主義物的分析貶低或排除自然對生產的貢獻，這可從他重視勞動價值論看出，只有勞動才會創造商品的價值；3.馬克思討論資本主義內在的矛盾，卻沒有討論生產和自然之間的衝突和矛盾。

　　蒲克特認為馬克思對自然的看法始終一貫、內含邏輯、富分析力，這是連信奉社會主義的生態學者都未曾注意到的事實。蒲氏此書的主旨是在保護自然「綠色」之外，也贊成馬克思唯物史觀由資本主義邁向共產主義的「紅色」，是故「綠與紅」將成為生態學馬克思主義者追求的目標（Burkett, 1999: vii）。

　　由於人類的持續和大量的生產和消費，個人的生態體系（ecosystem）和大地的生物氛圍（biosphere）逐漸瀕臨險境。鑒於自然條件和資源有限，再不設法管制人群對自然財富的劫奪，勢必導致現時和未來人類的傷害之深重。環境問題不只是人類延續存活，更是人類會不會絕種的問題，除了目前放任部分人群主導的社會和自然的演進之外，是否有其他替代方案的提出，既能滿足人類發展的可能性，又能將發展造成的弊端加以排除，把損害降至最低程度？

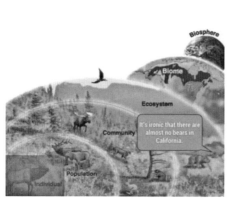

設立水壩之後，加州連熊跡都找不到……可見生態被破壞到如此嚴重的地步

　　馬克思視自然為人類社會性的生產（social production，在生產過程中不只涉及人利用天地萬物做原料，還以集體協作的生產關係來進行生產勞作）之條件，認為人類的進化是受到改變中的生產方式所形塑的。但他又指出社會形式的變化是受到生產的再度形塑，而生產是開物成務、利用厚生的過程，是靠人工改變自然條件的過程（*ibid.*, 6）。社會關係（像生產過程的僱傭關係）是物質的生產資料（手段），在生產中物質的內容與社會的形式都含蘊特殊的社會關係，連生產的自然條件也是特殊性的歷史條件（社會在時間過程上一個特殊的情況）。是故，他承認任何時、地的生態或生態危機離不開人類活動（社會實踐）的印記。這種特殊性是無法躲避的，不是靠學界的「價值中立」可以遠避人間的侷限，反之，應當有意識地和批判地協助人群邁向一個較少剝削（人壓榨人、人踐踏大地）的新型社會，俾作為自然與社會動物的人群得以在永續經營的環境下生養孳息。

> 綠色市場與永續經營的計畫在喚醒人群瞭解資源有限、物欲無窮。要享用高檔物質好處，就要善用有環保意識的綠色市場，讓市場機制與政府管制能夠適當配合，而形成一個永續、興旺和公平的社會。

八、結論

　　新馬形形色色的流派中自然不限於上述諸種而已，還包括女性主義的馬克思主義、黑色馬克思主義、倫理的馬克思主義、東歐馬克思主義等等。不過礙於篇幅，我們只好做一簡介，而無法深入析述。

　　女性主義的馬克思主義又稱馬克思主義者的女性主義（Marxist Feminism），係激（基）進的婦女追求女性與男性平權所推動的社會運動及其理論主張。自第二次世界大戰結束以來，婦女踏入職場人數激增，特別是在資本主義的社會中，職業婦女幾乎與男性工作人員並駕齊驅、平分秋色，擔任各種形式的勞務，但同工不同酬、職位比男性偏低、升遷機會不高，加上勞動的付出與回報不成比例、工作成就感的缺乏，在在顯示資本主義對女性的壓榨與剝削比起男性來有過之而無不及。男性工作者下班後有家庭和娛樂場所供其休息、恢復體力；而職業婦女從公司、工廠下班後就是直奔家裡處理家務、照顧小孩、烹煮

晚餐、爲晚歸的丈夫提供性服務，可以說內外辛苦、備受折磨。是以基進女士
要效法馬克思倡導革命、追求解放，要從父權與資本主義雙重壓迫下恢復自
由，這種女性主義跨越西馬與新馬的界限，至今仍盛行世界各角落（洪鎌德，
2010a：296-357；2011：276-281）。

馬派女性主義欲改
革當前資本主義社
會中男女經濟地位
不平等、婦女不獨
立、男性的父權囂
張、男性只求性的
滿足，不懂珍惜愛
情之可貴，此主義
受恩格斯影響大。

　　黑色馬克思主義（Black Marxism）是以非裔美英左派理論家所鼓吹的
黑人少數民族解放運動之一環。曾任教巴巴拉加州大學的羅賓森（Cedric J.
Robinson 1940-2016）於1983年出版了《黑色馬克思主義：黑色基（激）進傳
統的形成》一書，此一著作標榜新流派的馬克思主義之誕生。該書先敘述歐
洲基（激）進思想和社會運動怎樣形成舊大陸反抗不公不義的革命傳統，再
敘述美洲新大陸非裔黑人受壓迫和反抗的經過，最後把馬克思理論如何指引
黑人增強反抗意識與進行革命的策略做一綜合論述。向來的馬克思主義者都
以歐洲歷史的變遷爲主旨，而對發源於非洲黑人改變社區和創造歷史的推動
者角色加以忽視。殊不知激進思想的祖師爺的馬克思皮膚黝黑，面目有如黑
人，被同代的友人看成摩爾人，有「墨兒」（Mohl）的謔稱。連大他四歲的
青梅竹馬，於1843年6月與他成婚的燕妮・威士法連也暱稱馬克思爲「小黑
蠻」（Schwarzwildchen）（洪鎌德，2015：20）。在理論中羅賓森找到激進思
想家如W. E. B. Du Bois、Michel Foucault、Sylvia Wynter、Edward Said、C. L.
R. James 和 Richard Wright的說詞，將之熔冶成黑色馬克思主義的系統性學說
（Robinson, 1983; 2000），也成爲新馬異軍突起的基進新思潮。

羅賓森　　　《黑色馬克思主義》　《黑色運動在美國》　　《黑人與古巴》

　　倫理的馬克思主義（Ethical Marxism）係衍生自奧馬企圖把馬克思的學說連結到康德的義務倫理之上，也與西馬奠基者的盧卡奇、寇士、葛蘭西強調上層建築的意識、哲學、文化的優先（霸權）有關，更是彰顯黑格爾的主奴說與異化說對青年馬克思的影響。換言之，馬克思的異化說先是由東歐華沙學派與前南斯拉夫實踐學派加以發揚，而成為人本主義的馬克思主義。在人本主義的馬克思主義之基礎上，1980年代的美、加、英、澳學人開始積極研討馬克思對倫理、道德、正義、公平、自由、解放、社群的看法（洪鎌德，2014：147-163、167-168）。得出的結論是：儘管馬氏避免談道德或倫理的理論與實踐，但其思想背後內的支撐力量卻是他的人類解放和個人自我實現的訴求，這種訴求無異是一種哲學共產主義實現的未來社會之倫理觀（*ibid.*, 175-188）。在馬克思學（*marxologle*; Marxology）的學者如George Brenkert、Allen Buchanan、Norman Geras、Steven Lukes、Kai Nielsen、Rodney Peffer 及 Philip Kain的考察下，研究馬氏如何界定「人」，人如何行為、如何實踐，以及何為應當行為，才能履行做人的道理、發揮人的本質。這裡探討們的不僅是馬氏心目中人的價值，也涉及人的規範。人的本質就是其社會或社群所發展、所釋出的創造力，而這種創造力只有在克復私產所造成的異化之後才得以實現。倫理的馬克思主義視資本主義為阻卻人群自由與解放的絆腳石，因之，必須藉普勞革命來加以移開（Wilde, 1998: 5）。

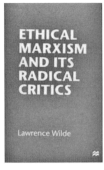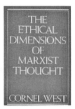

幾本與倫理的馬克思主義有關的英文著作

　　東歐的新馬克思主義崛起於1950與1960年代的波蘭（華沙學派）、前南斯拉夫（實踐學派）、匈牙利（布達佩斯學派）、捷克斯洛伐克（史威塔克（Ivan Sviták 1925-1994）和柯希克（Karel Kosík 1926-2003）的民主社會主義者之主張）等東歐人文薈萃城市。1980年代後期東歐新馬理論家逐漸融入西方學院派、文化派的左翼學人與文人的努力，一方面發揮馬克思的人本主義之精神，另一面衡量蘇東波變天、東西冷戰式微的情勢。研究的重心不只有青年馬克思對異化的闡釋，還有語文和象徵和文化的關聯，以及現代性的探討。華沙學派中有沙夫（Adam Schaff 1913-2006），以語言學和語意學來分析青年馬克思的作品，強調個人的自我實現與異化的是馬克思學說之核心（洪鎌德，2012：17-38）。另外，號稱首位波蘭「西方馬克思主義者」柏左卓夫斯基（Stanislaw Leopold Brzozowski 1878-1911）從馬克思對黑格爾歷史哲學的傳承談起，檢討歷史影響人性，以及行動哲學轉向勞動哲學的必要，從而落實康德的實踐理性（張書榜，2012：125-145）。要之，東歐新馬所反對的是前蘇聯馬列主義把馬克思的思想教條化、官僚化、「科學化」，而模仿西方馬克思主義與新馬克思主義重視上層建築比經濟基礎的影響更大之作用。

　　　史威塔克　　　　　　柯希克　　　　　　　　沙夫　　　　　　柏左卓夫斯基

　　總之，新馬克思主義持續西方馬克思主義對抗官方馬克思主義的教條化、官僚化、組織化、暴力化，而把（特別是青年）馬克思的理論應用到詭譎瞬變的世局之上，謀求推翻資本主義和極權式共產主義的新策略。

新馬克思主義

Neo-Marxism

- Erik Olin Wright says that managers and supervisors have factors in common with the bourgeoisie since they are responsible for controlling the workforce in a way that maximises the return for capital, yet at the same time, they are employees and as wage slaves are subject to exploitation by capital. The self-employed do not have wage slave status but are vulnerable to the exploitation by the capitalist class (bourgeoisie). Small employers may be viewed as small capitalists and exploit the workers they employ, but Wright argued they too occupy a contradictory class location because they are vulnerable to power of larger capitalists.

 # Neo-Marxism

- Dependency theorists (Andre Gunter Frank) uneven development and inequalities of capitalist system; the North-South divide is global in scope
- Robert Cox: crossing level of analysis/ a wide range of public and private actors/ a pattern of global governance
- 'historical structures': particular configuration of forces: material capabilities, ideas, institutions: 'social forces'- process of capitalist production; 'forms of state' and 'world order'
- Immanuel Wallerstain

-the 'world system' concept (a political and an economic structure with one depending on the other): world-empires and world economies

評介拉克勞和穆芙的
後馬理論

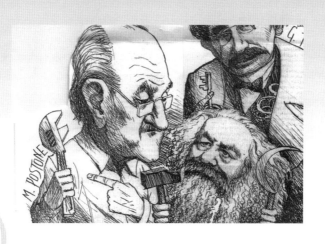

第八章　評介拉克勞和穆芙的後馬理論

一、前言

　　1980年代後半，隨著戈巴契夫的主政，不僅在前蘇聯與東歐共黨統治下的國家，出現空前的解凍與自由化、民主化趨勢，也造成東西陣營四十多年來對抗的冷戰之和解，在歐美也出現了柴契爾夫人、密特朗、柯爾、雷根、布希等新保守主義者的執政局面。向來反映世界局勢的變遷之文化界自然也風起雲湧、思潮激越。在歐陸與英倫的思想界，特別是新左派思想陣地，遂產生重大的觀念改變和理論轉向，最明顯的莫過於新馬克思主義的理論構面（dimension，天地）有了急遽的變化。有人不惜與馬克思主義劃清界線，自稱其學說爲「後馬克思主義」（Post-Marxism），甚至創造出「告別馬克思主義」（Ex-Marxism），亦即與老馬徹底絕交的新理論。

https://en.wikipedia.org/wiki/File:Marx_and_Engels.jpg

　　不管這些出現在英美的左派理論爲新馬、後馬或告別老馬，其理論最大的特色爲企圖把宏觀與微觀加以融合，把行動體（agency）與結構（structure）連繫在一起，把主觀與客觀、唯心與唯物等觀點的對立消解。其中著名的學派與主張有解析派的馬克思主義（以柯亨、羅默、艾爾斯特爲代表）；利用嚴密的調查方法去進行經驗性的研究之後馬階級新理論（如賴特）；更有搞語言分析、強調「政治言說」（political discourse）作爲聚合群眾，進行民主與社會運動的動力之理論（代表人物爲Samuel Bowles 和 Herbert Gintis）。此外，最具爭議性的後馬新理論爲拉克勞和穆芙有關「基進的與多元的民主」（a radical and plural democracy）之理論，這兩人的理論也被稱爲「符號學的馬克思主義」（Semiotic Marxism）（Ritzer and Schubert, 359-375）。

　　拉克勞和穆芙在1985年出版了轟動學界的新著《霸權與社會主義的策略─走向基進的民主之政治》（*Hegemony and Socialist Strategy: Towards a Radical Democratic Politics*）。該書的出版標誌著後現代主義的理論接受了語言學的主張之轉折點，亦即把意識形態矗立在物質基礎之上的關聯加以斬斷。這等於把「社會溶化為意識形態，或化做『言說』（discourse）」（E. M. Wood, 1989: 46）。由於該書的兩位作者堅持新的、「真實」的社會主義之策略是一種奪權活動或稱新霸權關係（hegemony）的建立，遂與傳統馬克思主義（老馬、西馬、新馬）關心的生產勞動或階級鬥爭的說法完全不同，而生產勞動與階級鬥爭乃是經典馬克思主義的物質基礎，或稱下層建築之說法。經過他們新理論的闡述，顯示意識形態比物質基礎對當代人的影響更為重大，理念和言說成為左右人們行動的主力。「要之，拉克勞和穆芙的論調是認為：並沒有物質利益之類的東西存在，只有藉言說建構的有關它們〔物質利益〕之理念的存在」（*ibid.*, 61）。除了以理念取代物質理論，這兩位號稱後馬的理論家，還把馬克思主義者視為理論與實踐核心的無產階級（或稱普勞階級），從社會主義的革命中徹底排除，而形成社會階級，只是人們主觀上或言說間的話題，不再有所謂的階級底存在，更不用談階級衝突、階級鬥爭之類的馬派說詞。

拉克勞與穆芙所著《霸權與社會主義的策略》一書，標誌後馬克思主義的開始

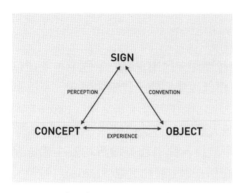

I.

• "The bond between the signifier and the signified is arbitrary," not "motivated" (by natural resemblance).

(Saussure)

感知客體的概念來自符號　　　　　　語意學開始於索緒爾析論能指與所指

　　在很大的程度上，拉氏與穆氏的著作被看作爲所謂的符號學馬克思主義發展的高峰。貝格森（Albert Bergesen）認爲符號學的馬克思主義之生成與演展經歷四個階段：第一階段爲葛蘭西把下層建築決定上層建築的關係倒轉過來；第二階段爲阿圖舍把意識形態和政治融合爲一體（即其所稱的「意識形態的國家措施」）的結構主義之馬克思主義。藉由意識形態的國家設施之存在，上層建築終於制約經濟基礎；第三階段爲朴蘭查的後結構主義，他將意識形態、政治和經濟三個層次化爲社會結構的本身，彼此相互制約、相互決定，完全不分上下層建築，等於沒有下層建築（或上層）決定上層（或下層）建築之說法；最後，第四階段才出現了拉氏與穆氏以「言說的形構」（discursive formation）取代向來馬克思主義者所主張的「社會的形構」（social formation）。由是象徵性的符號、語言，取代了社會關係和階級關係，自此，符號學的馬克思主義發展到高峰（Bergesen, 1-22；洪鎌德，1995a：78-87；1996：25-79）。

　　可是拉氏與穆氏作品出現後，除引起吳德（Ellen Meiksins Wood）女士批評他們對階級問題的忽視之外，也引起葛拉斯（Norman Geras）的抨擊，他懷疑這兩位學者的論調或許可列入「後馬克思主義」的行列，不妨將他們視爲「告別馬克思主義者」（ex-Marxists）（Geras, 1987; 1988），持這種疑問，而加入論戰的人還包括穆澤立（Nicos Mouzelis）（Mouzelis, 1988: 107-123）。拉克勞與穆芙不甘雌伏，提出反駁，堅持他們不必心虛處理膚地自稱爲後馬克思主義者（Laclau and Mouffe, 1987: 79-106）。面對英國新左派所展開的理論激戰，使吾人得知西方當代左翼思潮洶湧澎湃的點滴，這是本章所以介紹與析評拉氏與穆氏理論及其批評者之觀點的原因。

二、生平、經歷和著作

　　拉克勞於1935年誕生於阿根廷一個中產而傾向自由主義的家庭中,他在布宜諾斯艾利斯大學接受教育,在1966年阿根廷政變期間,曾參與學潮,反抗軍人干政。1969年赴英就讀牛津大學,1973年之後在英國埃塞克斯(Essex)大學政治學系執教多年,其間擔任過多倫多大學政治經濟研究所、芝加哥大學歷史學系,以及拉丁美洲幾所大學的客座教授。他引起英國新左派注意是因1971年發表了一篇關於拉丁美洲的封建主義和資本主義的文章(Laclau, 1971)。該文係批評符蘭克對拉丁美洲(拉美)資本主義分析的錯誤,原因為符氏及其他理論家都把當今的拉美資本主義化約為十九世紀的市場概念,這種市場概念無法掌握現代拉美社會的本質。當今拉美的資本主義特徵為封建主義殘留的格局:宗教、文化和意識形態扮演了比市場更重大的角色。

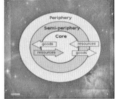

青年時代的拉克勞　　　德裔美籍學人符蘭克及其中心和邊陲論

　　拉克勞在1977年出版了《馬克思主義的政治和意識形態》一書,完全採用新的方法去討論資本主義、法西斯主義和民粹主義的重要問題。此書之首篇即為批評符蘭克的那篇長文。在第二篇文章中,他重新檢討發展過頭的資本主義國家之結構,對於這些國家中某些政治制度的自主性表示質疑,而對米立班(Ralph Miliband 1924-1994)批評朴蘭查的理論,表達不同的看法。第三篇則對歐洲法西斯主義作一個通盤的考察與反思。他認為馬克思主義者因為把重點放在階級的研究之上,犯了對法西斯的意識形態之分析不夠深入的毛病,亦即忽視了法西斯引人入勝的特點,造成「階級化約論」(class reductionism)的錯誤。最後一文中,作者把研究法西斯主義之方法與理論,應用到阿根廷和巴

西的民粹主義分析之上，從而此書成爲熔冶西方的理論和拉美的經驗於一爐的
成功著作。

進入晚年的拉克勞　　　　　　　　米立班

　　拉克勞至今爲止最重要的著作則爲與穆芙合著的《霸權與社會主義的策
略》一書。該書一開始便指出當代左派思想之危機，原因爲所有包括左派在內
的馬克思主義者，自始就堅持「社會的總體」（social totality）觀。但社會是
不是可以捉摸與掌握其變遷的事物，社會有本質嗎？霸權的活動是不是能夠取
代傳統馬克思主義重本質、重「本質主義」（essentialism）呢？是不是可以結
合各種各樣的新社會運動來改變政治空間的傳統看法呢？新左派能夠把基進的
和多元的民主（radical and plural democracy）作爲其奮鬥的目標嗎？

拉克勞與穆芙是一對學術伴侶，也是終生沒結婚的伉儷

　　拉氏與穆氏便是想利用這本書來回答上述的各類問題，它首先聚焦於現在左派危機追溯到的十九世紀末工人階級團結的爭辯之上，也討論到當前各種敵對、鬥爭的新形式。換言之，兩位作者首先質疑歷史發展的自然歸趨，其次指出由列寧至葛蘭西所發展的霸權概念，此一概念仍舊受到古典馬克思主義本質主義的限制。要突破這個限制只有採取新的霸權策略，也就是放棄把社會當成為單獨存在實證的、「積極的」（positive），和補綴製痕的「縫合的」（sutured）等概念，代之以變動不居以及彼此敵對爭執的社會觀念。最後，兩位作者主張聯合當前各式各樣抗爭的力量、拼鬥的力量，以促成基進與多元的民主得以落實。

　　拉克勞稍後的著作為《當代革命的新反思》（Laclau, 1990）。該書共分四部分，除了第一部分討論我們這個時代革命的種種面向之外；第二部分談到意識形態、心理分析，以及使用後馬克思主義之恰當性；第三部分分析南非的政局，此部分係與別人通訊之轉載；第四部分則為訪談錄的再版，涉及新左派的重建、民主和社會主義的問題；附錄上則有南斯拉夫學者對拉氏理論之詮釋。拉克勞因心臟病逝世於2014年的西班牙塞維爾，享年七十九歲。

　　穆芙女士於1943年誕生於比利時布列（Baulet），為一位專攻政治哲學的學者，她先後在魯汶、巴黎、埃塞克斯和倫敦諸大學求學，擔任過南美哥倫比亞國立大學教授，執教於倫敦市立大學、衛斯斐爾德學院、倫敦大學，1988年至1990年曾先後在普林斯頓大學與康乃爾大學擔任研究員工作，現為巴黎國際哲學學院成員。

　　穆芙在1979年出版一本她所編輯的涉及葛蘭西學說的論文集，其邀請七位義大利和法國的學者來共同討論葛氏有關上層建築、市民社會、霸權、國家、政治和革命策略的問題，這算是1970年代末，對葛蘭西的馬克思主義加以重新詮釋的著作。

　　她在1992年出版另一本論文集，題為《基進民主的眾面向》（Mouffe, 1992）。該書約集十二位左右各派歐美著名的學者就公民身分、社群概念和多元主義加以檢討。換言之，左右兩派的學人都視公民身分和社群概念是深化民主、擴大民主不可或缺的當務之急。為了對公民與社群概念之釐清，應討論與此有關的多元民主，蓋多元主義為現代民主之特徵。多位討論者認為過去左派對自由主義多加以抨擊，如今不但要讓自由主義重振雄風，必要時還要激化自由主義，以捍衛最大可能性的多元主義，但學者們卻認為不可讓民主的社會分崩離析，反之，應把多元的趨向與協和的社群兩者加以結合。但這些協調與和

解的主張卻與哈伯瑪斯普遍的、泛宇的理性不相同,也與後現代主義所強調的絕對的多類異質(heterogeneity)相異。要之,只有政治,一項涉及權力鬥爭和敵對的政治,才可望解決當前的紛擾。

穆芙對基進的、多元的民主政治有獨到的見解

　　穆芙女士在1993年出版了《政治性之復出》(Mouffe, 1993),標誌她對政治在當代基進與多元的民主中所扮演角色之重視。該書為作者在1993年之前近五年的零篇散章之彙編,係討論基進民主、美式自由主義、批評羅爾斯(John Rawls 1921- 2002)的正義觀、研討民主的公民身分與政治社群、女性主義、自由的社會主義、多元主義、自由主義的極限等九篇文章。全書充滿了穆芙「反本質主義」(anti-essentialism)的精神,強調社會中權力與敵對的角色,主張政治對現實局勢的主導力量。穆芙現任衛斯敏士特大學政治與國際關係學系之主任(曾志隆,2002:28-39)。

三、對傳統馬克思主義的質疑

　　拉克勞和穆芙在其合著的書中，一開始便對馬克思及其跟隨者的學說作出批判性的分析，其中不僅質疑下層建築對上層建築是否有制約的關係，或決定的作用，連將無產階級或稱普勞階級作爲認同體（identity），他們兩位也表示負面的意見。換言之，他們不認爲普勞可以眞正形成個人之集體，而與其他階級有所區別的勞工階級。至於普勞階級的成員能否意識他們本身的解放意味著全人類的解放，能否瞭解到本身掌握著開創歷史的使命，也是一椿令人疑惑之事。

把權力還給勞工們！　　　　　　　普勞階級團結起來！

　　如眾所知，在馬克思主義的教條中，認爲社會的變化、經濟的改變革和文化的變遷涉及普勞階級的覺醒和意識的問題，只有當普勞階級體會到本身受到資產階級的壓榨與剝削，受到統治階級的壓制與欺侮，才有可能發動無產階級的革命來推翻資產階級的統治，從而把資本主義消滅而創建社會主義。

　　可是馬克思主義的傳人當中，如考茨基，居然把馬克思主義視爲社會主義終必實現是歷史無可避免的理論，認爲馬克思發現人類社會與歷史變遷的規律，把馬克思主義當成「科學的」社會主義來看待。這種對馬克思主義教條式的詮釋，造成了必須以經濟基礎決定上層建築的說法，也是生產力制約生產關係和階級關係的決定論之引申，從而普勞階級的作爲變成無法獨立自主，完全受制於社會發展的條件。普勞階級如何發展階級意識，如何體會歷史的使命，

對拉氏與穆氏而言，這些問題幾乎變成無稽之談。

教條式的馬克思主義者認為整部歷史的變遷，完全遵照馬克思一度提及的由上古原始公社、變成古代奴隸社會，再轉成中古封建社會和現代資本主義社會，最終發展為未來的社會主義社會，乃至於共產主義的社會。每一階段的演變都是機械性、宿命式的必然發展。這種不顧及每一個國家的特性的齊一式變化，可以說是第三國際（1889-1914）時代的馬克思主義之特徵。

對於這種教條的說法早有人批評、抗議，發出不同的聲音。像英國改革派的馬克思主義、伯恩斯坦的修正主義、索列爾的工團主義，都曾經嘗試加重上層建築的份量，期待上層建築的典章制度與思想文化也能起著社會變遷的帶頭作用。其後葛蘭西甚至重新思考基礎與上層的關係。這是由於十九世紀以來民族國家在國內政治與國際政治上扮演日漸吃重的角色之緣故，因而使葛氏探究國家（一向被視為上層建築的一部分）對生產關係（下層建築）之再生產（延續、維持）起了決定性的作用。

修正主義倡導人伯恩斯坦

索列爾革命性的工團主義

再說，國家並非為資產階級赤裸裸的暴力及使用，反之，國家常依賴概念上、思想上、文化上的優勢（領權）來控制百姓，推廣政務。因之，葛蘭西無異為二十世紀以來第一位把馬克思上下建築制約關係翻轉過來的馬克思主義者。雖然有葛蘭西這樣倡導文化霸權，企圖以民間社會來顛覆政治國家，達到無產階級革命的思想家與實踐者，但整個經典的馬克思主義仍舊是呈現決定論（determinism）與本質論（essentialism）的性格。所謂的決定論就是前述基礎

決定上層、經濟生活決定心智活動、社會存有決定意識之謂。所謂的本質論即指出：社會的本質爲社會成員經濟生產勞動、心靈的本質爲物質。換言之，本質論就是企圖把複雜的現象化約爲簡單的本質，例如把複雜多變的社會化約爲簡單的階級關係，以及把階級關係化約爲資本與勞動的敵對。此外，將歷史化約爲階級鬥爭；資本主義化約爲資產階級對普勞階級的剝削；社會主義化約爲勞工階級戰勝資產階級；共產主義化約爲無階級、無剝削和無異化的社會等等。

　　拉氏和穆氏質疑：在資本主義的時代裡何以特別看重普勞階級？是不是作爲本質論（不管是經濟論、或文化論）的馬克思主義是由於「主張社會主義的知識分子，在工人階級當中『讀出了』它客觀的命運」（Laclau and Mouffe, 85），因而才賦予工人階級一個特殊的地位，一個本體論的（ontological）研討事物的本質究竟是什麼之地位？

　　既然經典的馬克思主義含有決定論與本質論的色彩，那麼有必要提出新的理論架構來說明社會中各項事物變動不居的情況。要之，天下事物都具有流動性（fluidity），也就是「不確定性」（unfixity; non-fixity）、「偶變性」（contingency）。事物這種不確定性、不穩定性、偶變性，也變成「社會每種認同體的條件」。換言之，包括所謂的社會與其成員及其典章制度這類的認同體（identities），都是暫時呈現在你我眼前的東西，隨時有改變其外觀與內涵之時，它們沒有固定的本質（essence）可言。在這種情形下，社會本身變了、成員改變了，但社會的改變是不是等於成員的改變？抑或是成員的改變就是社會的改變？這兩者之間有無因果和絕對的關係？因之，沒有理由相信部分社會成員形成的無產階級之變化，一定會引起全社會的變化（由資本主義社會轉變爲社會主義的社會）。換言之，社會由資本主義的形式變作社會主義的形式，可能不是全賴無產階級的革命來達成，也有可能是由於資產階級的改革，或是兩種敵對階級的合力推動。至此，拉氏與穆氏不再視普勞階級爲社會變遷唯一的動力或推手，而主張眾多的行動者（agents）對社會現狀的改變有參與及促成的可能。

社會變遷及其形態（文明和文化變遷、社會關係的改變）

四、符號學馬克思主義的崛起

　　繼承著阿圖舍的結構主義和朴蘭查的後結構主義，拉克勞和穆芙引進了符號學的馬克思主義，主張意識形態、政治、經濟三層次全部融合在「言說」、「談話」、「論述」之中，亦即一概化做語言的符號系統。社會的形構乃是一種沒有原因、沒有因果關係的言說所構成的。在社會的形構裡，不再有決定，而只剩表面的行為，諸如鬥爭、衝突、結盟、集團和稱霸等活動的行為。一個世紀以來，思想家所津津樂道的社會的形構，已因理論愈來愈遠離社會的結構，而使社會的涵義逐漸消失。取而代之，為文化的觀念，或意識形態的觀念，它們不再連繫於基礎或與上層建築相連的社會關係之上。換言之，象徵的關係或意識形態的關係之形構取代了向來物質的社會關係（生產關係、階級關係）。

　　由生產關係而轉移到象徵關係，亦即單純的語言為根基的馬克思主義，可以視為百年來思想運動的最近趨向。傳統馬克思主義的社會形構，已改為言說的形構，反映著目前符號學的假定：假定集體生活的本質乃為「言說」而非存在於歷史中的社會關係，社會的關係已化解為言說的關係。這些觀念是深受瑞士語言學家索緒爾語言結構分析的影響。由是可知，後馬這一流派的說詞是認為不只文化、不只意識形態決定了社會的關係，甚至社會關係和階級關係，都變成了符號學的單位，於是階級關係被視為「認同體」（符號）之間的關係。

拉克勞說：「目前的境況是這樣的，其中各種因素都移向體系，但沒有任何最終的體系或因素的存在。這是一種意義不斷在變化，也不斷在創新的結構，我稱這種結構爲『言說』。言說的概念在於描寫存在於社會中任何事物其最終的非確定性。當然，人們不可以把言說化約爲普通的談話或書面的文字而已；反之，把它擴大至任何可以標明的關係之上」（Laclau, 1988: 254）。穆芙也指出「我所說的言說不只是談話與文字而已，也是涉及一連串的社會實踐，因之，言說不只是理念的問題」（Mouffe, 1988: 104），亦即任何事物都無最終的確定性可言，這種無確定性的事物之描寫，就稱做「言說」。

Discourse (from Latin discursus, "running to and from") denotes written and spoken communications: 論述是指你來我往書寫或發聲的溝通

In semantics and discourse analysis: Discourse is a conceptual generalization of conversation within each modality and context of communication. 在語意學方面則爲談話時語態與脈絡上概念之綜合

The totality of codified language (vocabulary) used in a given field of intellectual enquiry and of social practice, such as legal discourse, medical discourse, religious discourse, et cetera. 法界或醫界使用專門語言或論述正是符碼化的用語之綜合

In the work of Michel Foucault, and that of the social theoreticians he inspired: discourse describes "an entity of sequences, of signs, in that they are enouncements (énoncés)», statements in conversation. 福科認爲論述乃是交談中發出的聲稱，是相續的、符號的單位

As discourse, an enouncement (statement) is not a unit of semiotic signs, but an abstract construct that allows the semiotic signs to assign meaning, and so communicate specific, repeatable communications to, between, and among objects, subjects, and statements. 論述是抽象的建構體，其作用在賦予用語意義，方便交談者使用特定的、反複的名詞、概念，利於溝通的進行

　　換言之，既然在社會中沒有恆常不變的事物之存在，所有的關係不過是變動不居的言說，那麼任何一個社會部門（像經濟）對另外部門（政治或意識形態）的決定，都成爲不可能。於是拉氏或穆氏談到經濟在最後的分析，或最後的舉例（in the last instance）中可以決定上層建築是無稽之談。這是由於每項事情、或事物僅具關係的性格之故，而關係的性格乃爲不穩定與不確定的性格（Mouffe, 1988: 90）。

　　至此，基礎決定上層建築的邏輯不但徹底翻轉過來，連所有的意識形態、政治和經濟部門也化解爲語言或言說的形構。每樣事物都像斷根的浮萍漂游在言說的大海裡，成爲「漂浮的能指」（floating signifiers）。階級並非有它特定的屬性或結構才成爲階級，而是人們說這是資產階級、那是無產階級，在這

種說詞下認定了階級。同樣階級地位、社會位置、實在的地位等等，也並非有其本質的存在，卻是人們所假設、認定、說出的那些認同體而已。同樣地「利益」云云，無非是社會的反映，其存在不會超過利益持有人的意識之外。換言之，「在談論到利益之前，根本無所謂利益的存在。它們〔利益〕不可能是經濟層次上現存位置的表達」（Mouffe, 1988: 90）。

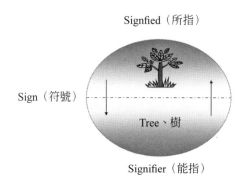

Signfied（所指）

Sign（符號）

Tree、樹

Signifier（能指）

作爲客體物的所指（帶有木幹與青葉物的植物）透過符號被華人命名（能指）爲「樹」，事實上符號包括所指（實物）與能指（知感），能指就是所指的符號

　　符號學的馬克思主義甚至連基礎與上層建築之間的互動都懶得一提，原因是所有的關係，包括基礎與上層建築之間的關係，都不固定。蓋任何關係離不開有意識、有志向的行動，亦即「任意性」、「偶發性」（contingency）的行動。是故發生在不同的社會主體之間，不管是鬥爭、結盟、同意、爭議、拆夥等都是受到事件的偶發性或任意性所左右，沒有固定的關係可言。社會爲社會主體們所充塞的天地，這些主體群爲求自利，不惜進行混戰。這些社會主體群既沒有特殊的階級成分，也不重視他們在生產關係上的地位，而是人人都是符號學上的一分子、一單元。他們出於本身的創意和主張，而非出於歷史的必然性，來形成符號學上的社會結構，並藉霸權或反霸權的聯合，來形成社會的秩序，以界定自我，或標明其利益之所在。以上的解析都在說明社會的形構變做言說的形構之緣由。

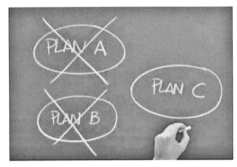

世事無常，偶發事故頻頻發生，應有種種替代計畫作爲應變之道

　　後馬的理論家說經濟不是界線清楚、內容確定的社會之構成部分，因之，經濟裡頭己混有政治與意識形態的成分。詳言之，經濟要能產生效果，不能單靠經濟運動律之操作。舉一個簡單的例子，資本家購買勞動力，從中榨取勞動的好處，並不靠經濟律而己，更是要靠資本家優越的支配勢力（domination）。資本家利用這種優勢（政治的力量），加上工人不知反抗，只知順從的意識（意識形態的作用），才會構成社會生產中的勞資關係。由此可見，經濟與政治和意識形態都已掛鉤，這三者是融合在一起的，因此再也沒有像向來馬派所主張自經濟決定政治與意識形態的可能。

經濟脫離不了改政治的鞭策驅趕，也脫離不了意識形態的鼓動激勵

　　既然所有的概念，不管是階級、生產力、生產關係，還是國家、理念、利益都是捕捉不到的事物，其意涵變遷不定，沒有任何一個概念有其最終的確定性格，則這些概念不是「自足〔自我包含〕的項目」（self-contained entities），

而是與其他的概念有所「差異」（differences）、有所不同的項目而已。因之，後馬之言說的形構，無非是「鎘銖必較、分辨差異的論述（言說）之總體」（articulated discursive totality）而已。在此總體中，「每個元素占有不同的位置」（Laclau and Mouffe, 106），這種位置既非政治的地位，也不是社會的地位，也不是理念的地位，而是語意學上的地位。

五、主體或認同體的不確定性

　　既然每一社會認同體都變成不確定的事物，那麼任何認同體與認同體之間、任何主體與主體之間的關係，端視人們怎樣去看待這類的關係。馬克思一度把人性看做社會關係的總和，後馬克思主義者則視社會為變動不居的人際關係之結合體。換言之，這種結合體並不受必然的規律之規範。

　　拉氏和穆氏曾經師承阿圖舍理論的一部分，也排斥他其他的理論。像阿圖舍指出意識形態、政治和經濟這三者對整個社會有交互影響的作用，這種交互影響就是他所指稱的「泛層決定」（over-determination），這一學說是阿圖舍取自佛洛伊德，卻影響拉氏與穆氏理論的那部分。至於阿圖舍強調經濟因素在「最後的情況」下仍舊起著決定性作用，這一說法卻受後馬這兩位理論家的摒棄。泛層決定可以給任何一個認同體（社會、階級、族群、個人等等）以象徵性的形式，原因是任何一個認同體都是由各種各樣多層的因素所影響、制約、決定的。任何的認同體都是一連串「主體的地位」（subject positions）組合而成，這些主體的地位隨關係之不同而變化。例如一個工人在家中可能是丈夫、父親；在社區可能是意見領袖，在工廠是工頭、是工會幹部；在教會可能是虔誠的教徒等等。因之，這位工人作為一個認同體或主體，是一大堆身分，亦即主體的不同身分和地位之綜合。隨著職業、工作地點、宗教信仰等等之改變，其認同體也會跟著發生變化。這就是任何一個認同體一直處於變動不居、無確定性之緣由。泛層決定和象徵性的形式形成任何一個國家、社會、族群、個人等主體都是在一大堆的語言、符號裡頭逐漸塑造起來。

佛洛伊德　　　　　　　　　　　阿圖舍及其泛層決定

　　易言之，我們指出某項事物為國家、社會，是因為該項事物在語言學上被稱做國家、被稱做社會的緣故。至於國家或社會，不但種類繁多、性質各異，我們只認識它們的象徵形式，例如「瑞士是一個國家」、「新加坡是一個國家」、「澳門是一個社會」、「香港是一個社會」。至於國家或社會的本質是什麼，則言人人殊、莫衷一是。其原因為國家也好、社會也好都是處在不斷變動中的主體或認同體，沒有固定的特質讓我們來掌握之緣故。

　　拉氏和穆氏雖然主張在社會關係的脈絡上，任何一個單元、主體、認同體都有其象徵性的形式（命名、名稱、概念）和言說的地位（discursive status），但實在、實相（reality）卻不能化約為言說、論述。在社會關係的範圍內，言說（論述）的實踐與非言說（論述）的實踐並無區別。對於這種認知論上的說詞，不管我們贊同與否，兩位後馬的理論家都是企圖超越本質論和同質性的政治觀與社會觀，他們認為本質論必然會走向納粹主義與共產主義極權統治之途。

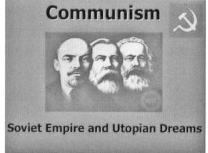

納粹主義　　　　　　　　　　　蘇維埃共產主義

　　說了這麼多，最重要的還是要理解拉氏和穆氏怎樣看待一個認同體的形成早日出現。什麼是一個主體、一個認同體呢？簡單的答覆是一個認同體、一個主體乃是不確定之物。以個人為例，任何一個生物性的個人，不管是男還是女，無法化約為一個封閉性的個人之體系，亦即無法把他或她當成一位完全自主自立的個體。個人既不是完全獨立自足的行動體，也不是社會結構的一環。嚴格來說，任何一個主體、一個認同體，說非確定不易，也非徹頭徹尾的變化無常，而是必然（社會結構）和偶然（個人的自主）矛盾性緊張的產品。

　　因之，認同體與認同體之間的關係便是社會敵對、對立之源泉。除此之外，再也沒有其他造成社會敵對的潛在因由。社會敵對是無法避免的，只要有不確定的認同體與其他同樣不確定的認同體的並存，與發生關聯。在這種關聯中，有些人占優勢，有些人居劣勢，這便是所謂霸權的運用。因之，霸權乃是一個認同體與其他認同體在社會敵對的脈絡下發生關係時，暫時性的穩定狀態。

　　在後來的一部著作裡，拉克勞進一步地說明，任何一個完全由本身決定的認同體可以等同為完全的自主（Laclau, 1990: 37）。不過，假使真有這種完全自主的場面出現，那麼個人的自主不需要吾人去追求，它已成為多餘的事物，大家不用你爭我奪。就因為認同體沒辦法完全自決、自主，而是受其他部分的因素決定，可是其他部分卻也是流動不居。由此看來不自主的認同體受制於不確定的其他認同體，那麼人們如何不會捲進種種敵對或鬥爭中呢？在此情形下政治成為繼續發揮它爭權或排難解紛的作用。

　　反之，假使主體完全受到社會結構的制約與決定，那麼主體與社會結構有何分別？有何不同呢？向來馬克思主義者都是認為個人是受社會結構決定的，這是拉氏要告別或拋棄馬克思主義的原因。要之，主體、認同體都是由關係的體系所稱成的，這是索緒爾的說法。拉氏效法索氏對語言的結構之分析，說出「任何一個主體、任何一個認同體都是關係的（relational），也是同時部分自主的」。拉氏對認同體所作的理論之提法，成為他思想中一個特色，他其他的理論就是建立在認同體不確定性之基礎上（曾志隆，2002：89-138）。

六、社會結構的分析

　　拉克勞和穆芙對社會、社會結構、社會總體這些詞謂相當不滿，造成他們不滿的原因是多方面的。馬克思主義就像十九世紀的社會學傳統一樣，強

調社會有其客觀性、質素性。社會可化約為基礎，或化約為演變的規律（社會發展律）。人們可以藉著社會的基礎或發展律去理解社會。這樣看待社會的「客觀主義」（objectivism）為拉氏與穆氏所反對。對拉氏而言，社會秩序並無其「積極面」（positive），社會秩序是受著其外在的事物所塑造的，這種外在而又具有塑造社會秩序的力量，可以稱做「塑造的（建構的）外力」（constitutive outside）。塑造的外力並不是積極的力量、正面的力量，而是消極的、負面的，企圖把事物改頭換面的否定力量（negativity）。換言之，社會秩序是面對一連串否定其保持原狀、否定其保持現狀的負面力量之挑戰。在迎擊或排斥這種負面力量的情形下，社會勉強維持其短暫的穩定、一時的平衡，這就是俗稱的社會秩序。在這種說法下，社會秩序就算勉強呈現其為客觀性乃是暫時的，而非久遠的（Laclau, 1990: 180）。

此外，他們也反對經典馬克思主義基礎決定上層建築的說法，這種不滿也包括把社會演進歸因於單純的經濟解釋。生產力衝破生產關係的限制而成為社會變遷的動力之說法，已受到質疑，特別是社會變遷的軌跡，歸結為「歷史的必然」之說法，也受到挑戰。在理念、物質都缺乏恆定性的情形下，基礎與上層建築的分野也告消失。

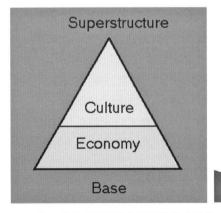

拉、穆兩氏質疑社會的物質基礎乃為經濟活動，它制約社會做的典章制度以及文化

他們也反對葛蘭西的文化霸權說，原因是後者的霸權建立在最終不連貫的觀念上，始終視上下層建築為本質的事物，這種觀念是無法超越馬克思上下建築的雙重性。更何況每一個霸權的形成過程中，一定得靠一條統一的原則來作

爲社會各部門連繫貫穿的主軸，這便是階級的原則。於是統一的原則與階級的屬性成爲葛蘭西社會秩序的兩個原則。既然有兩個原則之存在，那麼所謂的階級的優勢（霸權）不是靠階級成員的實踐，也不是靠階級鬥爭來獲致，反之，卻建立在最終超驗的本體原則（ontological principle）之上（Laclau and Mouffe, 69）。換言之，拉克勞和穆芙反對葛蘭西的地方，是不認爲階級的霸權是由先驗的社會結構衍生出來，而主張是由階級的實踐與階級的鬥爭中衍生出來。

　　階級的實踐與階級的鬥爭都涉及階級的關係，那麼什麼影響了階級的關係呢？影響的因素不只有下層，也有上層建築。特別是文化或意識形態對社會起了決定性的作用。但對拉克勞和穆芙而言，「社會」本身這個概念卻是難以捕捉的事物，他們說：「我們必須開始放棄把『社會』當作其過程〔及其成員〕構成的總體這概念。因之，我們必須考慮社會當成爲建構的場地那種開放性」（*ibid.*, 95）。他們又說自「展示社會總體中各成分必要的連繫之假定，在邏輯上犯了不連貫的毛病。同時也要藉不同的研究途徑來揭露『社會』這一研究的對象不可能是認知上統一的總體」（*ibid.*, 99）。

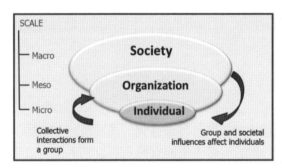

主流派心目中的社會體系　　　　　非馬派的階級社會之結構

　　社會結構總是在不斷變化當中，從來就沒有完成的時日；社會結構從來不會與它的本身完全相同，隨時都處在變遷中，因之隨時產生「脫線」（dislocation）的現象，就因爲社會會產生「脫線」所以有必要予以「縫合」。假使社會結構是一個同質性的總體，而且與它的本身性質完全同樣的話，那麼它必然是一個封閉的系統，在該系統中所有的成員（個人）也就等於結構本身了，正因爲它不是一個封閉的系統，所以個人還有自主的空間，雖然個人也受到社會結構的限制。

　　正因爲社會結構有脫線的現象，因此，個人們（人群）的合縱、連橫（合夥、聯盟、拆夥、重組）之霸權活動才得以展開。霸權活動是認同體（主體）與認同體（主體）之間關係的組合，這種組合含有必然的成分（例如父子血緣關係），也含有偶然隨意的成分（男女結合爲夫婦的配偶關係），於是家庭作爲小型的社會結構便包含了必然與隨意這兩種關係。推而廣之，整個社會作爲一個巨視且宏觀的結構，何嘗不是必然的與隨意的兩種關係之組合？

　　不只是霸權，就連同民主，都是漂浮不定的能指（signifier）。這兩個名詞（霸權、民主）或概念所指涉的事物之意義，完全視其脈絡（context，上下文的關係）而定，但又不拘泥於某一特定的脈絡。例如人們提及英、美式的自由民主，此一民主與社會主義國家所標榜的人民民主或印尼所推動的指導的民主完全不同。因此，要談民主，便要看是第一世界、第二世界或第三世界的民主。這就作爲民主的符號如何在不同的情境之下使能指與脈絡的關聯，也使能指與所指合一。社會結構既是「無法決斷的」（undecidable），但又是被決定的（determined）。就因爲社會結構擁有這種無法決定（斷）的性格，導致了社會的敵對爭執，從而使政治有迴旋活動的空間。換言之，社會敵對成爲政治的內涵和表現的形式，它是政治的基礎。政治也是促成社會結構不斷開放變動的主力（曾志隆，2002：156-184）。

七、恢復政治的重要性

　　任何的政治行動（隨意、任意的顯例）都是牽涉到一組「沉澱下來的」（sedimented）實踐之關係上。所謂的沉澱下來的實踐乃是必然的部分之活動，社會如果不靠這些必然的活動，則造成人人任意的作爲，而使社會分崩離析。政治就是改變人們的社會實踐之主力。正因爲歷史或傳統遺留給今人一些沉澱下來的社會實踐，吾人要保留部分實踐（傳統），還要改變另外的一些實踐（革命），政治才有發揮其作用的空間。社會敵對與爭執造成一些離心的作用，因之，紛爭成爲離心的實踐。有中心就有離心的活動（實踐），而一個體系同時形成幾個不同的中心乃是由於社會結構無法完全處於平衡狀態之緣故，不同的中心之形成是由於社會的紛爭、對抗，也是由於社會結構的脫線（脫節）。

　　導致拉克勞這種思考的方式，無疑地是受拉崗（Jacques Lacan 1901-1981）和德希達（Jacques Derrida 1930-2004）的哲學之影響。拉崗的理論在於

說明作爲符號或象徵的主體得自其說明、言說、敘述中逐漸形塑的、構成的。德希達的哲學主要表現在反對玄思、反對本質論之上。他爲了防阻思想掉入非黑即白的兩種極端之一的陷阱，而倡說一種「非純粹」（impurity）的理論，強調一種「此與彼」同時並存的邏輯（洪鎌德，2011：349-355）。其結果雖然不致黨同伐異，但也造成其理論的非爭議性、「非政治性」（apolitical）。

拉克勞把德希達非政治性的理論顛倒過來，主張政治剛好在處理必然與隨意之間所滋生的問題。任何決定論或本質論都把政治的空間綁死，政治是悠游在必然與任意、決定與自主之間。

精神分析理論家拉崗　　　　　　　　解構主義大師德希達

換言之，當代政治的主軸無疑地是女權主義、種族主義、反核運動、環保運動、多元文化問題、反戰與和平運動等爭論與謀求解決。這些主義和運動所滋生的政治，其構成的因素仍少不了自動自發與自主的那一部分，亦即隨意與任意的那部分，但也有制度與結構遺留下來的老問題，也就是被決定的那一部分。這些問題與運動所牽涉的政治，不能視爲階級鬥爭的必然呈現，也不能看作純粹是由於經濟（生產活動）所引發的困擾。這不是工人階級必然遭逢的厄運，或不善處理所造成的後遺症，更不是普勞階級必須去面對、去解決，而最終要改變社會、創造歷史的時代使命。

拉克勞和穆芙都認爲當代是政治應發揮其主導性功能，全力介入人類事務的時代。作爲「權力」（power）與「偶發」（contingency）的象徵之政治，應發揮人類的主體性、自主性，把現存典章制度的惰性、被決定性徹底剷除。

由是拉克勞遂在其著作中指出：「社會的認同體之構成乃是一椿權力的行動，而當成如此這般的認同體就是權力」（Laclau, 1990: 31）。

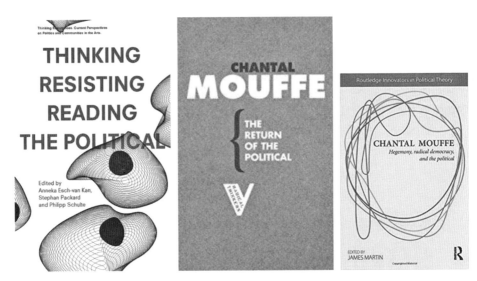

拉克勞與穆芙有關「政治性」研討的重要性和政治回歸的必要

　　那麼將權力與認同體劃上等號，其所造成的意涵是傳統美國式的個人主義所假設的那種自主性頗高的個人，這種個人是否眞的存在便發生了疑問，亦即個人是否享有高度的自主性令人起疑。原因無他，把個人置於社會之前、之上，也就是認爲個人早於社會的出現之前業已存在的說法，是不足服人的說法。同樣，視社會結構絕然地決定個人，使個人的個體性走樣，也是不通之言。把自主的個體視爲基礎去建立的多元主義乃是資本主義社會中精英論者的說法，不過這種說法是顛倒了或扭曲了多元主義的眞正精神。

　　這種說法，無異視多元論和精英論爲被制約的錢幣之一體的兩面，都會導致政治走入死胡同，使政治排難解紛的作用盡失。向來的歷史充滿了「迷思」（myth），譬如說：馬克思主義者所言的普勞階級是由經濟條件所產生的，以及美國式的自由民主建立在個人主義之上等等說詞，對拉克勞與穆芙而言，都是迷思，都是神話。現在該是結束迷思、面對現實的時候。迷思之所以必須拆穿、必須反對，在於迷思把政治塗鴉搞亂了，使吾人更無法理解了（曾志隆，2002：93-136）。

八、結論

　　拉克勞這種重視策略的運作，包括運用政治力量去改變現狀的努力，基本上也是馬克思倡導改變環境俾改變人本身，求取人解放的精神。因之，葛拉斯指責拉氏為告別馬克思主義者，或放棄馬克思主義者，未免言之過當。事實上，拉氏的著作仍應視為馬克思主義傳統中之一部分，更何況馬克思的著作與考茨基的詮釋仍舊是拉氏演繹理論的基礎。

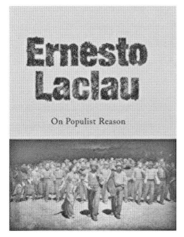

　拉克勞談群眾的理性　　　穆芙編基進民主　　　拉氏談政治性的重要

　　拉克勞自稱其理論屬於後馬的範圍，但發人深思的是，如果說不管何種形式的馬克思主義（老馬、西馬、新馬、後馬）都是教條的，都是本質論的，那麼他又何必不斷地將他的學說牽連到馬克思主義之上呢？事實上，他從未把他對馬克思的關係加以理論闡釋，再說吾人如果承認社會實踐和政治實踐沒有任何條件或形式上之關聯。此外，如果所有的認同體都是脫線或脫節的結果，也是所有爭執或敵對的結果，那豈非在說明馬克思主義的所有教條都是荒腔走板、都是荒謬錯誤的？

　　拉克勞使用的「霸權」與「脫線」的概念，可幫助我們以新的眼光去看待馬克思主義，但他卻是以否定的眼光去評價馬克思主義，原因是他說動員各種力量去搞霸權，包括聯合弱勢團體、婦女、環保人士、被壓迫族群等等方法，但就是不認同普勞階級可能扮演的角色，從而也就拋棄馬克思主義教條，但這

種作法，對他要推動的基進民主或多元民主根本沒有幫助。是以，拋棄馬克思應不是拉克勞的本意才對。

　　與此相關的是拉氏理論的定位問題，亦即他的眞知灼見與現實關聯如何？與他所描寫和分析的觀點有無差距？拉氏大可使用德希達的邏輯回答說，他的理論參與現況，但又不屬於現況，其結果便是要迫使吾人放棄使用「零和」、「此或彼」的傳統想法，完全訴諸類似戈德爾（Kurt Gödel 1906-1978）的邏輯，而搞曖昧、不論是非、不論好惡的模糊邏輯了（Laclau, 191-195），在此一意義下，拉克勞的後馬理論可謂不足爲法。

As part of his Incompleteness Theorem, Gödel translated the paradoxical statement:

"This statement cannot be proved"

into the pure mathematical statement:

~(3r:3s: (P(r,s) V (s=g(sub (f6(y)))))))

and used this to show there there are some mathematical statements which are true but which nevertheless cannot be proved.

奧地利邏輯學者與數學家戈德爾，他提出不完整理論，認爲數學命題中部分無法證明基爲眞或爲假。他不相信物質主義、他搞模糊邏輯

　　結論是很明顯的，後馬的主張與前馬（早於馬克思之前的西方思想）的主張幾乎相同，不是物質主義，而是觀念（唯心）主義成爲世界的主導力量。因爲每個體系都可以把本身構成一個目的物，這個構成的動作不受外界的原因所推動，只需本體的動因即足。拉氏與穆氏說：「這讓我們克服無法解決的問題，亦即基礎與上層建築的關係之問題。假使國家、理念、生產關係等等都有純粹不同的項目，那麼任何一項都會涉及到在其他項中的出現。在這一意義下，任何一元素對其他元素影響的因果理論成爲毫無必要」（Laclau and Mouffe, 90-91）。至此，言說範圍與非言說範圍之兩分法應予衝破，這個衝破無異爲放棄思想與實在（實相）兩者之兩分法的觀點。要之，單純符號學的馬克思主義最終的努力，便是衝破我們對實在的思維與實在本身這兩者之分辨。

但衝破這種分辨是我們理論工作者奮鬥的目標嗎？這點值得吾人深思（曾志隆，2002：229-238）。

處在後現代時期的馬克思

馬克思主義不但變成後馬克思主義，也變成了後現代主義：哲學教授希克斯的説法

馬克思主義與傳播理論

第九章　馬克思主義與傳播理論

一、經典馬克思主義

二、西方馬克思主義

三、哈伯瑪斯的知識論與溝通理論

四、新馬的傳播理論

五、後馬的傳播理論

六、結論

一、經典馬克思主義

在眾多傳播理論中，馬克思主義（簡稱馬派）的批判理論，至今仍發揮相當大的作用。馬克思在生之時喜用「批判」（*Kritik*）一詞。因之，他著名的《資本論》一書的副標題就是「政治經濟學的批判」。批判的理念源之於近世啓蒙運動以來法、德的經典哲學家，馬克思最爲心儀的黑格爾動輒採用批判，特別是康德屢用「批判」一詞彙在其三大著作《純粹理性之批判》、《實踐理性之批判》和《判斷力之批判》之上使馬克思印象深刻。馬克思一生努力不懈的工作，就是對近世西歐工業革命以來出現的西方資本主義，加以研究、析述和批判。他不但抨擊資本主義對人性的扭曲、對工人的貶抑、對人類的分裂，還大力批判經典主流派的經濟學者曲解資本主義的運作。易言之，馬克思批判了現代資本主義及其御用的學人和理論家（Mattelart and Mattelart, 1998: 91-105；洪鎌德，1999：第二、四、五、六章；2014：31-33）。

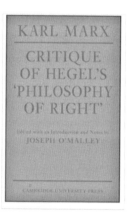

自從康德三個「批判」以來，黑格爾批判康德，馬克思批判黑格爾法哲學

馬克思雖然以兩層樓的譬喻來描繪社會，但仍舊把社會當成爲一個總體（*Totalität*）來看待。社會不是一成不變的實體，而是一連串變動不居的辯證過程，他稱這一不斷衝突、矛盾，以及化解衝突、矛盾的辯證過程爲社會兼經濟的形構（*sozio-ökonomische Formation*）。引起社會兼經濟形構的變遷，乃至造成歷史嬗遞的動力，爲社會的經濟基礎（下層建築）之變化。換句話說，人類謀生的經濟活動和生產活動，是帶動社會上層建築的典章制度所以建立，乃至改變的主因。有怎樣的生產方式（封建主義、資本主義、社會主義的生產

方式），就會出現怎樣的意識形態（統治型態、經濟政策、社會制度、文明樣式、文化表現等等）。是故人類的存在方式決定了人類的社會意識，而非意識決定其存在。有史以來人類的生產方式及其未來的發展經歷至少四、五種的重大變化，因之，社會的型態也跟著從原始公社，演變爲古代奴隸社會，再至中古時代的封建社會和近世以來的資本主義社會，以及未來的社會主義社會，將來再由社會主義社會躍進到共產主義的社會。

　　既然社會的變遷之動力在於生產方式，而生產方式又是生產力與生產關係的結合。於是掌握生產力，特別是掌握生產資料，成爲部分人類終身不懈的追求目標。凡能掌握生產力和生產資料的人，必定是在社會關係中贏得主導地位及宰制權力的人，這些人即是社會的有產階級（在資本主義社會稱爲資產階級）。反之，除了擁有本身的身體與勞力，而欠缺其他生產資料（資本、土地、原料、經營能力、人際關係等）的人，便降低爲無產階級、普勞階級。在近世資本主義崛起，大批農村釋出的人力湧入城市，以販賣勞力獲取工資來維生，他們就成爲典型的無產階級、工人階級、勞動階段、普勞階級。馬克思認爲社會的變遷與歷史的嬗遞，除了因爲生產方式改變，帶動上層建築發生變化之外，就是由於有產階級與無產階級的鬥爭。這也就是他與恩格斯在1848年發表的《共產黨宣言》中所指出：「至今爲止的人類社會的歷史乃是階級鬥爭史」（CW 6: 482；洪鎌德，1997a：265；1997b：158；2007b：403-422；2010b：273-292；2014；302-306：2016：360-365）。

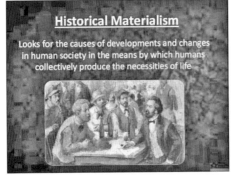

歷史是階級鬥爭史

呼籲勞動人民團結俾達人類的解放

　　在資本主義的時代中，無產階級與資產階級的鬥爭轉趨激烈。資產階級爲維護其階級利益，擴大其階級利益，不惜以暴力或利誘方式來對付無產階

級，國家成爲資產階級壓制無產階級的統治機器。成爲統治階級的資產階級，不只擁有財富、權力、優勢，還企圖利用流行的思想、觀念、意識形態來控制廣大的勞工與被統治階級，是故馬克思與恩格斯在1845年至1846年合撰的《德意志意識形態》長稿中指出：「統治階級的理念在每一個時期都成爲該社會的主宰思想；亦即主宰社會物質勢力的階級同時是該社會主宰知識勢力的階級」（CW 5: 59；洪鎌德，1997a：279；2010b：269-271）。

藉著教育、宣傳、訓練、報紙、書籍、雜誌的散播、輿論的形成，階級如求翻身、解放，不只應該形塑普勞意識，並揚棄資產階級的虛僞意識，還要團結一致，參與革命行列，以行動來推翻資產階級的統治。馬克思終其一生致力普勞階級的解放革命，但其期待的革命多告落空，這是由於歐美資本主義轉型、國際情勢變化、資產階級的國家紛紛以社會立法來提升工人地位的緣故，也是由於主張逐步改革，而非訴諸暴力革命的社會民主運動興起得勢的緣故。

不過馬克思把傳播機制定位爲社會上層建築的一部分，視傳媒的內容與運作方式爲資產階級獨霸權力與壟斷優勢的手段，卻爲後來的西方馬克思主義與新馬克思主義之傳播理論埋下種子。因之，他可以說是馬派傳媒批判理論之奠基者。

二、西方馬克思主義

西方馬克思主義（簡稱西馬）一名歐洲馬克思主義，或黑格爾式的馬克思主義，係第一次世界大戰結束前後出現在歐洲中部、西部與南部的馬克思主義，這是有別於出現在俄羅斯的蘇維埃馬克思主義（馬列主義、官方的馬克思主義）。西馬的奠基者有匈牙利的盧卡奇、德國的寇士和義大利的葛蘭西。其後，法蘭克福學派崛起，加上第二次世界大戰結束後出現在法國的存在主義、現象學、結構主義等等，都成爲西馬的主流學派（洪鎌德，1995：11-40；2010a：28-36）。

藉著人心把物質世界反映爲理念、心像

黑格爾站在馬克思頭上，形成西馬學說
的主軸（西馬爲黑格爾式馬克思主義）

　　在西馬的諸流派中，以葛蘭西、法蘭克福學派與阿圖舍的結構主義理論，
對傳播理論的啓迪與衝擊最大，至今仍爲理論界所津津樂道，甚至仍舊爭論不
休。葛蘭西指出，在歐洲搞無產階級革命所以失敗，是由於資本主義的國家
不但靠軍隊、警察等鎮壓的機器箝制工人群衆的反抗、叛亂，更是靠傳統的民
間社會（教會、學校、利益團體、輿論與媒體），把資產階級的世界觀、人生
觀灌輸到群衆的腦中，使他們在日常舉止言行中，接受統治者的想法與作法，
從而默認與忍受資產階級不合理的統治。這就是說國家是以武力和百姓的同
意（consenso）來化解階級的敵對與鬥爭，在西方普勞階級如想甩掉加在其身
上的枷鎖，除了打破統治機器奪取政權之外，最重要的是贏取「文化霸權」
（egemonia culturale）。

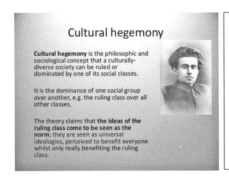

在社會中一階級可以統治其他
階級，靠的不只是權力、地
位、財富和統治機器，更多的
是利用教會、學校、傳統、媒
體、輿論、文化、習俗等意識
形態的機制，來控制群衆的心
靈和動作，讓他們成爲乖順的
綿羊，只知服從、同意，不知
嗆聲、反抗。

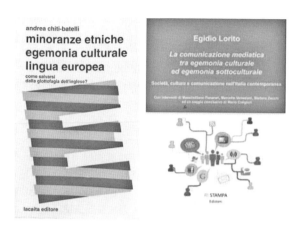

　　報紙、廣播、輿論、媒體、學校、教會和其他各種利益團體，特別是政黨及其黨員，都是民間社會爭取國家機器領導權的積極分子與行動者，這些在經典馬克思主義者（包括馬克思與恩格斯）的眼中，視爲上層建築的意識形態，不再是被動反映了社會的經濟基礎，也不只受到生產方式的決定，而是本身能夠改變經濟活動，開創新的生產方式。換言之，作爲意識形態一部分的傳媒，對喚起沉睡的民心，造成普勞階級的革命意識，起著重大的槓桿作用。顯然，葛蘭西視國家是社會化的工具，也是文化、意識的塑造者與傳播者，是散播特定世界觀與人生觀的機器，他說：「國家的職能完全，〔如今的〕改變國家變成教育者」（Gramsci, 260），又說「國家創造了一種新的文明，也創造了新的人類與新公民（他們係生存在政治外殼之內），由是一個複雜的、精緻的民間社會誕生了。在民間社會中，市民表面上都能自治、都不會與政治社會（統治機關）發生衝突，反而與它相輔相成，而使政治社會綿延不斷」（ibid., 246）。葛蘭西顛倒了馬克思上下建築之間的決定或制約的方向，他確認精神統治的機制大於物質統治的基礎（洪鎌德，1996：48-51；2010a：195-206）。

　　法蘭克福學派的前身爲1923年名義上依附在法蘭克福大學的研究機構（經濟學院，後來改隸哲學院），而事實上無論是財政，還是人事都完全獨立的「社會研究所」（Institut für Sozialforschung）。開始時，以歷史與經濟的研究爲主，自1930年霍克海默出任所長之後，改以哲學、社會、社會心理學爲主要探索的對象。延續馬克思對資本主義社會和資產階級的政治經濟學之批判，霍氏在1937年出版的〈傳統理論和批判理論〉一長文中，爲社會研究所其後發展

的主旨拍版定調。該所在1933年遭受新興的納粹政權所封閉，與霍氏密切合作的學者如阿多諾、馬孤哲、符洛姆、羅文塔等都避走北美，卞雅敏則在倉皇逃亡途中自殺。1950年代該研究所由北美遷回西德，從此世人遂以法蘭克福學派稱呼這批各有主張、學說分歧，而無定調的猶太籍社會主義理論家之學派。

Carl Grünberg

First Director of the Frankfurt School in 1923, a Marxist legal and political professor at the University of Vienna. He retired in 1929 and left the Institute to Max Horkheimer.

首任所長葛倫貝（1861-1940），為一位馬派經濟學家，1929年交給霍克海默經營。後者與阿多諾於1950年結束美國流亡返德，共同主持研究所，成立法蘭克福學派。

La Escuela de Francfort

Max Horkheimer (1895-1973)　　Theodor W. Adorno (1901-1969)

　　儘管法蘭克福學派的理論家並沒有大家一貫遵守的獨門思潮，但因為效法馬克思對現存資本主義社會的批判，也期待有朝一日實現馬克思無剝削、無異化的理想社會，因之，一般均泛稱其為批判理論，無論是批判哲學、批判社會學，還是文化批判。事實上，法蘭克福學派還批判了三項當前主流思想，其一為實證主義，其二為馬克思主義的實證傾向，其三為當代社會的反理性、非理性。

　　他們之所以批評實證主義，是由於後者深信靠著觀察與實驗，便可以獲得實證的「事實」，而這種實證的事實便是社會的實在，便是社會的真相，這是素樸的科學觀，或價值中立的主張，所造成的錯覺。至於馬克思主義陣營中仍舊有人迷信科學萬能，對實證主義的眷戀，都成為法蘭克福學派要批判的對象。他們認為馬克思主義堅持普勞階級無可避免地要進行革命，掃除異化和宰

制，這也是一種奢望，早應摒棄。至於當代資本主義社會的宰制勢力，已由經濟擴大到思想與文化的層次，在文化變成工業之後，非理性、反理性到處瀰漫，群眾喪失了明辨是非的方向感、正義感，整個社會浸淫在工具理性氾濫的大眾消費中。人為物役、物化、異化、人淪落為「一度空間」（「單向度」、「單構面」）的動物，就成為資本主義發達的社會之特徵。

馬孤哲及其著作《單面人》

嚴格地說，在1930年代霍氏主張批判理論時，還能遵守馬克思有關經濟與階級結構之分析，視經濟與階級結構為生活的真實基礎。可是其後他與阿多諾出版《啓蒙思想的辯證》（1944）一書後，攻擊的對象不再是科學的哲學之科學主義，而是科技，亦即科學與技術推廣至整個社會的「科技意識」，或稱「工具的理性」。蓋「科技意識」與「工具的理性」成為維持統治關係的主要因素底緣故。科技的合理化，不但沒有改變、取消統治的合法性，反而助長統治的合法化。在《啓蒙思想的辯證》一書中，霍氏與阿氏引進「文化工業」一詞，他們說：「文化工業就是當成欺騙大眾的啓蒙思想在推行」。在資產階級壟斷下，所有大眾文化都是相似的、雷同的，「同時也因為文化與娛樂的結合而使人們墮落」。文化工業中廣告的橫行，反應了消費者被迫去購買貨物、使用貨物，儘管他們早已看透貨物的性質。要之，文化工業遭受批判，乃是因為文化工業與其他文化的統治形式無從分辨或分開之緣故。

霍氏與阿氏在《啓蒙思想的辯證》中，引進「文化工業」一新概念

　　此外，在資產階級控制下，人們缺乏歷史性與比較性的研究報告，來指出統治意識形態所造成的惡果，這是浸淫在文化工業中現代人的宿命（Mattelart and Mattelart, 1988: 60-64）。

　　阿圖舍企圖把馬克思主義從一個工人階級的意識形態轉變爲結構的科學，亦即轉變爲沒有革命主角的革命理論。他重新估量上下層建築之間的關係，依他的看法，意識形態與政治不再是經濟基礎的反映，而是經濟存在的條件。原本馬克思所指明的生產方式，不限於下層建築的經濟活動，而是包括上層建築的政治（典章制度）與意識形態在內的複雜關係，他進一步賦予意識形態新義；他認爲意識形態應被看作實在（實相）的社會關係，或是一種社會實踐，而不是幻象；意識形態固然有別於科學，卻是資產階級統治的手段，也成爲資產階級操縱的國家工具。詳言之，國家擁有壓制性的工具，包括軍隊、警察、司法與情治機關；國家也擁有意識形態的工具，包括學校、教會、傳媒，以及其他合法化符號系統。後者的功能在藉國家的名義，把社會所有階級凝聚在一起，使其服從統治者的意識形態，使統治階級的優勢得以鞏固（*ibid.*, 74-77）。

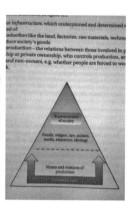

阿圖舍重估上下層建築之間的關係，意識形態與政治不再是經濟基礎的反映

三、哈伯瑪斯的知識論與溝通理論

　　就像其他批判理論家一樣，哈伯瑪斯的批判理論之最終關懷，爲協助人們從資本主義的宰制下解放出來。就像其他理論家，他相信眞理的知識具有解放的作用，而溝通是認識眞理一項重要的手段（Neuliep, 1996: 132）。

哈伯瑪斯認爲溝通是認識眞理一項重要的手段，而知識使人得以解放

　　因之，哈伯瑪斯最先關懷的事物是如何建立起一種具有批判作用的正確知識，來作爲批判理論的基礎。這便是他注意知識論的原因。而他知識論的起點爲「認知的旨趣」（*Erkenntnisinteresse*）任何的知識都少不了促成這種知識產生的原因和目的，這便是構成知識的興趣、關懷及利益，簡稱爲旨趣。

　　人類經營社會與文化生活，可以簡化爲勞動與溝通。勞動在於生產人類生存不可或缺的資料，而溝通則爲人際之間的互動，也是人類被界定爲社會動物的緣故。在勞動的領域中，人類進行工具性的活動，俾對世界有正確理解和有效的控制，這便是技術性的旨趣，由技術性旨趣產生的知識之體系化乃爲經驗與分析性的學科。

哈氏認爲勞動和溝通都是人的實踐，人既然活在民間社會中，要參與公共論域，使國家、經濟、體系走向合理化、理性化（rationality）

　　另一方面在溝通及互動的領域裡，人類典型的行動方式就是與別人交往與會意的行動。這時進行溝通者對別人的動機、企圖、意向的理解，變成非常的重要，而讓別人理解你自己也成爲交往不可或缺的要件。是故彼此瞭解，互相溝通，便要靠共同的文化背景、生活環境、相似的傳統、彼此的默契等互爲主體性，這種知識就是日常活動實踐的知識，其目的可謂爲實踐的旨趣。由實踐的旨趣衍生建立的學科則爲歷史性兼詮釋性的學科，這也是補強馬克思過度重視勞動與經濟的物質主義之偏頗。

　　但人類的社會生活並非建立在自主、自由與平等的基礎之上。社會因爲種族、階級、性別、個人機會等等之不同，而形成了區隔、歧視、宰制的現象。因之，在人類的勞動與溝通之外，多了一種非常特別的因素，或稱媒介，這便是權力。權力者爲了長期掌握權力、擴大權力，遂建立典章制度與意識形態來使其權力合法化、正當化。其實對人類的宰制、驅使，對事物的操縱、把持，都是從溝通行動中延伸出來。只是這種溝通並非自由、合理、平等的溝通，而是被扭曲、變形的溝通。爲了排除權力的濫用，也阻止扭曲的溝通，哈伯瑪斯

提出人類知識的第三種形式，即解放的知識。解放的知識植根於人類的解放旨趣之上。能夠實現人們解放的學問，為批判取向的學科，像批判哲學、批判社會學、批判理論等等（Habermas, 1973: 59-87；黃瑞祺，1996：166-172；洪鎌德，1998：339-341；2004：297-336；2013：235-262）。

　　哈伯瑪斯認為，人類所謂的解放旨趣，在追求人作為自主、自由與負責的主體。為達到此一目的，人類只有在溝通的行為中，把自主、自由與負責的精神落實出來。原因是「透過語言的結構，自主與負責便呈現在我們的眼前」（Habermas, 1973: 328; 1971: 314）。由此可知人類的語言溝通是實現其自主與負責，亦即其解放旨趣的手段，溝通理論成為哈氏對認識論的澄清與拓深（黃瑞祺，前揭書：173）。在人們語言溝通過程裡，溝通者除了要使用文法規則之外，也要懂得語用規則；說話者必須要掌握文法規則與應用規則，才能獲取成功的溝通。說話者的這種能力，便是哈氏所強調的溝通能力，而他的溝通理論亦是企圖重建人們的溝通能力，他的理論遂稱為溝通的行動理論。溝通行動理論之目標為「尋覓與重建可能的理解之普遍條件」（Habermas, 1979: 1），亦即形成合理的理解條件之尋獲或重建。

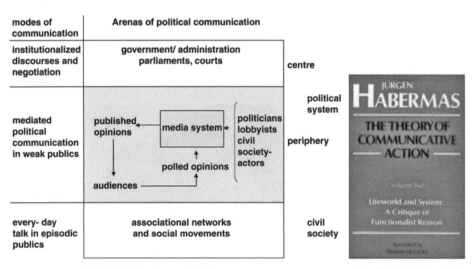

媒體盛行的社會之政治溝通　　　　　　　　哈氏《溝通行動的理論》

　　對哈伯瑪斯而言，語言溝通的基本單位不是個別的詞彙、語句，而是將語詞應用於特定的溝通環境之言辭動作（speech act）。言辭動作包括示意成分

（illocutionary component）與命題成分（propositional component）。例如「準
時上課」一句話的內容，前者是說出這句話的人的語氣、態度、立場，俾吾人
瞭解這句話究竟是要求、勸告、警告還是命令聽話者準時上課；後者則是講明
這一動作所涉及的內容。

　　哈氏說，當人們在進行溝通的動作時，他們有意或無意間賦予這個動作四
項主張，他稱此四項主張為「有效性的訴求」（validity claims），包括：

　　（一）發出可供別人理解的話語（聲音、尖叫、笑聲等主觀誠實）；
　　（二）提供聽者可以理解的話語（社會來往確實的語文工具）；
　　（三）讓說話者可被聽者所理解（說話者與聽語者共同認定之客觀的真
　　　　　實）；
　　（四）藉此而達到與別人互相理解的目的（和諧關係所的建立，*ibid.*,
　　　　　2）。

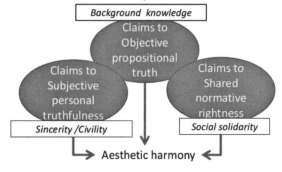

主觀誠實、客觀真實、社會確實的訴求導向彼此溝通的圓融

　　第一種涉及說話者話語可被理解，因之又稱為可被理解的訴求；第二種牽
連到說話者命題的內容之真實性，可謂真實的訴求；第三種指出言辭動作的正

當得體，可說是正當的訴求；第四種表達說話者的意向之誠懇，可說是真誠的訴求。

在溝通過程中，溝通的雙方必然要擁有上述四種有效的主張或訴求，溝通才會順利進行，否則不是溝通中斷，就是另一種形式的動作（惡言相向、施加暴力等）取代溝通的動作。

可是在溝通過程中，上述四種訴求的原則，卻常遭有意或無意的破壞、侵犯，而造成溝通的中止，或爭論的出現。

哈氏認為，溝通的行動有助於人們彼此瞭解，其原因為：1.建立或更新人際關係；2.對世界的情況與事件重加表述；3.說話者藉溝通行動表達了他主觀的經驗與感受（Neuliep加以引申，1996: 133）。

《溝通行動理論》德文版

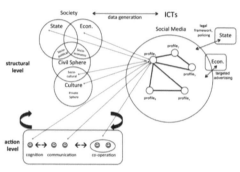

由個人或人際溝通擴及社會與國家溝通

要達成人們彼此的瞭解，那麼有必要再分辨溝通動作的三種型態，其一為描述（constative）動作，亦即說話者將他所思所聞平鋪直述，不加上個人主觀的意見，例如他說：「門已關上」；其二為表述的（expressive）的動作，例如他說：「門要是關著該多好呀！」。這表述了說話者內心的期望希冀；其三為規範的（regulative）動作，例如他說：「請把門關上！」便顯示說者與聽者之間的關係，是前者對後者的命令，或是前者對後者的請求等等。

除了知識與溝通理論之外，哈氏影響傳播學說的最大貢獻為其公共論域的看法（Habermas, 1981: 290）。哈氏指出：所謂的公共論域（*Öffentlichkeit*）是

政治秩序的組織原則，係人民可以用「保障自由的集體」（*freiheitsverbürgendes Kollektiv*）的身分來相互接觸，討論大家關懷與利害的問題，而非代表個人的利益或經濟實力，其目的在彰顯「意見的和意志的形塑」（*Meinungs- und Willensbildung*），注重的是公平、開放與自由的討論，以此討論作為促成政治上的共識之獲致（Habermas, 1962: 247-248）。

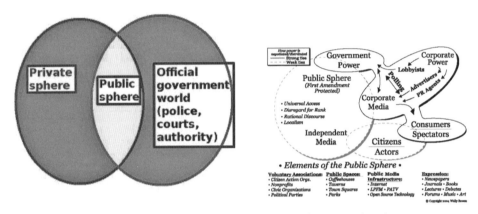

公共論域爲處於私人氛圍與官方機制之間，其涉入的因素眾多

哈氏的溝通理論應用到大眾傳播時，強調的是溝通的雙方都能發揮其理性，自主而又真誠地在溝通過程中追求真實，避免陷於被扭曲的情境裡，俾發揮公共領域公平表述之精神。由於大傳是人類工具理性的強化，常被有心人（財團、政黨、派系）所利用、操縱。因之，媒體工作者與閱聽群眾之間，如何尋求一個理想的溝通情境，是大傳批判理論的主要課題，這方面有賴雙方反思與批判精神之增強（張錦華，1994：210-225）。

四、新馬的傳播理論

哈伯瑪斯的溝通行動理論屬於批判理論的一部分，因此，與法蘭克福的西馬觀點相同，儘管他不樂意被視爲馬克思主義者。反之，崛起於1960年代末歐美的激進左翼思潮，其主流可稱爲新馬克思主義（Neo-Marxism），簡稱新馬。新馬不只在時間上（1960年代末至1980年代中）有異於西馬（1920年初至1960年代初），就是地域的分布，也不像西馬以德、匈、法、義等國爲限，而

是跨越英倫、北美、東歐、印度、日本、北非、南美，而幾乎成爲東方集團官方（俄、中、韓、越、古巴）馬克思主義之外，寰球的左翼思潮。新馬不同於西馬的地方不只用辯證法、歷史法、哲學方法探討社會的上層建築，文化與意識，更探討寰球社會跨越國際的現象，諸如民族主義、新帝國主義、依賴關係，並作出分析與抨擊，其使用的方法比西馬種類更多、範圍更大，亦即融合當代社會科學的新穎理論與研究方法，亦即把諸如政治學、經濟學、政治經濟學、社會學、文化人類學、社會心理學之發現，應用於社會現象之探討與批判之上（洪鎌德，1995：1-30）。

新馬克思主義只改變馬克思的面貌嗎？

在新馬中，圍繞在倫敦出版的《新左派評論》（*New Left Review*）之一群英國馬克思主義者，對傳播理論的塑造與發展尤有重大的貢獻。以霍嘉特（Richard Hoggart 1918-2014）、湯普森（Edward P. Thompson 1924-1993）、韋廉斯（Raymond Williams 1920-1988）和霍爾（Stuart Hall 1932-2014）爲主的「當代文化研究中心」，因係設置在伯明罕大學，遂形成一個嶄新的學派──伯明罕學派。這一學派旨在揭露歐美資本主義社會通俗文化的本質。這是英國新左派有系統地從事都市工人階級社區與文化的研究，俾證實工人階級的價值體系與社會結構，並未隨著福利國家政策之推行，以及通俗文化之流行而告消失（孫紹誼，1995：70）。

霍嘉特　　　　湯普森　　　　韋廉斯　　　霍爾

　　霍嘉特以「實踐性批判」的精神，研究工人階級的生活、慣用語彙等文化
活動，他拒絕把文化看成高低不同的對立。韋廉斯認為，文化不只是文學、標
籤、藝術而己，它可以擴展到人類學的意義。文化是意義與價值，為社會所塑
造，為歷史所轉變的「整體過程」，它不只包含了文學與藝術、更涵蓋了社會
實踐的關係。湯普森認為，文化植基於人群集體的經驗，為社會意識與社會存
在兩者互動之結果。因此，他反對任何經濟化約論與制度分析為主旨的文化研
究。在他心目中，文化是複數，而非單數。文化與文化、群體與群體之間，存
有競爭與衝突，是故文化不是單一方式的表現演變，而是不同生活方式之間的
競爭與衝突。
　　霍爾把其同僚對文化的研究歸納出文化研究之優勢典範，其特色為：
　（一）文化不是社會基礎（經濟活動）的反應、或邊際，而是由「脈絡－
　　　　　環境」，擴展為社會實踐與歷史過程的複雜現象，文化為所有社會
　　　　　實踐所組成的整體；
　（二）反對上下層建築的僵硬說法，尤其不把社會的下層建築視為受到經
　　　　　濟結構所決定的論調。相反地，把社會存在與社會意識的關係看作
　　　　　相互影響，而非彼此隔離、對立的兩個層面；
　（三）這個典範文化可以界定為：1.特定社群在特定歷史情境和社會關係
　　　　　下，掌握與反應其生活實況，從而湧現的意義與價值；2.在實際生
　　　　　活中，上述的意義和價值藉著傳統的延續和生活的實踐，被體現與
　　　　　表述出來（胡芝瑩，1998：6-8）。

　　文化研究顯然集中在大眾文化的產品之考察與剖析，它是對社會特定群
落，諸如青少年、婦女、少數民族、弱勢團體的通俗化進行系統性的研究，

因而排除某一國度或某一地區文化一致性的說法，而強調文化的多面性、複雜性、區隔性。文化研究嘗試解說包括媒體、教育、宗教、文藝，或思想活動怎樣扮演一個統合的角色，俾把異議人士、反對派成員加以收編，進一步融化在主流文化裡。加之，文化研究要考察社會次級群體真正的社會經驗中形成的批判性理解，亦即閱聽大眾的理解，俾應用這種理解對媒體有所選擇與回應，從而文化研究在鋪陳社會次級群體對傳媒選擇與回應的方式與類型。文化研究中尤其關心西方工業化資本主義社會中經濟失敗（衰竭、停滯、貨幣與金融風暴）與正當性危機頻生之際，握有權力的資產階級，及其代言人（統治者），如何利用其權勢來排除困難，維持資本主義體制之繼續運作（McQuail, 1987: 68）。

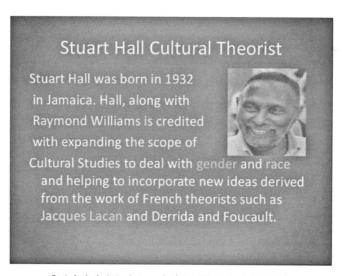

霍爾與韋廉斯把文化研究擴大到性別和種族的考察

　　霍爾一反美國實證主義、經驗主義、實用主義的主流規範之傳播研究，採用歷史與哲學的宏觀視野，以馬克思主義社會總體論的看法，來探討傳播的角色與功能，因之，強調傳播必須放在總體的社會制度與權力關係中來加以考察。

　　可是要把宏觀的社會理論與個別的傳播行為加以連接，就有賴結構主義中符號學及語言學的理論，才能將洞燭微觀的符號意義與宏觀的權力運作之關係連結。霍爾認為，有必要對傳媒的意識形態加以更廣泛的界定，亦即把媒體界

定為一個主要的文化與意識形態之力量：它可以界定社會關係、政治問題，以及閱聽人對流行的意識的認識與接受程度。為此必須致力於意義的語言學結構和意識形態的結構之分析。文化研究者對新聞傳播的關懷在於意義的結構。動用文本分析法，對劇情、訊息透露的意義加以分析，俾瞭解意義的實際向度與意義無可避免的可變性（mutability）。

Stuart Hall

- The media and therefore audiences often blur race and class. Often associating particular races with a particular class.
- Audience reception theory; audiences read/understand a particular text according to their cultural upbringing.
- Western (white dominated) cultures. Continue to misinterpret ethnic minorities in the media due to underlying racist tendencies. Ethnic minorities are often represented as 'the other'.

事實上，大眾傳媒，特別是電視，乃是傳播者的製碼與閱聽者的解碼之間的關係。霍爾推翻傳播研究中線性（linearity）理論，不再把傳播簡化為傳播人與閱聽人之間簡單的關係，提出傳播過程四階段說，亦即傳媒工業的生產、流通、分配兼消費，與再生產（循環重複）之歷程（Hall, 1980: 128）。

傳媒工作者藉其優勢的複雜結構（a complex structure of dominance），擁有生產網絡、實踐、組織技術設備等等，是生產資料的擁有者。他們生產了訊息、製造了言說（discourse，話語、論述），亦即進行製碼（encoding，編碼）的工作。製碼所形成的意義，與觀聽眾收視與收聽所接受的訊息，亦即解碼（decoding）所理解的意義不盡相同。但兩者不只藉傳播的流通、分配與消費而牽連在一起。事實上，閱聽眾的感受、意見、相應也回饋到傳播者，而促成其改寫（或創造）、更新、更動人的節目，這便是傳播業的再生產，或說是言說方式（discursive mode）的生產實踐之不斷循環。

1980s Critical Cultural Studies Theories

- **British Cultural Studies**
  - Pioneered by Raymond Williams who reassessed cultural development in England
- **Birmingham School**
  - Stuart Hall - Media Reception Research; Theory of Encoding and Decoding
  - Media are a pluralistic public forum in which ideas are contested
  - Elites have important advantages in this competition
  - Elite advantages can be overcome by studying how audiences decode ideological content and developing new strategies for using media
  - Focus on how nonelite groups resist elite ideologies embedded in media content

韋廉斯的布列顛文化研究和霍爾創立的伯明罕學派（1964）

　　由是可知，電視自語言的論述（言說、話語）之規則下，產生了有意義的說詞（製碼）。這些言說、話語、論述的語意規則都是社會文化與政治結構的產品。因之，擁有優勢與主宰的作用，儘管它們有時也會呈現差別、歧異之處。是故節目生產之前，必須先具有意義的結構，否則視聽人無從理解節目的意義，無法「解碼」。顯然，電視節目可以達到娛樂、散發、教導、說服（洗腦）的目的。不過播放者的意義結構與視聽眾的意義結構並沒有必然的認同（對應關係）。

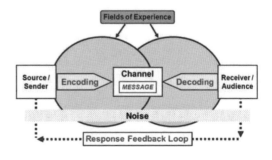

因之，霍爾提出三種解碼立場的假設（*ibid.*, 136-138；胡芝瑩，86-88）：

（一）宰制的立場：觀眾完全接受媒體播出的信息，按照製碼的意義進行
　　　解讀，媒體宰制了觀眾的意識形態；

（二）觀眾雖基本上接受播出內容的訊息，但卻質疑其中部分的正確性，
　　　而保留批判、挑戰的空間；

（三）觀眾把傳播內容之優勢解構掉，並以相反的參照結構重加解釋、重
　　　加總體化（retotalize），亦即以反抗性的解碼來進行言說的鬥爭。

　　　霍爾這個涉及傳媒製碼與解碼的說詞，使爭論的焦點從意識形態決定論，
轉向多元主義，甚至意識形態競爭論。文本是主導的意識形態之產品，但也具
有某些宰制的、優勢的意義。這就涉及觀眾的態度，由於後者的社會地位、政
治立場與文化素養，決定他們解碼與重建意義結構的程度。要之，霍爾認為傳
播是一種被結構的社會活動，在此活動中，媒體企業（傳播者）握有製造節目
與選定議題的權力，因而站在優勢宰制的地位。是故其理論在突顯媒體設定計
畫、提供文化範疇與分類的架構，俾使文化個體知所回應適從。另一方面觀眾
也由言說的符號、象徵中積極地尋找或重建意義，這種反應與詮釋的過程，自
有其特定之模式。

意識形態的再發現

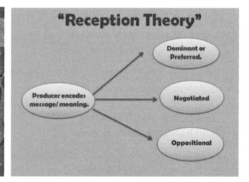

接受訊息的理論

　　　是故，應用符號學的理論、澄清傳播的運作，也參考結構主義的學說，以
及播放者與觀眾之間對訊息的生產、流通、消費與再生產的循環，亦即分析傳
播的社會與文化意義，成為霍爾傳媒批判理論的核心。

五、後馬的傳播理論

　　霍爾的新馬傳播理論，無異爲符號學的馬克思主義之應用，符號學的馬克思主義貫穿了西馬與新馬，也導入後馬克思主義（簡稱後馬）。因之，我們接下來有把後馬的崛起和發展做一個簡介的必要（洪鎌德，1996：44-67）。受到後結構主義與後現代主義的影響，符號學的馬克思主義主張意識形態、政治、經濟等社會的不同層次，都可以消融在語言的符號體系中，也就是認爲社會的形構乃是一種沒有原因、沒有結果，也就是沒有因果關係的構成體。在社會的形構裡，不再有下層對上層的決定，而只有表面的行動，諸如鬥爭、衝突、結盟、稱霸等的活動及行爲。一個多世紀以來，馬派思想家所津津樂道的社會形構，也因爲理論離開社會結構愈來愈遠，使其社會意涵逐漸消失。取而代之爲文化的觀念或意識形態的觀念，它們不再連繫於基礎之上，或與上層建築有所牽連。易言之，象徵的關係、符號的關係，或意識形態的關係取代了向來實質的社會關係（階級關係、生產關係、經濟關係）。

Marxism

- key to the Semiotic climate of structuralism
- sought to understand human culture as a science
- Attempt to solve the flaws in society
- attempt to understand societal structures (class)
- solve the problems of exploitation

Bringing Marxism & Semiotics together...

Three modes of "decoding":
· Dominant-hegemonic
· Negotiated
· Counter-hegemonic

How you will "decode" a message depends on the extent to which you "buy in" to the dominant ideology underlying that message.

馬克思主義和符號學們的結合

　　由生產關係轉移到象徵關係，亦即以單純的語言爲根基的馬克思主義，就是符號學的馬克思主義，其代表性著作爲拉克勞與穆芙的作品（Laclau and Mouffe, 1985; 1987; Laclau, 1988; Mouffe, 1988）。在他們的作品中，傳統馬派的社會與經濟形構（socio-economic formation），已爲「言說（話語、論述）的形構」（discursive formation）所取代。言說的形構反應著目前符號學的假設：假設集體生活的本質爲言說（話語、論說、論述），而不是在於歷史當

中的社會關係。社會關係早已融化在言說的關係裡，索緒爾（Ferdinand de Saussure 1857-1913）以來的符號邏輯轉變爲後馬的階級邏輯。

拉克勞與穆芙這對學術情侶　　　　　　　　語言學大師索緒爾

　　後馬這一流派的主張是認爲不只文化、意識形態決定了社會關係，而且對社會的看法也與過去不同。正如拉克勞與穆芙所說：「我們必須放棄把『社會』當作其部分過程〔及其成員〕構成的總體這一〔馬派的〕觀念。因之，我們必須考慮社會當成爲建構的場域之那種開放性」（Laclau and Mouffe, 1985: 95）。於是社會與階級關係變成了符號學的單位，也就是階級關係乃爲符號與符號「認同體」之間的關係。這一體系雖由因素構成，但各因素都在變動不居之中，從而產生意義的不斷變化，也不斷地在創新結構，不斷地在創造言說的結構，言說的概念在於描寫存在於社會中任何事物最終的非確定性（Laclau, 1988: 254），亦即天底下的事物都無最終確定性可言，對這類無確定性的事物之描寫、表述，就叫做「言說」（話語、論述、論說等等）。

The Rise of Semiotic Marxism by Albert Bergesen in Sociological Perspectives
vol. 36, no. 1, pp. 1-22 (1993) 全文摘要

This paper identifies four distinct stages in the 20th century emergence of a new direction in Marxian theory. Called here "Semiotic Marxism," its central assumption is a reversal of the classic base/superstructure logic of determinate relations between the economic base and the political and ideological superstructure. Each stage builds upon the theoretical reconstitutions of the previous stage. To illustrate this step-by-step transformation, the theoretical logic of a representative Marxist theorist is explicated. These four stages in the emergence of a Semiotic Marxism are: (1) the initial inversion of base/superstructure logic (Gramsci), (2) the expansion of the logic of the ideological downward to merge with the logic of the political (Althusser), (3) the further expansion downward of the logic of the now merged ideological/political sphere to absorb the logic of the economic sphere (Poulantzas), and finally, (4) the recasting of the once Marxian social formation comprised of social relations in production, into the new Semiotic Marxist "discursive formation" composed of linguistic relations between subject identities (Laclau and Mouffe).

二十世紀經歷葛蘭西、阿圖舍、朴蘭查到達拉克勞和穆芙的「論述形塑」

　　傳統上，馬派主張社會的經濟基礎決定上層建築的意識形態，這是唯物史觀的核心。如今後馬理論家，視上下層社會關係爲變動不居的言說，經濟對政治與意識形態的決定，也成爲不可能。不只經濟基礎要化約爲言說，就是意識形態也不過是言說的形構之一，從而社會不再被視爲認知上具有統一性、圓融性的總體。社會之所以分成各種各樣的階級，絕非由於先驗的社會結構產生出來──社會「本質上」（essentially）、「本體論上」（ontologically）就結構成各種（包括敵對的兩大）階級。反之，卻是由於人們的認定，指稱他們自己屬於資產階級、中產階級、或無產階級，在這種說詞（言說、話語、論述等）之下，認定了階級的存在與分化。至於傳統上馬派強調，階級利益是引發各層人士認同其階級，也是造成階級對立乃至鬥爭的主因，這點後馬也提出質疑。他們認爲階級利益云云，除非是社會的反應，其存在不會超過利益持有人的意識之外。易言之，「在談論利益之前，根本無所謂利益的存在，它們〔利益〕不可能是經濟層次上現存位置的表述」（Mouffe, 1988: 90）。

　　社會結構總是在不斷變化之中，它的認同體也處在不斷的變動中。因之，隨時會產生「脫線」（dislocation）的現象，爲了彌補脫線可能導致社會的解體，於是「縫合」（suturing）的工作，也不斷地出現。社會結構就是不斷的脫線與縫合的表現。社會結構這種無法決斷（undecidable）的性格，導致社會內敵對勢力的滋長，敵對與敵對的消解就是政治，政治是促成社會結構不斷開放變動的主力。

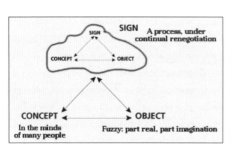 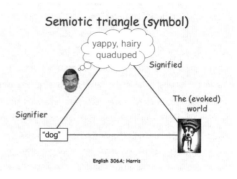

符號、概念和對象物之關係　　　　　實物、命名和覺知的符號學三角關係

　　政治行動牽連到「沉澱下來的」（sedimented）實踐之關係。所謂的沉澱下來的實踐乃是必然的部分之活動。社會的活動可分成必然的與偶然的兩大範疇，必然的部分涉及人個體的維持之生產勞動，和繁殖後代的婚姻與家庭組織。偶然性（contingency），則為改變必然的關係之有意識、有意向之行動。社會中的個人、團體、組織都是社群的主體，這些主體之間的同意、爭議、結盟、鬥爭、拆夥都是受到事件的偶發性、任意性，亦即偶然性的左右，政治就是這些活動的沉澱──社會實踐之表現。正因為歷史、或傳統留給今人一些沉澱下來的社會實踐，人們既要保留部分的實踐（革新、改良、革命），那麼政治就得到發揮其作用的空間。社會敵對與爭執造成一些離心的作用，因之，成為離心的實踐。有中心就有離心的活動，一個體系（社會）形成幾個中心彼此競爭，乃是歷史的常態，也是社會結構脫線的表現。

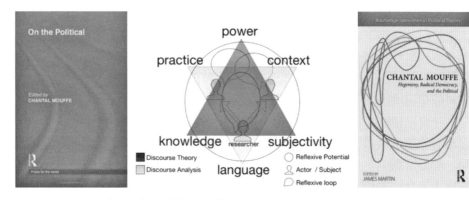

穆芙論政治、權力、實踐和語文　　　　　對穆芙學說的介紹

　　政治無非是處理必然性與偶然性之間滋生的問題，政治是悠游在必然與偶然之間，也是決定與自主之間。是故當代的政治主軸無疑地是種族主義、民族主義、女性主義、反核運動、反戰運動、掃貧運動、環保運動，多元文化問題引發的爭論及其解決之道。這些主義與運動所滋生的政治，其構成的因素仍少不了自動、自發與自主的那部分，亦即隨意、任意、偶然的那部分。但也有制度與結構遺留下來的另一部分，即必然的部分。這些議題與運動所牽涉的政治，不能簡化為階級鬥爭，也不是純然由經濟（生產活動）所引發的困擾，更不是工人階級，必然遭逢的厄運或不善處理造成的後遺症，更非普勞階級必須面對去求解決，俾改變社會與創造歷史的時代使命（洪鎌德，1996：96-119）。

　　從後馬或後現代主義的觀點來看待大眾傳媒，當然把傳媒的活動，當作有意向改變人們行為的社會活動，也是廣義的政治活動之一環。後馬的傳播理論不再視傳媒為資產階級，或統治階級壟斷性的工具，而是社會體系中多種中心互爭雄長的手段，是故媒體界就像商界、政界、學界一樣，在爭取社會體系的中心位置，偶爾與其他各界連橫、合縱或互別苗頭。而媒體界也非鐵板一塊，內部完全團結一致，相反地，平面與立體的媒體相互競爭，各種媒體之間的展開的激烈拼鬥，在在顯示多元主義的特色，甘士（Herbert Gans）早在1972年便提出新聞報導的多元主張。他認為新聞媒體有必要呈現對社會事件不同的認知與理解，多元報導提供不同的角度，可以平衡報導對事實的片面理解，也避免對事象的扭曲（Gans, 1992: 194；張錦華，1997：24-26）。

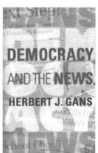

甘士及其英文著作

　　甘士主張採用「雙軌」的報導方式，亦即一方面報導國家社會事務時，儘管採用不同的觀點，同時也考慮不同（種族、性別、宗教、信仰等等）閱聽人的需要；他方面對「事實」的報導方面，則採用多元的不同觀點；在對「人物」報導方面則考慮種族、宗教、年齡、階層等多方面文化需要之歧異（Gans, 1992: 198-199；張錦華，1997：25-26）。

六、結論

　　從上面的鋪陳與分析，我們不難理解一個半世紀以來，從經典馬克思主義到正統馬克思主義，又從西馬至新馬，終於抵達了後馬的左派激進思想，其學說與觀感的過程。毫無疑問的，馬克思主義者、或稱馬派的理論家，對大傳媒體的衝擊，比一般想像的大。二十世紀的傳播現象之分析與批評，如果扣除馬派激進的思潮，將會黯然失色。在二十一世紀業已降臨的今日，我們對激進的左翼觀點，更不能掉以輕心，畢竟活在後工業社會的現代人，在浸溺於主流派傳播理論的洗禮之餘，極需不同的聲音，嶄新的視野，來迎接高科技與多元的擬像時代之降臨。

後工業社會，也是後現代社會，甚至被稱為後資本主義社會

　　要之，馬克思主義激進學說對西方主流派傳播理論之衝擊，可以簡單歸結爲以下數點：

（一）傳媒曾經權充資產階級剝削工人階級的洗腦工具，幫資產階級把其統治或優勢轉化爲意識形態，強行灌輸到無產階級、普勞階級的腦海中；

（二）是故對資產階級所擁有「文化資本」，有加嚴厲批判的必要，批判的對象不限於傳媒，而應擴大至哲學、社會學、文化藝術亦即上層建築的各方面；

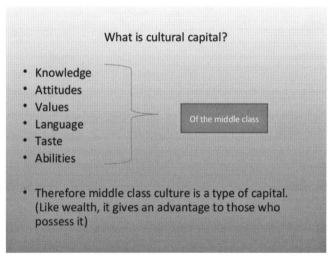

文化資本是中產階級所追求的知識、態度、價值、語文、品味和能力，即其財富

（三）經濟決定論、階級化約論、社會演進論這類共黨僵硬的教條，都被次第推翻。取而代之則爲社會意識與文化生成的獨立自主與趨向多元化、歧異化；

（四）在多元主義影響下，傳媒的廣播，被視爲一種製碼與解碼的意義結構。意義的溝通、公共論域的看重，將減少社會認知的扭曲，現代人應當營造合理溝通的理想情境；

（五）在去除中心、去除主體，把利益融化爲言說話語、論述之後，人際的交通無非訊號（符號）象徵的交往，傳媒就扮演這種溝通的角色。是以多元文化的觀念，成爲後馬傳播理論繼續要營構與發揮的

起點，也是馬派理論與西方主流派傳播理論的合致交流（洪鎌德，1998：63-69、252-255、293-295、297-301、358-362）。

馬克思重返資訊社會：數位資本主義盛行之下的馬克思主義

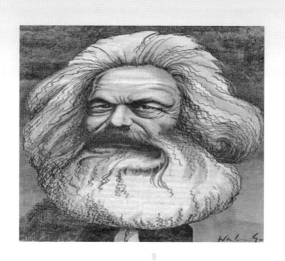

第十章　馬克思重返資訊社會：數位資本主義盛行之下的馬克思主義

一、前言

　　反對馬克思的人在上世紀的「蘇東波變天」，亦即前蘇聯和東歐的教條共產主義崩潰之後，大喊馬克思已死，認爲其意識形態已被資本主義所終結。但二十一世紀的前十年，西方資本主義卻碰上史無前例的金融危機，由於全球化的關係，這一危機很快地擴散到世界各地。於是被新自由主義沖昏了頭的學者們，開始重尋馬克思對資本主義的分析、批判和抨擊，企圖從中找出拯救新時代和改善資本主義的方法。位於柏林，一向出版馬克思和恩格斯著作的狄慈出版社（Dietz-Verlag）負責人宣布：在2005年至2015年的十年之間，馬、恩的作品銷量因此增加三倍，連教皇都曾讚賞馬克思擁有「偉大的分析能力」（*The Times*, 2008/10/20）。《時代雜誌》還在2009年2月2日出版的那一期，以馬克思爲封面人物，問他有何仙丹妙藥可以讓垂死的資本主義得以復活？其實該寰球性的雜誌早在1848年2月23日冷戰開始，便用馬克思釀成舊蘇俄與東歐共黨國家的對立爲主題，敘述其世界革命的「狂想」。近幾年來馬克思所預言的摧毀資本主義的力量逐一浮現，如財富的集中和全球化、失業的持續化、薪資的低落化、新貧人數的激增、貧富差距的擴大等等，促成人們相信馬克思的學說非僅屬於十九世紀前過時、陳腐的觀念，而是與時俱進的世局之診斷和人類命運改變的動力，或至少爲未來新希望之所寄。

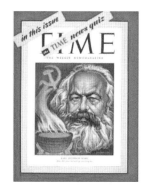

《時代雜誌》（1848/2/23）　　《時代雜誌》（2009/2/2）　　《紐約客》論古今馬克思

二、馬克思的說法何以是對的？

英國文化與文學評論家衣格敦（Terry Eagleton 1943-）在2011年出版了《馬克思為什麼是對的》一書，列出世人對他誤解的十大問題，其認為馬氏是史上最受諧謔化（travestied）的思想家之一（Eagleton, 2011）。這十大問題如下：

（一）二十世紀末，馬克思主義雖式微，但對其後世局演變衝擊仍大，特別是對那些堅信變局不可能止於蘇東波變天，既存的共產主義最終會徹底瓦解的人群。

（二）馬克思批判死硬的教條、軍事恐怖統治、政治壓迫會導致百姓最終反抗，他預見貧窮落後的俄國縱然爆發革命，也無法讓人民享受變天的效果。

（三）關於社會存在階級的分裂和對立，在馬克思之前及同時代都有人提過。馬克思獨特之處，在於階級之間的鬥爭，以及把階級鬥爭連結到生產方式的嬗遞演變之上，這也是他所強調之生產力與生產關係的矛盾，會促成社會辯證的發展。

（四）馬克思理想中未來和諧、圓滿、快樂的共產社會，似乎與人類的自私、貪婪、爭執、掠奪之本性不牟。他並非醉心未來的夢想，而是排除現世阻卻夢想成真的種種矛盾和藩籬，他視當前的人類為了利益大打出手，而把理想的未來拋在腦後。

（五）馬克思把一切事物化約為經濟的元素，因而被詬病為經濟決定論者，就像上述把歷史簡化為階級鬥爭。這種指責並非正確，蓋馬氏所謂生產方式制約政治、法律、文化等上層建築，係指人類的物質生活之生產是為法、政、社、文的建構「設限」而已，今已不是馬克思主義，而是資本主義愈來愈變成經濟決定論、或物質化約論。

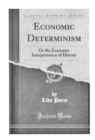

蘇聯和東歐共黨政府物的崩潰　　　「人類史是階級鬥爭史」　　　經濟決定論

（六）馬克思是一位物質主義者，他賤視精神、宗教、道德、藝術的價值。他其實是亞理士多德的信徒，認爲物質的背後就是形式、精神、潛勢力（潛能）、發展目標（*telos*）；道德的意義在發揮最大自由、圓滿自身、自我實現。

（七）馬克思奢談階級和階級鬥爭。現時代階級的對立幾乎給當下社會的橫面與垂直的變動所取代，期待勞動階級展開鬥爭與革命，無異緣木求魚。可是今天全球各角落擁有非傳統性的工農、失業、待業的人群，部分靠賑濟過日，既無人權、勞動權及契約保護，又喪失人性尊嚴，其慘狀何異工業化初期的賤民？

衣格敦爲馬克思學說辯正其文學與文化理論和他對後現代主義之批評

（八）馬克思信徒相信政治行動和暴力革命，一旦少數菁英攫取政權，便會以獨裁、極權方式壓迫絕大多數人民。其實馬克思主義的反對面之資本主義不但含有內構的階級鬥爭，還（曾）發展出法西斯主義、殖民主義和帝國主義，其引發的民族仇殺和國際戰爭比起共產革命來，可謂大巫見小巫。

（九）若給予馬克思主義付諸實現之處，便是國家集權的地方，人民把權力交給共黨，共黨把權力交給領袖，領袖成爲獨裁者。其實馬氏反對保守分子對國家崇拜，也反對無政府主義者賤視行政權之合理使用；馬氏反對物化或神化權力，他主張國家最終的消亡，一如恩格斯期待行政最後取代政治。

（十）過去四十年間，撇開基本教義不談，最激烈、最極端的政治理念和行動，似乎很少牽連到馬克思的學說，像女性主義、生態保護主義、反全球化運動、同志和種族平權和動物權的尊重，以及全球

和平運動，這些造反和抗議活動若一言以蔽之，可以合稱爲反對資本主義的想法和行動，究其根源仍舊與馬克思的主張相去不遠。馬克思主義同情婦女解放運動，以及殖民地擺脫殖民母國之壓榨和剝削，都是俄國十月革命成功以來立國政策，可惜毀於史達林的獨裁暴政。

馬克思雖是一位唯物論者，但其思想和學中說有關人的解放與耶穌愛人的精神可以融合

　　馬克思對當代世界最大的貢獻，無過於異化說的提出，這是他學說中最富有人本主義的精神。

　　導致人的異化之原因，最先是神明。這就是費爾巴哈所言「神是人的異化，人是神的異化」，這無異是人在宗教或是神學上的異化，此爲其一。其

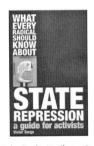

國家本應保護人民的安全、促進百姓的福祉。如今卻爲少數權貴把持，成爲少數壓迫多數暴力鎮壓的機器

馬克思掙脫鎖鍊使現代人解除異化

國家成爲統治與壓迫人民的機器

次，國家也會使人產生異化。這原來是黑格爾美化國家的說法，認爲人群只有在家庭生活（主觀精神）發展到市民（民間）社會時，才會從主觀精神提升到客觀精神，而表現出人的文明與進步。當客觀精神往上提升爲絕對精神的國家時，人方能享有最大的福樂與自由，倫理生活得以落實。但是在馬克思心目中，國家成爲有產階級宰制群眾的統治工具，是造成人異化的原因，此其二。

再其次，除了神明與國家之外，尚有把人類融合一體的社會加以分裂爲敵對兩陣營的有產和無產兩大對立的階級。向來人類的歷史乃是一部階級鬥爭史，有產階級藉其權力優勢統治、壓迫普勞大眾，從而說明階級是形成人群異化的根源，此其三。

再者，在資本主義的社會中，人成爲勞動的機器、受薪奴隸。勞動成爲被迫的、乏趣的、枯燥的，有時還是危險的活動。更有甚者，勞力化做勞動力、可供買賣的商品，是故資本主義的生產和交易方式導致商品拜物教的盛行。由是可知，當成商品的勞動力，即使在後工業社會、後現代社會的今天仍舊是造成人們異化的原因，此其四。

最後，在資本主義盛行的全球化之下，科技掛帥，知識工業和資訊工業發達，機器（與人工智慧AI）逐漸取代人腦、人力。機器不只在生產部門發揮勞動的最大效益，還在交換、分配和消費部門扮演舉足輕重的角色。固然科技的發達能夠改善人們的生活、提高物質享受的水平，但對廣大無知或少知的勞動群眾卻是導致其異化的原因，此其五。

機器節省人力但也使人異化

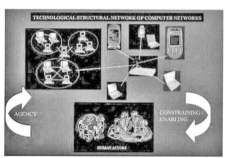

電腦時代的來臨使人異化更深

三、當代世界──網路資本主義的跨國擴散

　　自十五世紀以來，啓蒙運動形成現代主義的意識形態，把自然化成機器，自然是被動的、靜定的，有待人類加以控制和利用。社會和自然被看做有分別，也是分開的兩大部分。以往人類大部分依靠自然爲生，近現代人則依靠社會，在社會中求活。靠著近世人類競爭和累積之邏輯，社會知識與科技積累的成果逐一湧現，換言之，啓蒙運動把魔術（煉金術）轉化爲科技，把祭祀鬼神的禮儀轉化爲人際關係的規範（禮儀、道德、教規、法律），把迷信愚昧轉化爲理性和知識，也就是把自然的部分變成社會。從而又把漁獵、畜牧、農耕的社會轉變爲工商、知識、資訊的社會。人群本來受土地和區域分開，如今在工業化和城市化下，鄉村多餘的人力湧向市鎮，他們變成失去土地、無擁有私產，變爲只能依靠出賣體力以維生的普勞大眾（Fuchus, 2007: 93）。

自然與人類社會　　　盧卡奇説：人類　　　人本主義的真諦　　　社會經濟與環境
　　　　　　　　　　既屬自然又屬社會　　　　　　　　　　　　　和生態的關聯

　　在科技應用下，自然變成社會，人群增強其生產力，也降低商品（包括作爲賺錢的勞力）的成本，勞力價格的降低使變動資本（薪資）減少，也加速剩餘價值的累積。馬克思強調科技是相對剩餘價值生產的一種手段，這會導致失業的攀升，他一方面分析科技對資本主義升級的效果，另一方面指出其應用對社會的衝擊（導致工人的貧窮化），他並不責怪科技應用所造成的社會問題，卻譴責資本家對科技濫用所造成的貧富懸殊。

　　資本累積靠固定（自然資源，包括原料廠房、機器等）與變動（人工的薪資）資本，也靠長期耗用無法更替的資源，以及長期役使勞工的剩餘價值，而使自我利潤的激增。資本主義的生產中，大量消耗自然資源，卻不需資本家

付出一丁點的代價。資本家對生態的耗損、消失向來無知和無感，生態的破壞導致了經濟、社會和文化的損害。資本累積是短視的行動，因爲只汲汲營利、追求利潤，其結果會造成當代最具特性的網路社會轉成資本主義的新形式，從而對其壟斷社會權益之優勢活動（霸權）加以掩蓋、正當化，成爲霸權的意識形態。箇中道理不難理解，其原因是網路的應用已不限於經濟的領域，更擴大至政治、社會、文化等層次，從而誤導人民認爲網路的存在爲不可避免，逼迫他們要適應網路的存在、聽從權勢者的指揮而不思反抗。是故當代「網路社會」形成「軟化的法西斯主義」。此外，網路社會也模糊了當代資本主義社會不斷再建與改變其組織形式。不只今日西方世界要求使用網路來便利通訊，就連東方世界，以及所謂的第三世界，亦使用網路宣達政令、增大百姓知識、鞏固統〔治與從〕屬關係。是故比較適當的說法是稱現化社會爲跨國／全球資本主義，或跨國／全球資訊資本主義，甚至全球性數位資本主義（Fuchus, 2007: 101）。

| 網際網路的社會 | 網路社會受商務、政策和科技影響 | 福酷思 | 《溝通的批判論》 |

新馬克思學者韋布斯特（Frank Webster 1950-）反對使用知識社會一詞，也不贊成使用網路社會、後現代社會、後工業社會等稱呼，因爲這些名詞強調現代社會是與傳統社會截然有別的人類社會。強調當代社會與傳統社會決裂或全然不同，容易誤導人群只求適應新情境，而不思加以改變。其實一百六十年來，世界仍不失爲資本主義宰制的世界，資本主義爲了營利（不只累積經濟資本，還累積政治、社會和文化資本），不惜使用各種手段達到霸權的掌握，是故改用「資訊資本主義」這個名稱，不但賦予社會新名稱，還勾稽新社會的特質：例如資訊化、全球化。在描述社會新特質之餘，不忘指出新舊社會的延續，以及其本質爲資本主義的延續（Webster, 2002a: 259; 2002b: 267）。

當代社會是不折不扣的資訊社會，還是知識社會？

　　為了描述當代社會的發展與變遷，新馬克思主義者使用不少新名詞：像數碼資本主義（digital capitalism）、抽象資本主義、高科技資本主義、資訊資本主義等等。之所以提出數碼資本主義，係因網際網路史無前例地、直接地使用電腦鍵盤所打出的符碼供通訊之用，從而普遍化資本主義社會與文化的範圍（Schiller, 2000: xiv）；至於資訊資本主義則是視資訊爲嶄新的科技，其製作、流行和傳播構成生產力和權力的因素，也是形塑社會、新形態（morphology）的主因（Castells 2000: 500）。

數碼、電腦、媒體時代的來臨

數碼社會把全球分裂爲可進入資訊和杜絕於資訊之外兩種人、兩種國度

　　總之，在新馬克思主義者的心目中，當今的社會乃爲資訊社會，其特徵在強調知識、資訊科技和電腦網路對資本主義的重構、轉型與擴散，特別是它對全球化有決定性的作用，且對其累積政、經、社、文各種資本影響重大。新科技卻導致結構性的長期失業、全面性的貧窮、一般性的收入降低，甚至福利國政策的退縮、勞動權的減少等等（*ibid.*, 103-104）。

可永續經營的資訊社會之雜誌主張要藉溝通和批判來對付資本主義

　　二戰結束後，以美國爲首的西方資本主義社會一度出現空前的榮景。這是得力於嚴密的分工、集中的泰勒生產方式做爲支撐的福特主義之賜。當年美國採用布列敦森林的國際商貿與金融體系，導致福特式生產的盛況空前。福特主義的累積策略爲大量生產和大眾消費，其基礎爲泰勒主義（生產過程的分工、嚴格的指揮與監控、勞心與勞力的分開、生產過程的最適化〔optimization〕、管理層的中央集權、勞動的管制等）。

　　可是1970年代初期，越戰造成美國財務負擔沉重、社會反戰氣氛瀰漫、國際反美情緒高漲，泰勒式組織性工作方式的發展已達極限，導致勞工群眾對此體制抗拒並壯大工會勢力，因而引發階級鬥爭和社會紛擾。其結果爲生產力降低、成長減緩、失業率攀升、薪資降低。美國赤字連篇、美元作爲世界貨幣的地位動搖，最終導致1970年代中期福特主義的消亡，這算是二戰結束後第一次世界性的經濟危機，西方資本主義遁入後福特主義的時代。

　　在後福特主義時代，國家的角色發生變動，從凱因斯自干涉性國家變成新派自由派（neo-liberal）競爭性的國家。後者的特徵爲國家從社會的干預抽退、福利國措施銳減、宣傳人人自我負責和市場有其自動機制、社區達爾文主義的倡導、國家對大財團的資援、強調經濟從社會脫出、市場是生產和分配公平的工具、國家鼓勵個人發揮其特殊才能進行特殊行業之創發、把福利（welfare）改爲勤勞（workfare）、資訊管理大增、資訊的生產、傳播之管理和智慧財產權的保護特別講究、退休金減縮和延長退休年齡、國家變成競爭性的民族國家。

美國泰勒氏的科學管理法一度提高生產效率，卻也造成勞工對工作條件的不滿

科學管理是藉由重新設計工作流程，對員工與工作任務之間的關係進行系統性的研究，以及透過標準化與客觀分析等方式，以使效率與生產量極大化。十九世紀末期，美國人泰勒（Frederick Taylor 1865 -1915）提出來的管理理論，因此又稱為「泰勒制」，是西方管理學理論的開創性肇端。

Fordism describes modern economic and social systems based on industrialized, standardized mass production and mass consumption. The concept is named for Henry Ford (1863-1847). It is used in social, economic, and management theory about production, working conditions, consumption, and related phenomena, especially regarding the 20th century

亨利‧福特，美國汽車工程師與企業家，也是福特汽車公司的建立者。亨利‧福特是世界上第一位將裝配線概念實際應用在工廠並大量生產而獲得巨大成功者。亨利‧福特不是汽車或是裝配線的發明者，但他讓汽車在美國真正普及化。

　　後福特主義的時代，廠商為了增大利益，遂採用累積的優勢（霸權），以美國為主強迫其他各國採取低薪策略，進一步把生產過程分散，使它擴散至世界各地（全球化），目的在減少付出薪資的成本。這也是導致世界性第一次經濟危機產生的主因，也是福特主義消亡的原因。當時資本主義的特徵為：

> ➢ 生產去中心化，分散生產
> ➢ 採取適時生產和委外生產
> ➢ 以消費者之需求進行特定的生產
> ➢ 公司去掉上下統屬的垂直領導，改採平面化協調
> ➢ 重視團隊操作
> ➢ 自動操作化
> ➢ 生產的網路制
> ➢ 增加跨國分公司的設立
> ➢ 跨國資訊資本主義的崛起

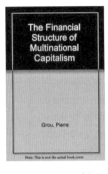

《跨國資本主義》　　　　　　資本主義發展的三階段　　　　寰球資本主義引發不滿

　　電腦科技與網際網路並非基於經濟的需求而產生，而是出現在戰爭需求之背景下。換言之，電腦發明於第二次世界大戰間，而網路則出現在冷戰期間，但是電腦科技和網路使用的擴散至社會各部門，卻是由於資本主義經濟改建造成的。把這種技術與設施吸入經濟範疇中，促成資本主義的重組和擴散。電腦和網路乃是科技基礎，造成全球數碼資本主義的崛起。這意指資本主義利用的網路與其他通訊設備，加上全球性的協調溝通便利了資本的累積、管制和紀律維持，而逐步促成經濟的、政治的、社會的和文化的資本之累積。

　　資訊和溝通技術的經濟面之擴散，如前所述，與全球性福特主義發生危機有關。由於利潤的滑落，促成自動機械大量使用，成為商家減少薪資開銷和增加利潤的方法，是故資訊溝通科技（Information and Communication Technologies，簡稱ICTs）成為資本主義經濟全球化的手段與結果。ICTs把時空距離縮短，便利了世界性、區域性、國內各地域貿易的交流與進行；它們（ICTs）推動生產的全球化、去中心化、機靈處理化，因之，也是造成資本主義的改建、重構、轉型和發展。跨國公司業務的興盛得力於這些通訊科技之應用，我們可說，ICTs不但是全球化的媒介，亦是其結果（Fuchus, 2007: 110）。

　　ICTs不但造成全球化、去中心化（分散化）、團隊操作、職務的機動化、彈性化（flexibilization of jobs），還把工業勞作（勞力）轉變為服務業（勞心）。這也包括工作之個人化與外包、管理層的瘦身、管理層的垂直指揮變成橫切面的協調。

信息及通信技術或資訊通信技術（英語：information and communications technology，英文縮寫ICT；多數ICTs）是信息技術及通信技術的合稱。過往通訊技術與資訊科技是兩個完全不同的範疇：通訊技術著重於訊息傳播的傳送技術，而資訊科技著重於信息的編碼或解碼，以及在通訊載體的傳輸方式。隨著技術的發展，這兩種技術慢慢變得密不可分，漸漸融合成爲一個範疇。

資訊科技主要用於管理和處理資訊所採用的各種技術總稱。它主要是應用電腦科學和通訊技術來設計、開發、安裝和實施資訊系統及應用軟件。

通信技術主要包含傳輸接入、網絡交換、移動通信、無線通信、光通信、衛星通信、支撐管理、專網通信等技術，現在熱門的技術有3G、WiMAX、IPTV、VoIP、NGN和IMS。

　　由於ICTs縮小時空距離，於是投資性的資本到處竄流，它不再附著於生產這一經濟範疇而已，而跨越其他部門，導致不穩定資本的亂竄。跨國公司利用ICTs彈性和機動地管理生產、利用跨國設施的方便，以及勞工、貨物、資訊的輕易流動，而促成全球性的商貿活動。利用網路技術操縱與傳遞數碼，於是這些投機性之「非物質性的」資本便形成金融市場，甚至合伙全球化，可以說是擴大國際社會的關係，也就是說在時空中的通訊網路之應用，俾使社會體系在時空裡大肆擴展。現代社會中社會結構與行動者（社會體系的構成人員）的對立，導致社會結構被其生產者所疏離。其原因乃是這些結構被少數人所把持所控制，而非多數人的接近和參與。這種情況的持續造成自決與異化的衝突愈形嚴重。衝突不只出現在體系與其成員之間，更多是發生在次級體系彼此之間，或個人與次級體系之間，特別是個人與個人之間。

　　全球性的網路資本主義是一種具有流動性、機動性的體系，其中分子由於界線的改變不斷發生，彼此之間的組合、解散與重組也就隨時可見。

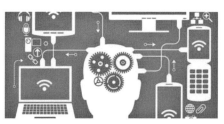

資訊溝通科技（資訊通信技術）使當代網路資本主義如虎添翼

四、作為資訊社會本質的知識之新特徵

　　電腦是建立在新知識的基礎上之科技。它便利了通訊的去地方性、去植根性和去鑲嵌性（disembedding，紀登士認為全球化的特徵之一為公司行號從某一定點〔所在地〕脫出，到處可設分公司、分店；人際關係無須建立在面對面交談之上）。其特質之一為迅速發布與接受大量的訊息，因之，成為時空距離壓縮的利器。這些技術對社會體系去地方性和去根植性有關，從而造成社會的新形式也改變了人際的社會關係，使在地化與全球化同時存在，又彼此分開。

　　在地化與全球化是一體的兩面，相互連結。由此羅伯琛（Roland Robertson）發明了glocalization（全球在地化）一個新名詞，此一新詞謂正如紀登士發明另一新詞structuralisation，都是對當代社會貼標籤的作法（Robertson, 1992；洪鎌德，2013：306-313）。

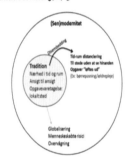

Giddens: Disembedding (udlejring)

Characteristics of the globalised society (Giddens 1991:21)

2. Disembedding of social institutions. Social relations are "lifted out" of local contexts and are, or should be valid globally. One has to
* trust that social relationships are stable beyond the local conditions
* rely on faceless relationships and systems the representatives of a system.
* Some students use teachers as "support" and social networks (the quotation)
* A career guidance counselor therefore should be a reliable system representative.
* He should help not only with a single choice, but help the fp to learn how to plan his career in a lifelong perspective.

Conversations with **Anthony Giddens** Making Sense of Modernity

Anthony Giddens and Christopher Pierson

紀登士指出，全球化造成典章制度解除，在地化和人際關係不再靠當面的接觸

The Fundamental Thesis Of The Network Society

1. Widespread social and economic change only happens once a solid technological basis evolves to make it sustainable.
2. Globally distributed and decentralized technologies have emerged that achieve superior results with respect to centralized and hierarchical ones.
3. These unstoppable technologies undermine and disrupt the Nation State's supporting pillars. The resulting socioeconomic organization is the Network Society.

David Orban – Network Society Project – http://netsoc.org

網路社會的說詞：科技促進社經變遷、科技分配全球化、解除民族國家的支撐

　　人類溝通史無前例地大幅增強其廣度、深度和速度，這是由於電台、電視、衛星轉播、影音直播、數碼與大數據處理的迅速發展所造成的新現象。大數據時代的來臨令全民既興奮又擔憂，在這資訊爆炸時代，政府、人民和商團匯聚各種大大小小的訊息，透過電腦分類、比照、分析、判斷綜合而成的龐大數據。目的在把個人、群體、社會變成消息靈通的「智慧國」成員。其結果可能成為預防和打擊犯罪、恐怖活動的工具，也可能是個人療治病痛、健全身心的方便設施，帶來的隱憂是可能侵犯個人隱私、減損人際互信和社會和諧的武器。是故大數據時代的來臨究竟是喜還是憂，值得吾人省思（徐国冲和于湃，2017：22）。

新加坡《聯合早報》的漫畫（2017/8/25，22頁），諷刺號稱智慧國的新加坡廁所之精緻監視儀器（智慧、精緻sophisticated）設備所引起的人民恐慌。

　　現代社會史是一部全球化史、一部交通、溝通和資訊擴散史，也是一部使世界變小和濃縮、時空消失的歷史。由於寰球溝通愈來愈頻繁、發達，地球幾乎成為資本、人員、商品、權力、資訊交流的載體。它也成為全球網路直通的管道，從而影響社會各部門的結構與職能，這就是卡斯特爾士所言的「網路世界」，亦即資訊流動的世界，它也成為全球數碼資本主義得以存在與發展的溫床。

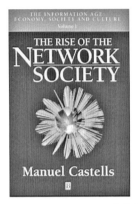

卡斯特爾士和范迪克的《網路社會》

何謂網路？

　　知識與資訊緊密結合。資訊一般稱為穿越諸學科（transdisciplinary，科際）的知識；知識則為社會中資訊的表現（manifestation），由於兩者緊密相隨而形成為跨國乃至全球性的網路系統，由之，當代的資本主義又稱知識經濟基礎上的全球數碼（知識、資訊）資本主義。其特徵為：

➤ 知識成為人類社會領域的表現，此非自然現象，而是人為的產物；

➤ 認知、溝通和合作是知識的三個面向；

➤ 知識存在於人腦（主動與主觀方面），也存在於社會結構和人造物之上（被動與客觀面）。主動與被動的知識是靠能動的人類在社會的活動（社會實踐）裡創造和增加的，是故知識和實踐關聯密切；

➤ 被動的、客觀的知識儲存在結構裡，促成社會關係時空距離的伸縮化（time-space distanciation，紀登士的說法），它簡化社會的複雜性。社會知識的儲存機制包括：規則訂立、資源、科技、財產、決定權力、規範、價

值、傳統、神話、世界觀、資訊、組織和制度等等。客觀的知識是超越個
人的單位，卻是立基於某一時代的社會中，是故社會有儲存知識的能力；

馬克思說透過自動機引發的動態是機器造成最先進的生產方式

> 個人所獲取的知識一旦進入協調與合作的過程中，則可有效使用。個人無
　法獲取的效益可藉群策群力來取得。智慧的組織與養成來自逐漸展露的知
　識之有效使用與有效管理；
> 知識會持續增加、汰舊換新：知道的本身蘊含不知道、不可能得知之事
　物，它代表未決定者、未制定者。未知的過程中存有許多不知的知識危
　機，我們無法像黑格爾一樣獲得絕對的知識（洪鎌德，2016：68-69）；
> 知識存在體系內，是人類生存於社會體系生活經驗的一部分；
> 知識是一種社會的、一般的、公共的財貨，具有歷史的性質。知識生產是
　社會過程。知識的生產含有高度的網路操作與人際合作的性質；
> 知識是自我膨脹、自我增生的資源，也是可能被操控的稀少性資源；
> 公共知識的重要性在於自由地分配給多數的人群。私藏的知識（秘方）會
　因眾人不知、不識而逐漸失傳，最終從人間消失；

網路社會內的眾生相　　　　　　網路社會的定義

> 知識非物質性（*nichtstofflich*）的過程與財富，不會因多次使用而耗盡；
> 知識可被壓縮，可以取代其他資源；
> 在快速的網路中，知識的運輸快如光年；
> 知識的再生產，隨科技進步降低其製作成本；
> 與資本相比，知識隨著應用而升值；
> 知識是機靈的（富彈性、動力性），也是辯證的。曼海姆（Karl Mannheim, 1893-1949）強調新知識汰換與揚棄舊知識（New knowledge sublates old knowledge），正說明新與舊交換的辯證過程（Mannheim, 1952: 148）。衣利亞士（Norbert Elias, 1897-1990）強調知識的流程具有結構化流動性之性格（character of a structured flux）（Elias, 1971: 314）。

曼海姆（1893-1949）及其著作　　　　　衣利亞士（1897-1990）

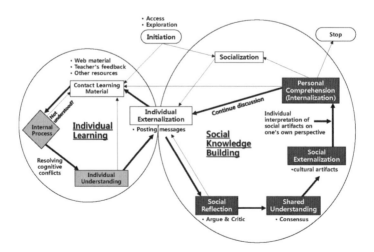

個人學習和社會知識的建構

新策略的需要使公司行號得以推行政治性的宰制，從而生產了資本主義的重建與再構。跨國網路的操作使全球的協調變為可能，一方面把龐雜的通訊網站與眾多的節點（nodes）加以連結；另一方面形成結構的不平等，居中心者（hubs，核心）對邊陲擁有控制和指揮的權力，把生產、流通、分配、消費的大權一把抓，部門化（segmentation）應運而生。

財團權力、政治宰制、文化同質化成為網路社會的現實，此即網路空間有其現實性。網路資本主義創造新的方法和新的性質去進行宰制和競爭，不過在競爭後，有時也會產生新的合作和參與，在產生宰制性的網路之同時，也產生具反抗性的潛力之新網路。後者企圖崩解前者之財富與權力的集中，這有助於合作的出現。今日競爭壓倒合作，來日有可能合作勝過競爭。合作與競爭的辯證對立，可謂為數碼（知識、資訊）資本主義潛藏的本質（*ibid.*, 120）。

五、馬克思派的學說可以應用到網路社會的關鍵理念

馬克思的學說和主張是針對十九世紀工業革命從英國流傳至歐洲大陸，而形成了近世初期的競爭性和壟斷性的資本主義之探究與抨擊。一生從事資本主義深入考察和嚴厲批判的馬克思和恩格斯，如果能夠活過二十世紀，甚至進入二十一世紀，不難想像他們對當代自我生成、不斷擴張的資本主義——全球性資訊和知識膨脹形成的網路與數碼（digital）資本主義，應有更深切的體會與更嚴厲的攻擊。馬、恩逝世後將這項批判的工作留給其後代的信徒，亦即西馬、新馬、後馬的理論家去進行，方成就當代新型資本主義之批判。

儘管二十世紀末發生了所謂「蘇東波變天」，前蘇聯與東歐的共產主義崩解，不時有人唱衰馬克思主義，大聲疾呼馬克思已死，可是所謂的意識形態終結的說詞經過十多年，但二戰結束後，資本主義第三次全球性經濟危機隨著美國2008年次房貸、金融惡化而爆發，於是代表西方輿論先鋒的《時代雜誌》又以馬克思為封面人物，認為拯救當前資本主義的危機的救星，除馬克思外無人能出其右（2009/2/2），可以說是馬氏的復活。此次復活必定對當代社會的重新界定、重新命名，儘管他與恩格斯仍會強調這個新世界依舊是資本主義的時代與社會。

作為馬克思的戰友和夥伴的恩格斯，對自然科學的認識比起馬克思更為深刻，對自然的辯證法也有更為系統性的析述（洪鎌德，2016：253-266）。恩格斯了不起的地方是把自然理解為我增生的系統，這點比起當代南美生物學者

《在數碼資本主義時代中的馬克思》

馬圖拉納（Humberto Maturana 1928-）和瓦列拉（Francisco Varela 1946-2001）
把生物當作自生自裂、自我生產、自我再製（autopoiesis）的事物看待，早了
一百多年（洪鎌德，2013：271）。

瓦列拉與馬圖拉納

Autopoiesis

* Autopoiesis literally means **self-creation** and is synonymous with **circularity, recursion**, and **self-referentiality**.
* A system is 'autopoeitic' if the **whole** produces the **parts** or **elements** from which it is made.
* For Luhmann, **society** is an autopoietic system whose elements are *communicative events* reproducing other communicative events...

Luhmann's metaphor of communication

自我生產和自我再製

　　恩格斯曾說過：生命乃是「化學構成物的不斷更新、自我成體（self-
implementing）的過程」（Engels, 1878: 75）、從它的「構成分子中不斷產生
自身的」的現象（Engels, 1876: 558 *ff.*）。恩格斯的這段生物再生說，由當代
南美出生的兩大生物學家予以證實和發揚，可見馬派的思想與時增進，絕不落

後，更何況人類歷史的演展也證明馬、恩的看法之正確。

在第二次世界大戰結束後，西方社會曾有一段時期，經濟成長快速、工人就業普遍、薪資水平抬高，社會呈現繁榮景象。此時人群競相質疑馬克思對資本主義批判的正確性。可是1970年代世經濟危機爆發之後轉為，財富集中、薪資下降、貧窮加大。全球化的加速，使弱國的人民更形貧困、強國的社會貧富懸殊，導致人們開始對馬氏學說重新評價（Fuchs and Mosco, 2000）。

這些對資本主義弊端之再發現，顯示資本主義存在著全球性的危機。也讓我們對馬克思的學說產生重大的興趣，另外也注意到馬派主張是否擁有醫治當代數碼資本主義沉痾的良藥妙方。有些報紙輿論認為：馬氏的批判有助於資本主義跳脫消亡的宿命，馬氏有可能從批判者、攻擊者轉為拯救者、勸解者的角色。事實上，他不但對資本主義有精闢的分析，也對他所處的資本主義之社會有強烈的批判，他這麼說：「總之，共產黨人到處支持革命運動，俾反對既存事物的政治和社會的秩序。在這些運動中，他們首先質問的是財富問題，不管他們處於社會發展的任何程度之上。最終，他們努力促成各個民主勢力的同意和團結。普勞除了丟失腳鐐、手銬之外，不再丟失任何東西。他們將贏得整個世界，全世界各國的工人們團結起來吧！」（Marx and Engels, 1848; 2004: 94）

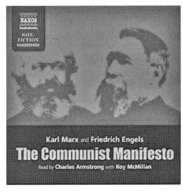

馬、恩1848年出版《共產黨宣言》呼籲工人團結

上述這段馬、恩在1848年《共產黨宣言》結尾的呼籲，顯示群眾中的先鋒──共產黨人，必須以行動、實踐和革命手段，來推翻既有的資本主義的體制，才能實現社會財富的重新取得與公平分配。這種認識與實踐的合一、群眾力量的喚醒、社會實踐的推動才是對付當代數位資本主義橫行全球的利器。

馬、恩的著作對當代社會有關聯的六個面向為：

（一）資本主義的全球化為當代社會的特徵，與此相關的課題為國際工人有團結起來抵抗全球化資本主義的必要；

（二）當代社會知識、科技和傳媒的重要性與日俱增，呼應了馬克思當年對機器、溝通工具與一般智力的重視；

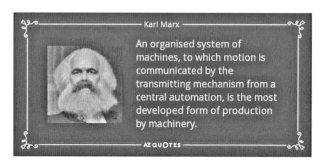

馬克思說：由中央自動機傳出的機器是靠機械進行生產最高的形式

（三）新自由主義流行下的資本主義造成貧窮化、低薪化，引起百姓的反對，因而對馬氏的階級論引發重讀與重新思考的興趣；

（四）對九一一攻擊所引起的全球性反恐活動與圍剿，以及針對ISIS相關的軍事行動，反而突顯了馬克思和列寧有關帝國主義的析述有深入瞭解的必要；

（五）環境惡化和生態危機的主題可在馬克思的著作中隨處找到，增加人群對現代工業主義和破壞自然的反感與反對；

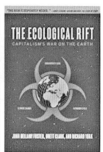

馬克思論生態和自然

（六）自2008年之後的世界性經濟危機顯示資本主義內含矛盾和衝突，這

符合馬克思對資本主義危機論的診斷。

　　福酷思（Chistian Fuchus）倡用馬克思理論和方法來進行「批判性網路研究」（Critical Internet Studies），提出十一項馬克思及其支持者的理論觀點，計爲：

（一）辯證法

　　馬克思將黑格爾的辯證法應用於資本主義的分析和批判之上：「辯證法的本質是批判革命性的。它認爲每個歷史發展的形式是流動的狀態。由於它處於流動中，因而掌握其過渡的面向——資本主義社會的運動充滿了矛盾」（Marx, 1967: 103）。這說明資本主義是歷史上一個暫時出現的現象，而非長期不消失的體制。將馬克思的觀點應用到互聯網上，福酷思就本體論和認識論方面來處理資訊流通的過程，得知網路世界與社會的關係，並非單向度（單構面）的，也並非科技面決定的，而是複雜的、機動的、矛盾的互相激盪（Fuchus, 2009b: 201）。因之，此早晚會變成資本主義「爆炸性的火藥」（Marx, 1857/1858: 159）。

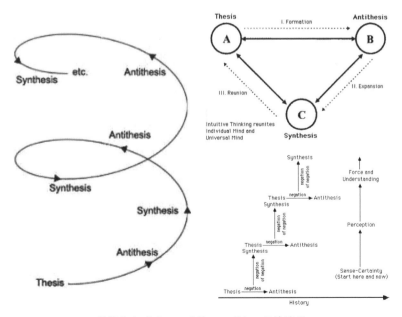

辯證法中「正」、「反」、「合」連續演變

（二）資本主義／資本主義的生產方式／資本主義的社會

對馬克思而言，資本主義是資本累積的體系。在此體系中，工人以出賣勞動力來維生，他們是變相的奴隸，亦即受薪和領取工資的奴隸，是故資本主義也是新型的奴隸體系。當代的資本主義又稱爲知識、資訊、數碼的資本主義，其中生產力和生產關係的敵對變得更爲厲害。生產力的擁有者靠剝削勞工剩餘價值來增加其利潤，顯然數碼資本社會乃是新媒體盛行的社會。

（三）商品／商品化

馬克思認爲商品係供交易而具使用價值與交換價值的財貨和勞務，是資本的細胞。從以物易物到商品交易的社會，標誌著社會關係的轉變，是買者與賣者的關係。在互聯網上，是網路的商品化，也是網路空間（cyberspace）中參與群體的商品化。

Commodification;
something that previously had
not been regarded as something
to be bought or sold and turning
it into something to be traded in a
market economy.

Globalization is thus also about global commodification of labour; it
is about - global proletarianization - the creation of a world working
class for capital to exploit.

(David McNally (professor))

人類由猿猴變成直立的動物，最後化成各種數目字（身分證字號、信用卡號碼等）的組合

（四）階級／剩餘價值／剝削

在批判性的網路研究中，也可以發現階級、剩餘價值、剝削和異化的存在。這些概念可從馬克思下列的話衍生出來，他說：「一方面生產過程不斷地把財富化成資本，也就是成為資本家更多財富的累積和享受；他方面勞動者一旦離開生產線時，便喪失其所得。勞工缺乏任何的手段保護其出賣勞力之財富〔所得〕。一旦把其勞動力出賣，工人已從其本身異化出來。其勞動力已歸雇主所擁有，變成資本的一部分，也成為商品的一部分，不再為工人所擁有。在勞動過程中，資本家消耗了勞動力。勞動的成果逐步改變，不只變成商品，而且變成資本，變成吸光創造價值的力量〔勞力〕，成為〔資本家下次再〕購買勞動者身分的本錢。要之，資本家生產了勞動者及受薪的勞動者。〔如此循環不已〕生產繼續就是不斷的再生產，使勞動者不斷延續下去，這是資本主義條件下的生產方式」（Marx, 1867: 716）。

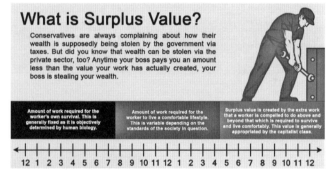

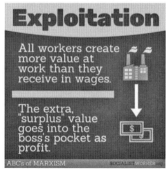

剩餘價值和剝削構成馬克思剩餘價值論的核心

（五）全球化

馬克思曾經說過：「資本主義的趨勢為把所有人民捲入世界市場的連繫中」、「資本主義的管理具有國際關係的性質」（Marx, 1867: 716）。世界市場、資本輸出和公司行號的國際性組織，都是資本主義全球化過程的諸面向。他又說：「資本的本質在於破除空間的阻隔」、「以時間消除空間」（Marx, 1857/1858: 524）。網路並非導致全球化的原因，而是增強全球化的生產、流通、分配和消費。

（六）意識形態／意識形態的批判

對馬克思而言，意識形態是顛倒現實、遠離實在的錯誤意識。這是被歪曲、被操縱的看法。其言：「在所有工人中，人們和其境遇變成〔舊式〕照相機的暗箱，把一切影像顛倒過來」（*MECW* 5: 14）、「這是一個顛倒的世界之意識」（*MECW* 3: 175）。在《資本論》中，馬克思把勞動描繪為商品拜物教，它把「社會轉化為事物的意象，給意識蒙上一層迷霧」（Marx, 1867: 165）。

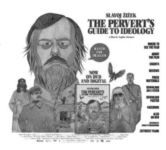

（七）階級鬥爭

在《共產黨宣言》中，馬、恩強調至今為止的歷史乃為一部階級鬥爭史，網路上的駭客之破壞行動無異是對網路資本主義進行階級鬥爭。與此一詞語相關的是電子網路上不同方式的鬥爭，以及電子民間不服從（electronic civil disobedience）運動的鼓吹，或另闢新的取代性互聯網（Alternative Network）等等，都可視為網民對現今資本主義體制的反抗。

（八）一般民衆

普通人和一般民衆是社會的源泉和資產。群衆的需求之總和，構成整個社會的活動目標。社會的存在、成長、永續都靠群衆的活動與協力。知識的普遍化、一般性稱為「普遍性的知識力」（General Intellects）。它是「知識力量的客體化」，又稱為「一般的社會知識，成為生產的直接力量」（Marx, 1857/1858: 706）。這類的知識或是現在還活著群衆協力合作的產品，或是繼承前人留下的文化遺產（Marx, 1894: 199）。在電腦時代一般民衆指涉的顯然是懂得使用互聯網的人（網民、鄉民）而言。他們的知識是通過網路集體創造與流通的知識。

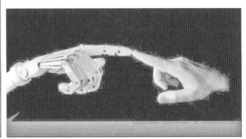

（九）公共論域

　　馬克思曾經想像取代資產階級獨霸的社會，除了未來要建立的共產社會之外，還有他親身經歷過的那短命的巴黎公社。公社是一種特殊的公共論域，它取代了階級統治。國家所有行政權力的推行都置於公社管理委員會的手中。「它成爲生產者的自治政府」（Marx, 1871: 275）。哈伯瑪斯的公共論域這一概念無疑傳襲馬氏的見解，把十八和十九世紀歐洲平時論政的場所（特別是巴黎名媛主持的沙龍、講座、咖啡店、酒肆、茶樓、俱樂部等），當作民間社會抗衡政治國家，發揮人民輿論抨擊當權者的利器。在今日網路世界中，互聯網正扮演這種公共論域的角色。在哈氏心目中，公共論域不但是規範性的理想，更是批判媒體的工具。

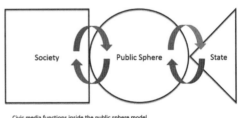

Civic media functions inside the public sphere model.
By Samuel Barros (idea in progress).

（十）共產主義

　　馬克思不把共產主義視爲限制人民自由、政府專權、實施監控的獨裁國家。反之，對他而言，共產主義是加強合作、共同擁有生產工具、豐富個人自身的經驗，而發揮個體性的機制。它是馬氏所言：「自由的組合，利用公共生產資料，其生產方式的生產力，在充滿完全的意識下化成單一的社會勞動力」（Marx, 1867: 171）。共產主義乃爲一個新社會，「其中每個人享有充分自由，並能全面發展其本身，這是其原則」（*ibid.*, 739）。批判性的網路研究者曾期待在未來的共產社會中，實現寰球性的共產網路之理想。並使知識能夠共享（像維基百科Wikipedia）和推動自由軟體運動（Open Source Software Movement，公開源泉軟體運動），這些努力是朝向共產社會目標推進的具體作法。

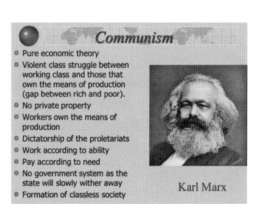

Marxism v/s Communism

- Marxism is the theory and Communism is the practical implementation of Marxism.
- Communism is the realisation of a Stateless society where all are equal. Marxism is one of the frameworks by which such a state is developed.
- **Marxism** is basically a system of analysis, and a way to view the world. **Communism**, on the other hand, is a political movement, a form of government and a condition of society.

Communism

- Pure economic theory
- Violent class struggle between working class and those that own the means of production (gap between rich and poor).
- No private property
- Workers own the means of production
- Dictatorship of the proletariats
- Work according to ability
- Pay according to need
- No government system as the state will slowly wither away
- Formation of classless society

Karl Marx

（十一）美學式的生活

　　青年時代的馬克思曾想像未來共產世界中，人的勞動將轉化爲美的創造和欣賞的追求，因此美學和藝術成爲人生的目標，美的生活方式成爲人人都可以達成的夢想。藝術不該由勞動的剩餘價值來建構。在網路時代裡，美學和美化的活動逐漸成爲學者所倡說和推動，這反映馬克思的學說對當代的影響。

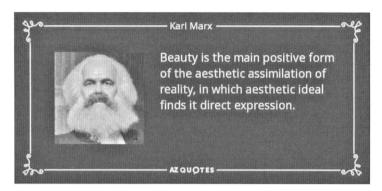

馬氏說：美是現實的美學集結之正面形態，其中美學的理想得以直接展現

六、結論

　　眾所周知，馬克思之所以仇視資本主義，主要原因是資本家的貪婪，在榨取勞工的剩餘價值以累積資本和形成私人財產之餘，還汲汲營營不忘利潤的增大，造成資本與勞力的敵對。依馬氏的說法，資本是凝聚的勞動（*aufgespeicherte Arbeit*），是死的、固定的勞動，反之，勞動為活的、變動的資本。勞動和資本彼此互變，是站在辯證對立而相輔相成的關係上。可是今日資本愈發達，人們的勞力愈衰弱，甚至讓工人失去做人的價值和尊嚴。馬克思期待勞力成為一個人活口養家的方法，更是人人發揮才華能力的表現，是人的自我實現。但當今的資本主義的制度卻阻止人群實現這種成己成物、造福人群的努力，而把勞動與資本帶入的生死鬥中，是故馬、恩二人呼籲普勞階級要覺醒、團結，以摧毀資本主義體制，建立新社會、新社群的因由（洪鎌德，2011：293-306）。

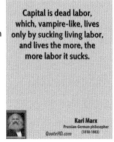

Labor

- Labor is an ability to work. Labor includes both physical and mental labor .
- Labor is a primary or human factor of production. It indicates human resource.
- Labor is a heterogeneous factor.
- Labor have less mobility.

"Labour is a Mean as well as an End"

Capital is dead labor, which, vampire-like, lives only by sucking living labor, and lives the more, the more labor it sucks.

Karl Marx
Prussian-German philosopher
(1818-1883)
QuoteHD.com

MARX'S THEORY OF HUMAN NATURE

In theory, one can speculate that ideologies will motivate people to love the work they are doing and stay creative without monetary incentives, so work would be a way of self-realization rather than a grind out of economic necessity.

To quote Marx, "Labor has become not only a means of life but life's prime want." In other words, you do work because you love the work, not because you have to work. Alienation of labor is equally important.

Machines will do the labor that no man wants to do. People will find rewards in the work itself, so to speak.

　　馬、恩顯然並無經歷與體驗十九世紀以來，競爭的、壟斷的和財團的（組合的corporate）不同形態之資本主義。但這並不意謂他們對資本主義最終征服全球完全無知。事實剛好相反，他們早已預知科技的進步和知識的擴張，會使資本主義如虎添翼，提早迎接世界市場的到來。他們對資訊社會和全球化的資本社會雖無精細的理解、分析和批判，卻把這份重大的工作交給其後人去承擔、發揮。

　　二十和二十一世紀的馬克思主義之所以必然對傳媒、溝通、互聯網、人工智慧、機器人、大數據等高科技做檢驗和批判，乃是由於資本主義轉型的緣故。二十世紀期的西方馬克思主義者，如盧卡奇、寇士、葛蘭西曾致力於文化和意識形態的批判。其後法蘭克福的批判理論和批判社會學物的湧現，都發揮馬氏對資本主義的指摘和抨擊，並且有深入的析評。後來英國文化研究和美國詹明信的論述也獲得學界的矚目。只是最近新馬克思主義學者，如斯米士（Dallas W. Smythe 1907-1992）和葛拉漢（Nicholas Graham 1937-）認為：單單對當代資本主義傳媒與文化的批判並不足夠，應當揪出其背後的黑手——經濟活動和職能。莫士寇（Vincent Mosco）說：資訊、傳媒、互聯網、符碼傳播都是意識形態的生產者，而意識形態又是經濟活動的反射（Smythe 1994; Graham 1990; Mosco 2004; 2009）。恩琛貝格（Hans Enzensberger 1929-）的批判理論，強調對現存傳媒研究的綜合和超越，主張替代方案、替代學說出現之必要。由是可知，馬克思主義對當代傳媒、互聯網、資訊的批判也復活並且豐富了馬克思主義本身。

Vincent Mosco曾於Queen大學社會學系任教，專精網路、溝通和數據

　　齊澤克（Slavoj Žižek 1949-）認為馬克思學說的復活是由於當代資本主義汙染環境、耗竭資源、破壞生態所促成的。此外，知識財產權歸少數人占用和

壟斷、生物基因改造技術的濫用、部分國度與區域新式歧視政策（apartheid）
的橫行、實質薪資的降低、新貧的湧現、貧富的懸殊等等引發世人的公憤。是
故吾人仍需馬克思之階級敵對和階級鬥爭的理念，俾拆穿新自由派民主的面
具，落實人民當家作主的期待（Žižek, 2008）。

CRITIQUE OF POST MODERNISM

○ According to Eagleton, post-modernism is the
  contemporary movement of thought which
  rejects totalities, universal values, grand
  historical narratives, solid foundations to human
  existence and the possibility of objective
  knowledge.
○ Eagleton disagrees with some of the concepts
  and principles of post modernism:
1. Crusade against norms and authority .
2. Hostility towards a bourgeois world .
3. Problem of inclusiveness.

迎接馬克思和屠格涅夫
誕生兩百週年紀念日的到來

迎接馬克思和屠格涅夫誕生兩百週年紀念日的到來

　　2018年年中與年尾分別是馬克思和屠格涅夫誕生兩百週年紀念與誌慶的時辰。屆時不僅德國與俄國將會有盛大的祝賀活動，世界其餘各地的政界、學界、文化界、輿論界也會以不同的方式來歌頌這兩位世界級的偉人對人類命運的衝擊和對文明的貢獻。

　　或許一開始，讀者會對於把屠格涅夫這位文豪和馬克思這位革命家並列兼述，覺得有點詭異陌生。不過，當你發現兩人同年出生（馬在5月5日；屠在11月9日），且在同年（1883）病逝時，這些巧合便會引起好奇，思考這是上蒼無意或有心的巧妙安排。馬克思是一位欲打倒神明的無神論者（atheist）；而屠格涅夫則相信命運和超自然力量對個人的操縱、肆虐，他基本上若不是泛神論者（pantheist），便是神明不可知者（agnostic）。是故，兩人在世時，都不探究出生的問題，但晚年皆擔憂生命的終結和死亡的驟降。兩人死在病椅（馬：3月14日）或病榻（屠在9月13日）時，似乎都沒有神職人員環伺照顧，顯示二人臨終時走得瀟灑、脫逸（洪鎌德，2015：201；2017：212）。

　　先說兩人的出生背景，再論求學和接受教育的經過。馬克思出生於德、法邊界的古羅馬帝國北方要塞之特利爾市，時為1818年5月5日凌晨。父親為從猶太教轉為基督（路德）新教的律師，母親為荷蘭工業世家菲立普的族人，可謂為出身中上家庭。因父親法學知識深厚，且同情並協助窮人打官司，所以馬克思幼年不但對人世間的不公不義深懷憤慨，也在中學畢業論文中抒發淑世救人的宏願。啓發幼少時代馬克思心智的人物還有他未來的泰山大人，一位對英、法啓蒙運動動極為熱衷的沒落貴族；反之，屠格涅夫出身為俄羅斯接近烏克蘭歐略爾邦大地主莊園的少主。身為女莊主的母親，因不滿財勢遜色、時常在外遊蕩、年紀輕（少於其妻七、八歲）且很早便退休的軍官丈夫，所以經常把一股怨氣發洩到屠氏及其唯一大哥身上，責罵之外亦常遭鞭打，兩兄弟未上省城中學，而是送往360公里外的莫斯科寄宿學校就讀。但啓發屠氏對俄國傳統文學、語言、詩歌的愛好並且嚮往文字追求的是一位識字的農奴。他悍母除了擁有的大莊園（也就是遼闊的土地）外，還占有五千多位「靈魂」（души），亦即擁有五千名農奴，這群農奴一樣受到暴虐的對待，她儼然是莊園裡的女暴君。

　　馬克思的父親漢利希為了栽培成群兒女，至少使其後單獨活下來的男丁卡

爾成為父業繼承人，十七歲的青年馬克思遂離鄉赴波恩念大學，過了一年又被派往普魯士最高學府的柏林大學學習法學。在柏林大學（1836-1841）為期不到三年半時期中，馬克思一頭栽入黑格爾哲學（洪鎌德，2016）以及其左翼門徒（特別是費爾巴哈）的講學辯論中。剛好這段時期也是屠格涅夫從莫斯科大學轉往聖彼得堡大學，而後出國留學柏林的時期。在普京，屠氏也精研日耳曼經典的觀念論，亦即唯心主義的哲學，不過還多了醉心德國浪漫主義歌德、席勒、海涅的小說、戲劇、詩詞。大學時代間，馬克思一度在哲學之外，其心中最愛好的是文學、詩詞。海涅為其遠房族叔，為青年馬克思所崇拜，此位倜儻詩人常至結婚後的馬家作客，似乎迷戀馬太太燕妮的美麗。也許當年留學柏林的東歐和俄國貴族子弟人數眾多，學生們必須專心求學，且因興趣與鍍金心態之歧異，使心志和理想極為接近的人物如馬克思和屠格涅夫，在柏林大學中居然連碰面的機會都沒有，遑論結緣成友。反之，與屠氏一度合租一房同居的巴枯寧，1844年首次與馬克思結識，之後兩年頻繁的接觸，成為亦敵亦友的革命同志。

　　有趣的是屠氏自德返俄後，一度與巴枯寧的么妹陷入半年的熱戀，差點論及婚嫁。最終男方以無法消受女方及其家族的激情而急流勇退，這事引起聖彼得堡貴族圈與輿論界譁然。在柏林結識的友人中，對屠格涅夫其後文學生涯影響至深且鉅，無過於文藝評論家安念可夫，他後來成為屠氏每部小說稿件的首讀者和評論人。經他修改、增刪、潤飾的文稿不計其數，除了未曾像恩格斯資援馬克思這種特別革命情誼之外，安念可夫對屠氏文學生涯的貢獻無人可以匹敵，除此之外，其悍母和戀人寶琳・韋雅朵的鞭策和鼓勵，也起了很大的作用，形成屠氏文壇巨星的地位（洪鎌德，2017：15）。1848 年歐洲爆發革命之前，尤其是馬、恩流亡布魯塞爾期間，作為俄國西化派健將「美學旅行家」的安念可夫，曾與馬克思往返頻繁（2015：94）。他對馬克思堅決意志、言詞犀利，但類似為一名「民主的獨裁者」的形象，有細膩的觀察與生動的描寫（ibid., 99-100）。1847年年底馬氏先行由比利時渡海赴英，留下憔悴的妻子燕妮及兩名生病的女兒在布魯塞爾。在求助無門的情急之下，他向人在巴黎的安念可夫求救。這位信仰自由主義且討厭暴力革命的俄國貴族，就像其好友屠格涅夫一樣的慷慨，馬上匯出兩百法郎應急（ibid., 104）。但在 1848 年歐陸革命失敗後，馬克思與安念可夫的關係日漸疏遠，以致雙方失去聯絡，這中間是否受到屠氏厭棄暴力的影響，有待進一步查證。

　　此外，兩人共同認識的朋友，有詩人賀維格。他曾在巴黎成立旅外德國

人軍團，並潛入德境內進行革命活動，而後被政府軍擊潰後走避瑞士。賀氏一度受制於社民黨領袖拉沙勒，後與沙氏不和而加入艾森阿赫派，後來兩派合成為德國二十世紀幾度執政的社民黨（SPD）創黨人之一。賀氏曾投稿馬克思所編《萊茵時報》和《德法年鑑》，其中不少諷刺政府官吏作威作福、魚肉百姓的詩文，極受讀者讚賞。在1847年至1850年間屠氏居留韋雅朵夫婦在巴黎近郊（「鳩佔雀巢」）的期間，結識賀維格夫婦，也認識了後來流亡倫敦的俄國哲學家、時局評論者的赫爾岑。赫氏同屠格涅夫主張廢除農奴制，要求全面改革內故，並在倫敦發行《警鐘》（Колокол）雜誌，因而贏得「俄國社會主義之父」的美譽。同時屠氏也結識赫爾岑的妻子娜塔莉。後來赫氏與賀氏兩對夫婦遷居瑞士，賀維格與娜塔莉有染，並把這份婚外情帶到倫敦，造成赫爾岑終身的鬱卒傷痛。這是屠格涅夫親眼目睹的人生悲劇，但他對自己狂戀有夫之婦的寶琳・韋雅朵，甚至鳩雀同巢，卻無反省改變的醒悟。對於赫爾岑企圖在十九世紀下半葉的俄國搞出一個以農村公社（мия 或稱 община）的民粹式（народник）社會主義，馬克思似乎以蔑視的眼光看待而不加理會。

但是晚年馬克思（在與俄國女革命家查蘇莉琪的通訊中）透露除歐美之外，其它國度（包括俄國）不一定要在推翻資本主義之後，才能走上共產主義之途。馬氏指出俄國農村公社矛盾的雙重性：一方面是反映俄土民粹的團結與集體精神，另一方面受時勢，特別是資本主義體制的影響，走上個體性與私有化之途。但綜合各種利害得失，馬氏仍認為公社的發展是符合時代潮流（魏百谷，2017：137-140）；反之，屠格涅夫雖然同情農民的疾苦，但對農奴解放後的社會動盪，將之歸罪於沙皇及其政府之專制、東教會之迂腐，最大的致命傷為出身地主與貴族的知識分子（Интеллигенция）之傲慢，誤認俄國為西方墮落的拯救者、人類未來文明復興的推手，這也是他與赫爾岑鬧翻的主要原因之一（洪鎌德，2017：124-126）。

作為俄國三大文豪（另兩位為托爾斯泰和杜思托耶夫斯基）之一的屠格涅夫，藉小說的布局、文字的犀利、人物的刻畫、對白的鮮活，將當年俄國政局的混亂、社會的浮動、人心的惶惑，尤其是農民的困苦，如實地描述，被文學界譽為從浪漫主義演變為現實主義，再升騰為象徵主義的「小說家中的小說家」（美國文學家兼文藝評論家亨利・詹姆士的讚語）。屠氏不只是小說家、詩人、劇作家和藝術家（欣賞音樂、繪畫、雕刻，也是一位漫畫家），他同時也是一位有深邃思想的哲學家和心理學家，對自然哲學和人生哲學（天道、人性、生命、愛情、友誼、命運、生死等）有特殊的見解和主張。以上種種形成

他民胞物與、天人合一的世界觀，無疑爲俄國純厚民情和歐洲文化精深，這也是導致他對人本主義的堅持、人文思想的廣播和人道精神的發揚之主因（洪鎌德，2017：301-320）。

　　雖然馬克思反對個人主義、自由主義和空想的社會主義，堅信和主張他自我標榜的「科學的社會主義」。但其哲思的出發點卻是人生的目標──自我實現（*Selbstverwirklichung*）之追求：利用有限人生，把本身的潛能發掘出來，應用於人際溝通和社會實踐（*soziale Praxis*），不只成就個人、親友、人群，還達成人類最終的解放。在此意義下，馬克思和屠格涅夫都是近世最偉大的人本主義者（洪鎌德，2014：27-44）。

　　奇怪的是這兩位半生背離故鄉，在英國、歐陸，甚至北非到處闖蕩，尋找療治宿疾的人道主義者，居然沒有碰面晤談的機會。這主要的原因是養尊處優、愛惜羽毛的貴族子弟瞧不起三餐不繼、言大而誇（喜好「大敘述」，*écrire grande*），鼓譟人群暴動、反抗、流血的革命者之心態造成。反之，愛好文藝的馬克思早期對俄國文學興趣不高，直到晚期發現《資本論》卷一的外文翻譯，不是他期待頗久的法文，竟然是俄文，這才促成他開始自修俄文，而後勉強能閱讀報章雜誌，偶涉普希金、列蒙托夫、托爾斯泰之作品，沒有紀錄顯示他看過屠氏任何的篇章，儘管周遭經常通訊的共同友人不少。兩人最接近的時地爲：1874年的療養地Karlsbad。該年8月中旬馬克思帶著生病的么女塔絲到捷克西部的溫泉鄉Karlsbad。父女進駐該市高貴的Hotel Germania，剛好豪奢成性，前往泡湯的屠格涅夫也在這段時間進住該旅館，在遊客磨肩擦踵間，兩人可能擦身而過，沒有留下任何見面晤談的訊息，實在令人不解（Padover, 1978: 534）。

　　前蘇聯官方（蘇共）研究機構馬列主義研究所出版的馬克思傳記，是所有俄國與其餘世界各國出版有關馬克思生平和著作的書文中，唯一提及屠格涅夫名字者。其中提到庫格爾曼與馬克思訪談中，聽見後者年老時評論俄國普希金以來諸位作家的成就時，馬氏說：「在親俄派面紗的掩蓋下，屠格涅夫精妙地把俄國人靈魂的特徵刻劃下來」（Marxism-Leninism Institute, *Karl Marx --- A Biography*, Moscow: Progress, 1973: 628）。由此，可見德、俄兩大人本主義者彼此的嫌隙來自意識形態的針鋒相對，以及世界觀和人生觀，特別是生活方式（life style）的儼然有別。

參考資料

洪鎌德

2014　《個人與社會——馬克思人性論與社群觀的析評》台北：五南。

2015　《馬克思》台北：東大（增訂二版）。

2016　《黑格爾哲學新解》台北：五南。

2017　《屠格涅夫作品的析賞》台北：五南。

魏百谷

2017　〈十九世紀的俄國社會——屠格涅夫與馬克思的觀察〉刊：施正鋒主編《淵博與創思——洪鎌德教授八十高壽慶賀文集》，131-142頁，台北：五南。

Marxism-Leninism Institute

1973　*Karl Marx: A Biography*, Moscow: Progress.

Padova Saul K.

1978　*Karl Marx: An Intimate Biography*, New York *et. al.*: McGraw-Hill Book Co.

參考書目

馬克思原著
Marx, Karl

1844　　　*Economic and Philosophic Manuscripts of 1844*, Mineola, NY: Dover, & Moscow: Progress Publishers, 1959.

1857/1858 *Grundrisse der Kritik der politischen Ökonomie*（簡稱*Grandrisse*）, Berlin: Dietz-Verlag, 1974.; (trans). M. Nicolaus, *Foundations of the Critique of Political Economy*, London: Penguin, 1974.

1863　　　*Theories of Surplus Value*, Volume 1, London: Lawrence & Wishart, 1975.

1867　　　*Capital: Critique of the Political Economy*, Volume 1（簡稱*C*I）(trans.), Ben Fowkes. London: Penguin Books, London: Penguin, 1992.

1871　　　"The Civil War in France", in: *Selected Works In One Volume*, London: Lawrence & Wishart, 1968..; Harmondsworth and New York: Penguin, 1973, pp. 237-295.

1885　　　*Capital: Critique of the Political Economy*. Volume 2（簡稱*C2*）, trans. David Fernbach, London: Penguin, 1993.

1954　　　*Capital*, Vol. 1（簡稱*C* 1）, Moscow: Progress.

1975　　　"Critique of the Gotha Programme", in: *Selected Works in One Volume*, London: Lawrence & Wishart, pp. 297-317.

恩格斯著作
Engels, Friedrich

1876　　　*Dialektik der Natur, Marx and Engels Werke*（簡稱*MEW*）, Berlin: Dietz-Verlag.

1878　　　*Anti-Dühring, Herr Eugen Dühring's Revolution in Science, MEW*, Bd. 20: 1-303, Berlin: Dietz-Verlag;. Moscow: Foreign Language Publishing House, 1987, vol. 25, pp. 5-309.

馬克思、恩格斯合著
Marx, Karl and Friedrich Engels

1846　　　*The German Ideology*. Amherst, NY: Prometheus Books, 1972.

1848　　　　*The Communist Manifesto*, Peterborough: Broadview, 2004.

1955　　　　*Selected Correspondence*（簡稱*SC*）, Moscow: Progress.

1956-1990　*Marx-Engels Werke*（簡稱*MEW*）, Berlin: Dietz-Verlag.

1968　　　　*Selected Works in One Volume*, London: Lawrence & Wishart.

1969/1970　*Selected Works*（簡稱*SW*附卷頁數）, 3 volumes, Moscow: Progress Publishers; London: Lawrence & Wishart, 1968, 2001.

1975*ff*　　*Collected Works*（簡稱*CW*附卷頁數）, Moscow: Progress Publishers.

1975*ff*　　*Gesamtausgabe*（簡稱*MEGA*）, Berlin: Dietz-Verlag.

英文引得

Antonio, Robert J.

2000　　　　"Karl Marx", in: George Ritzer (ed.), *The Blackwell Companion to Major Social Theorists*, Oxford, Blackwell, pp. 105-143.

Beatty, J.

2009　　　　"Lewontin, Richard", in: Michael Ruse and Joseph Travis (eds.). *Evolution: The First Four Billion Years*, Cambridge, MA: The Belknap Press of Harvard University Press.

Bergesen, Albert

1993　　　　"The Rise of Semiotic Marxism", *Sociological Perspectives,* 36 (1): 1-22.

Bhaskar, Roy

1991　　　　"Dialectic", (ed.) Tom Bottomore, *A Dictionary of Marxist Thought*, Oxford: Basil Blackwell, pp. 143-150.

Blakeley T. J. (ed.)

1975　　　　*Themes in Soviet Marxist Philosophy*, Dordrecht: Riedel.

Bottigelli, Émile

1962　　　　"Présentation", in: Karl Marx, *Manuscripts de 1844*, (trans.), E. Mandel, *The Foundations of the Economic Thought of Karl Marx*, New York & London: Monthly Review.

Bourdieu, Pierre

1994   *Practice, Class and Culture: Selected Essays*, Cambridge: Polity.

Callinicos, Alex

1983   *Marxism and Philosophy*, Oxford: Clarendon.

1999   *Social Theory*, Cambridge: Polity.

Castells, Manuel

2000a   *The Rise of the Network Society: The Information Age: Economy, Society and Culture*, 2nd ed., vol. 1. Malden, MA: Blackwell.

2000b   *End of Millennium. The Information Age: Economy, Society and Culture*, 2nd ed., vol. 3. Malden, MA: Blackwell.

Cohen, G. A.

1978   *Karl Marx's Theory of History: A Defense*, Princeton: Princeton University Press.

Dahrendorf, Ralph

1959   *Class and Class Conflict in Industrial Society*, Stanford: Stanford University Press.

Delanty Gerard

1996   "The Foundations of Social Theory: Origins and Trajectories", in: (ed.) Bryan S. Turner, *The Blackwell Companion to Social Theory*, Oxford: Blackwell, 1st ed., pp. 21-46.

Downs, Anthony

1957   *An Economic Theory of Democracy*, New York: Harper.

Eagleton, Terry

2011   *Why Marx was Right*, London: Yale University Press.

Edwards, Richard C., Michael Reich and Thomas A. Weisskopf

1972   *The Capitalist System: A Radical Analysis of American Society*, Englewood, N. J.: Prentice Hall.

Elias, Norbert

1971   "Sociology of Knowledge: New Perspectives", *Sociology* 5 (2+3): 149-168, 355-370.

Elster, Jon,

1993   "Some Unresolved Problems in the Theory of Rational Behavior", *Acta Sociologica*, 36 (3): 179-189.

Feuerbach, Ludwig

1959   *Sämtliche Werke*, (hrsg.) W. Bolin and F. Jodl, Stuttgart: Fromann-Verlag.

Forster, Michael

1993   "Hegel's Dialectical Method", (ed.) Frederick Beiser, *The Cambridge Companion to Hegel*, Cambridge: Cambridge University Press, pp. 130-170.

Foster, John Bellamy

1999   "Marx's Theory of Metabolic Rift: Classical Foundations for Environmental Sociology", *The American Journal of Sociology*, 105 (2) : 366-405.

2000   *Marx's Ecology: Materialism and Nature*, New York: Monthly Review Press.

Frank E. Manuel

1955   *A Requiem for Karl Marx,* Cambridge, MA: Harvard University Press.

Fuchs, Christian

2007a   "Anti-globalization", in: *Encyclopedia of Governance*, (ed.), Mark Bevir, London: Sage.

2007b   "Transnational Space and the 'Network Society' ", *21st Century Society* 2 (1): 49-78.

2008   *Internet and Society: Social Theory in the Information Age*, New York: Routledge.

Fuchs, Christian & Vincent Mosco (eds.)

2016   *Marx in the Age of Digital Capitalism*, Leiden & Boston: Brill.

Gans, Herbert

1992　　　"Multiperspective News", in: (ed.), Elliot D. Cohen, *Philosophical Issues in Journalism*, Oxford University Press.

Graham, Nicholas

1990　　　*Capitalism and Communication*, London: Sage.

1998　　　"Political Economy and Cultural Studies: Reconciliation or Divorce?" in (ed.) John Storey, *Cultural Theory and Popular Culture*, pp. 600-612.

Geras, Norman

1987　　　"Post Marxism," *New Left Review*, 163: 40-82.

1988　　　"Ex-Marxism Without Substance -- Being a Real Reply to Laclau and Mouffe", *New Left Review*, 169: 34-61.

Giddens, Anthony

1971　　　*Capitalism and Modern Social Theory*, Cambridge, Cambridge University Press.

1973　　　*The Class Structure of the Advanced Societies*, London: Hutchinson.

1991　　　*Modernity and Self-Identity: Self and Society in the Late Modern Age*, Cambridge, Polity Press,.

Gould, Stephen Jay

1990　　　"Nurturing Nature", in (eds.): Stephen Jay and David A. Levine, *An Urchin in the Storm: Essays About Books and Ideas*, London: Penguin.

Gould, Stephen Jay and Niles Eldredge

1977　　　"Punctuated Equilibria: The Tempo and Mode of Evolution Reconsidered", *Paleobiology*, 3 (2): 115-151.

Gramsci, Antonio

1971　　　*Selection from the Prison Notebooks*, (eds.), Q. Hoare and G. Norwell Smith, London: Laurence and Wishart.

Habermas, Jürgen

1962　　　*Strukturwandel der Öffentlichkeit*, Neuwied u. Berlin: Luchterhand,.; Frankfurt a. M.; Suhrkamp. 1962.

1971   *Knowledge and Human Interest*, Boston,: Beacon Press.

1973   *Erkenntnis und Interesse*, Frankfurt a. M.: Surhkamp. 首版 1968.

1979   *Communication and the Evolution of Society*, (trans.), Thomas McCarthy , Boston: Beacon Press.

1981   *The Theory of Communicative Action, vol. I: Reason and Rationalization of Society*, (trans.), Thomas McCarthy, Boston: Beacon Press.

1987   *Knowledge and Human Interests*, Oxford: Polity Press.

Hall, Stuart

1980   *Culture, Media, Language: Working Papers in Cultural Studies 1972-1979*, London: Unwin Hyman.

Hegel, G. W. F.

1812-16   *Wissenschaft der Logik*, Nürnberg: Johann Leonhard Schrag; *Hegel's Science of Logic*, London: Allen & Unwin. 1812, §§176-179.

1812/1827/1830 *Enzyklopädie der philosophischen Wissenschaften*, Bd. I, II, III（簡稱*Enz*附卷頁數）.

1976   *Grundlinien der Philosophie des Rechts*, Frankfurt a. M.: Suhrkamp, 1976. *Outlines of the Philosophy of Right*, (trans.), T. M. Knox and Stephen Houlgate, Oxford: Oxford University Press, 2008.

Hant, E. K, and Howard J. Sherman

1972   *Economics: an Introduction to Traditional and Radical Views,* New York: Harper & Row.

Jordan, Zbigniew A.

1967   *The Evolution of Dialectical Materialism*, London: Macmillan, 2nd ed. 1978.

Korsch, Karl

1970   *Marxism and Philosophy*, F. Halliday, New York and London: NLB.

Kuhn, Thomas S.

1962   *The Structure of Scientific Revolutions*, Chicago: University of Chicago Press.

Künzli, Arnold

1966   *Karl Marx: Eine Pscychographie*, Wien, Frankfurt und. Zürich: Europa-Verlag.

Küttler, Wolfgang

2001   "Geschichte", (hrsg.) Wolfgang Fritz Haug, *Historisch-Kritisches Wörterbuch des Marxismus*, Hamburg: Argument-Verlag, Bd. 5, S. 428-440.

Laclau, Ernesto

1977   *Politics and Ideology in Marxist Theory: Capitalism, Fascism, Populism*, London: Verso.

1988   "Metaphors and Social Antagonisms", in: (eds.), Nelson, C. and L. Grossberg *Marxism and the Interpretation of Culture*, Urbana: University of Illinois Press, pp. 249-257.

1990   *New Reflections on The Revolution of Our Time*, London and New York: Verso.

Laclau, Ernesto and Chantal Mouffe

1985   *Hegemony and Socialist Strategy: Towards A Radical Political Politics*, London: Verso.

1987   "Post-Marxism Without Apologies", *New Left Review*, 166: 79-106.

Lechte, John

1995   "Laclau. Ernesto", in: *Fifty Key Contemporary Thinkers: From Structuration to Postmodernity*, London and New York: Routledge.

Lenin, Vladimir

1961   *Collected Works*, 38 vols., Moscow: Foreign Languages Publishers.

1967   *Gesammelte Werke*, Berlin: Dietz-Verlag.

Lukács, Georg

1971   *History and Class Consciousness: Studies of Marxist Dialectics*, (trans.), R. Livingstone, Cambridge, MA: MIT Press.

Mancur Olson

1965　　　*The Logic of Collective Action: Public Goods and the Theory of Groups*, Cambridge: Harvard University Press.

Manuel, Frank E.

1998　　　*A Requiem for Karl Marx*, Cambridge, MA: Harvard University Press.

Mattelart, Armand and Michèle Mattelart

1998　　　*Theories of Communication: A Short Introduction*, (trans.), Susan Gruenheck Taponier and James A. Cohen, London *et al.*: SAGE Publications.

McChesney, Robert W.

2007　　　*Communication Revolution: Critical Junctures and the Future of Media*, New York: The New Press.

Mclellan, David

1970　　　*Marx before Marxism*, London: Macmillan.

McQuail, Denis

1987　　　*Mass Communication Theory: An Introduction*, London *et al.*: SAGE Publications.

Miller, Richard W.

1998　　　"Marxist Philosophy of Science", in: (ed.), Edward Craig *Routledge Encyclopedia of Philosophy*, London & New York: Routledge, Vol. 6, pp. 147-150.

Mosco, Vincent

2004　　　*The Digital Sublime*, Cambridge, MA: MIT Press.

2009　　　*The Political Economy of Communication*, London: Sage, 2nd edition.

Mouffe, Chantal

1988　　　"Hegemony and New Political Subjects", in: (eds.), Nelson, C. and L. Grossberg *Marxism and the Interpretation of Culture*, Urbana: University of Illinois Press, pp. 89-101.

1993　　　*The Return of the Political*, London: Verso.

Mouffe, Chantal (ed.)

1992   *Dimensions of Radical Democracy: Pluralism, Citizenship and Community*, London & New York: Verso.

Mouzelis, Nicos

1988   "Marxism or Post-Marxism?" *New Left Review*, 167: 107-123.

Nairn, Tom

1977   *The Break-up of Britain*, London: New Left.

Neuliep, James W.

1996   *Human Communication Theory: Applications and Case Studies*, Boston *et al.*: Allyn and Bacon.

Novack, George

1978   *Polemics in Marxist Philosophy*, London: Monad Press.

Padover, Saul K.

1978   *Karl Marx, An Intimate Biography*, New York *et. al.*, McGraw-Hill.

Popper, Karl R.

1944/45   *The Poverty of Historicism*, London: Routledge.
1945   *The Open Society and Its Enemies*, Princetion, NJ.: Princeton University Press.
1957   *The Poverty of Historicism*, London: Routledge.

Raddatz, Frity J.

1978   *Karl Marx: A Political Biography*, London: Weidenfeld and Nicolson.

Ritzer, George

1992   *Sociological Theory*, New York *et. al.*, McGraw Hill, 3rd ed.

Ritzer, George and J. Daniel Schubert

1991   "The Changing Nature of Neo-Marxist Theory: A Metatheoretical Analysis", *Sociological Perspectives*, 34 (3) : 359-374.

Robertson, Roland

1992   *Globalization: Global Theory and Global Culture*, London: Sage.

Robinson, Cedric J.

1983　　*Black Marxism: The Making of the Black Radical Tradition*, 1st ed., London: Zed Books, 2nd ed., Chapel Hill, NC: University of North Carolina Press, 1999.

1997　　*Black Movements in America*, New York: Routledge.

2001　　*An Anthropology of Marxism*, London: Ashgate Publishing.

Roemer, John

1981　　*Analytical Foundations of Marxian Economic Theory,* Cambridge: Cambridge University Press.

1982　　*A General Theory of Exploitation and Class*, Cambridge, MA: Harvard University Press.

Rosen, Michael

1998　　"Marx, Karl", in: (ed.), Edward Craig *op. cit.*, vol. 6, pp. 147-150.

Schiller, Dan

2000　　*Digital Capitalism*, Cambridge, MA: MIT Press.

Seigel, Jerrold

1993　　*Marx's Fate: The Shape of a Life*, University Park: Pennsylvania State University Press.

Shaw, William H.

1991　　"Historical Materialism", in (ed.) Tom Bottomore, *A Dictionary of Marxist Thought*, Cambridge: Blackwell, 2nd edition, 234-239.

Sherman, Howard J.

1972　　*Radical Political Economy*, New york: Basic Books Inc.

Smythe, Dallas W.

1977　　"Communications: Blindspot of Western Marxism", *Canadian Journal of Political and Social Theory*, 1 (3): 1-27.

1981　　*Dependency Road*, Norwood, NJ: Ablex.

1994　　*Counterclockwise*, Boulder, CO: Westview Press.

Stalin, Josef

1976　　*Problems of Leninism*, Moscow: Foreign Languages Press.

Theimer, Walter

1950　　*Der Marxismus: Lehre-Wirkung-Kritik*, München: Francke, 7. Aufl., erster Druck.

Tucker, Robert C.

1972　　*Philosophy and Myth in Karl Marx*, Princeton: Princeton University Press, 1st ed., 1961.

Verikukis, Hristos

2007　　"Popper's Double Standard of Scientificity in Criticizing Marxism", *Cultural Logic*, pp. 1-17.

Webster, Frank

2002a　　"The Information Society Revisited", in (eds.), Leah A. Lievrouw and Sonia Livingstone *Handbook of New Media*, London: Sage, pp. 255-266.

2002b　　*Theories of the Information Society*, New York: Routledge.

White, James D.

1996　　*Karl Marx and the Intellectual Origins of Dialectical Materialism*, Houndmills and London: Macmillan.

Wilde, Lawrence

1998　　*Ethical Marxism and its Radical Critics*, London: Macmillan; New York: St. Martin's Press.

Wood, Allen W.,

1986　　"Marx, Karl Heinrich", in: (eds.), Robert Gorman *Biographical Dictionary of Marxism*, London: Mansell, pp. 223-231.

Wood, Ellen Meiksins

1989　　"Rational Choice Marxism: Is the Game Worth the Candle?", *New Left Review*, 177: 41-88

Woods, Alan

2015 *Reason in Revolt -- Marxist Philosophy and Modern Science*, London: Wellred Books.

Wright, Erik Olin

1978a *Class, Crisis, and the State*, London: New Left Books.

1978b "Race, Class, and Income Inequality", *American Journal of Sociology*, 83: 1368-1397.

1979 *Class Structure and Income Determination*, New York: Academic Press.

Žižek, Slavoj.

2008 *In Defense of Lost Causes. London: Verso.*

2009 *First as Tragedy, Then as Farce. London: Verso.*

2010a "How to Begin from the Beginning", in (eds.) Žižek Slavoj and Costas Douzinas, *The Idea of Communism*, pp. 209-226. London: Verso

2010b *Living in the End Times*, London: Verso.

Žižek, Slavoj and Costas Douzinas (eds.)

2010 *The Idea of Communism*, London: Verso.

華文參考資料

姜新立 編譯

1997 《分析馬克思——馬克思主義理論的典範的反思》，台北：五南圖書。

施正鋒 主編

2017 《淵博與創思——洪鎌德教授八十高壽慶賀文集》，台北：五南圖書。

胡正光

1998 《紀登士》，台北：生智。

2017 〈政治與社會的辯證——洪鎌德教授與二十一世紀台灣政治社會學〉，見施正鋒2017，第159至116頁。

胡芝瑩

1998 〈英國文化研究與意識形態批判：霍爾論點之批判〉，淡江大學歐

研所碩士論文。

1999　　《霍爾》，台北：生智。

洪鎌德

1986　　《傳統與反叛——青年馬克思思想之探索》，台北：臺灣商務印書館。

1995a　〈從西方馬克思主義談到新馬克思主義〉，《資料與研究》，第12期（吉隆坡），第78至87頁。

1995b　〈評介拉克勞與穆芙的後馬理論〉，《美歐月刊》，第10卷第6期，第98至117頁。

1995c　《新馬克思主義和現代社會科學》，台北：森大圖書，二版。1988，初版。

1996　　《跨世紀的馬克思主義》，台北：月旦。

1997a　《馬克思》，台北：東大圖書出版社。2015增新版。

1997b　《馬克思社會學說之析評》，台北：揚智出版社。

1998　　《21世紀社會學》，台北：揚智出版社。

1999　　《當代政治經濟學》，台北：揚智出版社。

2000　　《人的解放——21世紀馬克思學說新探》，台北：揚智出版社。

2001　　《法律社會學》，台北：揚智出版社。2006，二版。

2004　　《西方馬克思主義》，台北：揚智出版社。

2004　　《當代主義》，台北：揚智出版社。

2006　　《當代政治社會學》，台北：五南圖書。2013，二版。

2007a　《從唯心到唯物——黑格爾哲學對馬克思主義的衝擊》，台北：人本自然出版社。

2007b　《黑格爾哲學之當代詮釋》，台北，人本自然出版社。

2010a　《西方馬克思主義的興衰》，台北：揚智。

2010b　《馬克思的思想之生成與演變——略談對運動哲學的啓示》，台北：五南圖書。

2011　　《全球化下的國際關係新論》，台北：揚智。

2012　　〈語言、語意與人本主義——波蘭哲學家亞當・沙夫對東歐新馬克思主義的發展與貢獻〉，《哲學與文化》，454-17-38。

2013　　《當代政治社會學》，台北：五南圖書，二版。

2014　　《個人與社會——馬克思人性論與社群觀的析評》，台北：五南圖書。2015，一版再刷。

2016　　《黑格爾哲學新解》，台北：五南圖書。

2017　　《屠格涅夫作品的析賞》，台北：五南圖書。

高宣揚

1998　　《當代社會理論》（上）、（下），台北：五南圖書。

徐国冲和于湃

2017/8/25　〈大數據時代的喜与优〉，新加坡《聯合早報》，第22頁。

孫紹誼

1995　　〈通俗文化、意識形態與語話霸權〉，《當代》，144：68-69。

張世英

2001　　《自我實現的歷程：解讀黑格爾〈精神現象學〉》，濟南：山東人民出版社。

張錦華

1994　　《傳播批判理論》，台北：黎明文化。

1997　　《公共領域、多元主義與傳播研究》，台北：正中書局。

張書榜

2012　　〈首位波蘭「西方馬克思主義者」：柏左卓夫斯基思想之評析〉，《哲學與文化》，454：125-145。

曾志隆

2002　　《拉克勞與穆芙》，台北：生智。

2017　　〈開創與傳承——洪鎌德教授與台灣物的「馬克思學」〉，見施正鋒2017：第61至79頁。

黃之棟、黃瑞祺

2007　　〈一八四四年《經濟學哲學》手稿中的生態觀〉，《國家發展研究》，第6卷第2期，第177-195頁。

2013　　《綠色馬克思主義的型塑軌跡》，台北：碩亞。

黃瑞祺

1996　　《批判社會學——批判理論與現代社會》，台北：三民書局。

1998 《馬學新論：從西方馬克思主義到後馬克思主義》，南港，中研院
歐美所。

楊祖陶

2001 《康德〔與〕黑格爾哲學研究》，武昌：武漢大學出版社。

蔡淑雯（譯），Frank E. Manul著

1999 《馬克思安魂曲──思想巨人的光與影》（*A Requiem for Karl
Marx*, Cambridge, MA: Harward University Press, 1995），台北：究
竟出版社。洪鎌德〈導讀〉。

KARL MARX

人名引得

事物引得

Karl Marx and the Critique of Contemporary Society

By HUNG Lien-te, *Dr. rer.pol.* Wiener University,
Chair Professor, National Chiao Tung University

Contents

家圖書館出版品預行編目資料

克思與時代批判／洪鎌德著. ――初
版.――臺北市：五南圖書出版股份有限公
司，2018.01
面；　公分

SBN 978-957-11-9538-4 (平裝)

馬克思(Marx, karl, 1818-1833)
馬克思主義　3.批判哲學

49.346　　　　　　　　1060024387

1PXA

馬克思與時代批判

作　　者 ― 洪鎌德（162.4）

企劃主編 ― 劉靜芬

責任編輯 ― 高丞嫻、吳肇恩

封面設計 ― 姚孝慈、謝瑩君

出 版 者 ― 五南圖書出版股份有限公司

發 行 人 ― 楊榮川

總 經 理 ― 楊士清

總 編 輯 ― 楊秀麗

地　　址：106臺北市大安區和平東路二段339號4樓

電　　話：(02)2705-5066　　傳　　真：(02)2706-6100

網　　址：https://www.wunan.com.tw

電子郵件：wunan@wunan.com.tw

劃撥帳號：01068953

戶　　名：五南圖書出版股份有限公司

法律顧問　林勝安律師

出版日期　2018年 1 月初版一刷
　　　　　2024年 9 月初版三刷

定　　價　新臺幣420元

經典永恆・名著常在

五十週年的獻禮——經典名著文庫

五南，五十年了，半個世紀，人生旅程的一大半，走過來了。
思索著，邁向百年的未來歷程，能為知識界、文化學術界作些什麼？
在速食文化的生態下，有什麼值得讓人雋永品味的？

歷代經典・當今名著，經過時間的洗禮，千錘百鍊，流傳至今，光芒耀人；
不僅使我們能領悟前人的智慧，同時也增深加廣我們思考的深度與視野。
我們決心投入巨資，有計畫的系統梳選，成立「經典名著文庫」，
希望收入古今中外思想性的、充滿睿智與獨見的經典、名著。
這是一項理想性的、永續性的巨大出版工程。
不在意讀者的眾寡，只考慮它的學術價值，力求完整展現先哲思想的軌跡；
為知識界開啟一片智慧之窗，營造一座百花綻放的世界文明公園，
任君遨遊、取菁吸蜜、嘉惠學子！